CHAMPFLEURY

LES AVENTURES
DE
MADEMOISELLE MARIETTE

SIXIÈME ÉDITION

PARIS
CHARPENTIER ET Cie, LIBRAIRES-ÉDITEURS
28, QUAI DU LOUVRE
—
1874

LES AVENTURES
DE
MADEMOISELLE MARIETTE

DU MÊME AUTEUR

DANS LA BIBLIOTHÈQUE-CHARPENTIER

à 3 fr. 50 le vol.

MADAME EUGENIO. — Histoire du lieutenant Valentin. — Le Marronnier. — Les bras de la Vénus de Milo. — Les deux amis. — La sonnette de M. Berloquin. . . . . 1 vol.
LES AMOUREUX DE SAINTE-PÉRINE, suivi de Richard Loyauté. . . . . 1 vol.

PARIS. — IMP. SIMON RAÇON ET COMP., RUE D'ERFURTH, 1.

CHAMPFLEURY

LES AVENTURES

DE

MADEMOISELLE MARIETTE

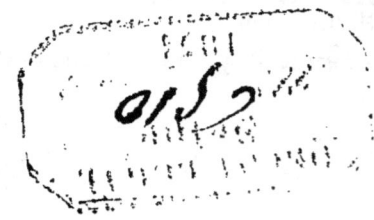

SIXIÈME ÉDITION

PARIS

CHARPENTIER ET Cⁱᵉ, LIBRAIRES-ÉDITEURS

28, QUAI DU LOUVRE, 28

—

1874

Tous droits réservés.

AVERTISSEMENT

En donnant la bibliographie du roman actuel[1], l'auteur n'obéit pas à un sentiment de puérile vanité.

Entre l'édition originale de 1853 et celles qui suivirent jusqu'en 1862, des modifications furent faites dans le but d'améliorer l'œuvre et d'en faire disparaître les scories qu'amènent un travail trop facile, une plume trop confiante en son premier jet.

---

[1] *Aventures de mademoiselle Mariette.* (*Contes de printemps.*) Lecou. In-18, 1853. — Bibliothèque des Chemins de fer. Hachette. In-18, 1856. — Michel Lévy. In-18, 1857. — Michel Lévy (nouveau tirage). In-18, 1859. — (*OEuvres illustrées de Champfleury*) avec eaux-fortes, Poulet-Malassis. In-18, 1862.

AVERTISSEMENT.

Douze ans se sont passés depuis; cependant l'auteur n'a pas cru devoir profiter de ses études et d'une expérience laborieusement acquise. Un roman écrit dans l'extrême jeunesse courrait risque, revu à l'âge mûr, de n'être plus jeune. La pomme verte se changerait en pomme cuite. C'est pourquoi non-seulement l'auteur a préféré la pomme avec ses acidités, mais il a rétabli la préface tapageuse de la 1re édition qui avait été supprimée dans les réimpressions antérieures : elle représente l'élan et les aspirations d'un certain groupe d'écrivains et d'artistes vers 1850.

Sèvres, mai 1874.

PRÉFACE

DE LA PREMIÈRE ÉDITION

Si le présent volume était rempli de gens comme il faut, habillés avec des pourpoints de riches couleurs galonnés de rubans et de broderies d'or et d'argent ; si les personnages avaient la tête couverte de toques au-dessus desquelles se balancent d'élégantes plumes ; si leur conversation était tout à fait choisie, empruntée aux auteurs du grand siècle ; s'ils se faisaient mille compliments flatteurs, et si l'amour sortait de leur bouche sous une forme galante ; s'ils faisaient danser des mots « dans le bal de leur imagination, » on pourrait le critiquer; mais la rougeur nous vient au front après avoir terminé la lecture de ce roman.

Il est temps que des œuvres *distinguées*, de *bon goût*, viennent faire trêve aux misérables productions d'un *réalisme* effréné que rien n'arrête.

— Je viens de la campagne, disait le peintre Boucher, et j'ai trouvé la nature *crue*.

L'aimable et galant peintre parlait sensément. La nature a besoin d'être arrangée : maladroite dans ses combinaisons, elle offre des saules pourris, des bossus et des misérables qui ont à peine une blouse pour se couvrir.

Pourquoi perdre tant de temps à peindre les sentiments d'une classe sans portée et sans éducation, plongée dans la matière jusqu'au cou, et qui est répugnante à considérer?

M. Thiers avait raison quand il écrivait, en 1827, que « l'aspect d'une chaumière misérable, avec une mare devant et quelques canards pataugeant dans la boue, ne pouvait émouvoir comme la vue de la colonnade du Louvre. » Choisissons nos sujets dans un ordre de choses élevé, et nous plairons à une plus délicate classe de lecteurs.

Qu'importent des amours de bas étage, que tout le monde a éprouvées? L'art n'a-t-il pas une mission plus élevée?

Racine, quoiqu'il eût étudié l'amour à des origines sans grandeur, ne se contenta point de peindre des seigneurs et des princesses : il transporta le théâtre de ses amours dans l'antiquité.

Raphaël, qui aima la Fornarina, l'enveloppa, grâce à ses pinceaux, dans une harmonie éclatante et en fit une figure presque angélique.

L'art est là, et il faut l'hébétement orgueilleux des Hollandais pour oser mettre en parallèle la *Vache* de Paul Potter avec la *Transfiguration* du divin Sanzio.

La peinture des mœurs contemporaines n'offre rien de dramatique : ne les voyons-nous pas nous envelopper de toutes parts? Comment veut-on que je m'intéresse à la représentation d'un facteur de la poste aux lettres, quand il vient tous les matins m'apporter mon journal; à un garçon épicier qui me pèse mon sucre;

à un bourgeois tel que j'en rencontre tous les jours sur les boulevards ?

Le prosaïsme de la vie moderne soulève le cœur, et vous croyez que je vais m'intéresser à des livres aussi prosaïques que la vie même !

On pardonne à Walter Scott d'avoir mis en scène de petites gens, parce que le grand romancier nous peint le peuple de siècles passés : ses bourgeois, ses marchands, ne sont pas habillés comme ceux d'aujourd'hui, et on admire la vérité de leur langage dans la bouche d'hommes d'une autre époque.

Il existe assez de chroniques en France pour les dramatiser, les mettre en action, en tirer des *romans historiques*, c'est-à-dire prendre de grandes figures de la politique, les entourer de personnes de basse extraction, et les faire agir de manière à produire un heureux artifice auquel s'intéressera toujours le public.

Mais la vie moderne n'est pas instructive. Est-il rien de plus facile que de copier des individus qui se promènent devant vous, de les écouter causer, de reproduire leurs conversations comme par la sténographie? Il ne manquerait plus que de donner en tête leur portrait en daguerréotype !

C'est avec de telles tentatives, souvent répétées, qu'on corrompt le public, qui ne se plait plus aux grandes choses.

Quand, autrefois, un poëte passait des années à écrire un poëme de dix mille vers ; qu'il châtiait son langage, qu'il épurait sa pensée, qu'il rejetait dix mots avant d'avoir trouvé le terme noble, qu'il ne se contentait pas d'un vers heureux, chacun lui en tenait compte ; aujourd'hui il ne se trouverait pas dix lecteurs qui lui sauraient gré de ses efforts. La bourgeoisie, la populace, auxquelles les révolutions ont donné une importance sans égale, se contentent de la représentation de leur mœurs.

Aussi la noblesse n'achète-t-elle plus de livres : elle laisse les productions éphémères du jour dans les mains de ses couturières. Que la noblesse continue à ne pas permettre que le roman franchisse le cordon sanitaire prudemment élevé contre la littérature terre à terre, un jour viendra peut-être où de nobles esprits, les Pontmartin, les Faucoucourt, les Gontier-

Margo, qui ont conservé en eux les saines doctrines de l'art, livreront au public des œuvres caressées avec amour.

Chaque jour voit paraître ces romans, écrits par des esprits grossiers, sans tact, qui se plaisent à peindre les passions en y ajoutant tout ce que la vie offre de petit et de misérable.

Voyez l'intérêt que nous inspire mademoiselle Mariette et son amant Gérard (car le mot *amant* est écrit en toutes lettres)! Encore, s'il s'agissait d'une duchesse et d'un marquis, on pourrait pardonner à l'auteur. Il règne dans les hautes classes un certain quant à soi, des façons de s'exprimer qui font que la passion la plus échevelée s'enveloppe d'un manteau couvert de broderies.

Le réalisme tire la vérité du puits et la montre nue et sans aucuns voiles. Il serait bon que le gouvernement s'occupât de mettre un terme à ces productions subversives basées, dit-on, sur un corps de doctrines, et qui se montrent menaçantes parce qu'elles se sentent appuyées par des lecteurs sans instruction.

On ne redoute pas de pareilles œuvres : on les laisse passer. Le mieux serait de n'en pas parler; mais nous ne saurions trop gémir sur une littérature qui prend tous les jours de nouvelles forces et se fait un jeu de tuer le beau langage en France[1].

[1] Cet article, écrit par un critique âgé de cinquante-sept ans à peine, a tellement frappé l'auteur, qu'il a cru devoir le réimprimer en tête de son livre.

A MISS G—E

Quand paraîtra ce roman qui a été écrit pour vous, Miss, peut-être ne vous inquiéterez-vous plus de son succès. Peut-être moi-même voudrais-je en changer la dédicace, imitant ces écrivains qui envoient à un prince leur livre avec de nombreux témoignages d'admiration; mais le prince n'ouvrant pas sa boîte à décorations, l'auteur, mécontent, déchire sa première dédicace et l'envoie à un second souverain, avec l'espoir de le trouver plus gracieux.

Quoi qu'il arrive, Miss, cette dédicace restera dans vingt ans telle qu'elle a été écrite en 1851. Chaque ligne est de l'histoire, et je ne veux pas mentir à l'histoire. D'ailleurs, une autre ne trouverait peut-être pas d'intérêt dans ces peintures d'un monde particulier, qui n'avait pas encore trouvé de biographe sincère.

Je n'ignore pas les cris que fera pousser ce livre. On voudra déshabiller les gens, disserter si leur cœur bat plus ou moins fort, chercher si des lois autobiographiques n'ont pas présidé à l'enfantement du roman, de même qu'à l'Opéra on serait heureux de soulever le loup derrière lequel brillent vos grands yeux noirs. Laissez aller les méchants propos; assis à ma table, j'écoute en riant toutes les paroles inutiles qui ne donneront jamais la véritable clef de ces scènes intimes. Celle qui aime découvrira un morceau de portrait dans les mille portraits fondus en un seul. Celui qui a aimé croira que j'ai connu sa Mariette; car tout homme a eu une Mariette.

« Que m'importe qu'on me qualifie mal ou bien, si vous recouvrez de fraîches couleurs ce que j'ai de mauvais, et reconnaissez ce que j'ai de bon? » dit Shakspeare.

Paris, janvier 1851.

LES AVENTURES
DE
MADEMOISELLE MARIETTE

I

LE BAL D'ÉTUDIANTS

Gérard demeurait avec son ami Valentin ; tous deux vivaient en bonne intelligence et demandaient seulement aux arts quelque distraction à leur pauvreté. Tout d'un coup Gérard se sentit pris de dégoût pour la peinture, la poésie et la musique ; il lui semblait ne manger que des gâteaux à ses repas. Valentin, qui comprenait la disposition d'esprit de son ami, lui dit un jour :

— Viens aux champs, nous avons encore le moyen de dîner à la campagne.

— Ah ! la campagne ! s'écria Gérard, j'aime la campagne, mais quand je la regarde au bras d'une femme.

Ce qui me tue, Valentin, c'est que j'aime et que je n'aime pas. Dans ce moment-ci j'aimerais la première femme venue : mon pauvre cœur est sec comme de l'amadou, mon cœur s'ennuie et se meurt de rester sans travailler. J'ai peur qu'il ne se rouille... Que je voudrais aimer !... As-tu remarqué comme la nièce de notre restaurateur change ? Elle pâlit, ses yeux se creusent. Jamais je n'ai vu une petite femme si charmante : voilà la femme qu'il me faudrait. N'est-il pas pénible de penser qu'une si aimable personne se fane au milieu des odeurs de la cuisine ? Elle gâte ses jolies mains à toucher les poêlons ; ce serait un bel acte que de retirer cette jeune fille de là.

— Qui la nourrirait ? demanda Valentin.
— Moi.
— Avec quoi ?
— Oui, reprit Gérard, avec quoi ?
— Tu sais qu'il faut des robes.
— Ah ! des robes, dit tristement Gérard.
— Et des chapeaux ! s'écria Valentin.
— Il faut des chapeaux.
— Et des bottines ! Rien n'est plus coûteux : les femmes usent tant de bottines !

— Je n'y avais pas pensé, dit Gérard. J'ai aimé un peu dans mon pays une petite ouvrière, et je la promenais beaucoup le soir. C'étaient les gens très-riches et d'un certain âge qui menaient leurs maîtresses au spectacle. Nous donnions une petite bague à celles que nous aimions, et ne pensions guère à les habiller. Maintenant je le comprends, et je ferai en sorte de me procurer de l'argent pour acheter une robe, un chapeau et des bottines.

— Mais je ne te vois jamais parler à la petite nièce du cuisinier, dit Valentin.

— Dame, elle ne me parle pas non plus : quand elle m'apporte un plat, elle se sauve. Il y a trop de peintres dans cet endroit ; elle leur monte à déjeuner chez eux tous les matins ; certainement quelqu'un dans le nombre lui fait la cour.

— Qu'importe?

— Et si elle se moquait de moi?

— Écoute, dit Valentin, j'ai rendez-vous aujourd'hui avec Mariette, que j'ai tant aimée autrefois et qui m'aimait aussi. Je ne sais quelle sorte de caprice lui revient en tête ; je dois la trouver au restaurant. Veux-tu que je te présente? Elle connaît certainement quelque femme qui soupire comme toi après l'inconnu. Qui sait !

Les deux amis s'habillèrent pour aller au restaurant de la rue Sainte-Marguerite. C'était un endroit où les peintres et les architectes des ateliers voisins venaient prendre des repas économiques. Sans se rendre compte du motif qui le poussait, Gérard avait déployé des manchettes extravagantes, dont il n'usait qu'aux grands jours de cérémonie.

Ces manchettes consistaient à tirer la chemise beaucoup plus qu'il n'était dans l'ordre et à la laisser pendre par l'ouverture des manches de l'habit. De longs cheveux plats, une cravate nouée négligemment sous un habit boutonné jusqu'au cou, représentaient la suprème toilette de Gérard qui entra ainsi vêtu dans le restaurant, avec la persuasion intime qu'il était admirablement habillé. Il ne se doutait pas des critiques et des rires sournois des habitués qui encombraient l'établissement.

Gérard et Valentin ne fréquentaient pas les peintres; ils avaient l'habitude de s'attabler au fond de la boutique, dans une seconde pièce noire et enfumée qui donnait sur la cuisine, ce qui permettait de faire des compliments à l'hôtesse, et par là d'attraper quelques morceaux moins durs.

Mademoiselle Mariette était déjà arrivée. Gérard fit une grimace en entrant, car telle était sa manière de se donner un maintien vis-à-vis des personnes qu'il voyait pour la première fois.

Le dîner ne fut pas long : généralement il se composait de bœuf bouilli, de veau, de pruneaux et d'eau fraîche. Rien ne fut changé pour saluer l'arrivée de mademoiselle Mariette, qui ne parut pas offensée de ce repas léger. A la faveur d'une si modeste dépense, il était permis d'aller le soir prendre du café et lire les journaux dans un estaminet du quartier de l'Odéon. Mademoiselle Mariette suivit les deux amis et parut froide aux avances de son ancien ami Valentin ; en entrant, elle prit un journal et se mit à le regarder de près avec la plus grande attention.

— Elle ne sait pas lire, dit Valentin à Gérard.

— Quel journal tenez-vous là, mademoiselle? demanda Gérard, qui, placé en face d'elle, affectait de ne pas en savoir le titre.

— Tenez ! dit mademoiselle Mariette, le voilà ; il n'est guère plus amusant que les autres. Je ne comprends pas qu'on invite une amie à venir au café et qu'on s'occupe à lire des journaux.

— Tu as raison, dit Valentin, mais c'est le métier de Gérard.

— Hélas ! mademoiselle, reprit celui-ci, je suis un peu comme les comédiens : quand ils ont un jour de congé, au lieu d'aller se promener, leur plus grand plaisir est de s'enfermer dans une salle de spectacle pour voir jouer leurs confrères. Je suis correcteur et rédacteur du *Petit Journal;* rien n'est plus fatigant, et cependant, aussitôt que je trouve la moindre gazette, je ne peux m'empêcher d'y jeter un coup d'œil.

— Ne faites-vous pas passer un peu trop vos manchettes, monsieur? s'écria mademoiselle Mariette, qui changea subitement de conversation.

— Vraiment? dit Gérard, qu'intimidait la moindre remarque sur son compte.

— Il est bon, reprit mademoiselle Mariette, de porter du linge blanc, mais il ne faut pas en faire parade.

— Que deviens-tu, maintenant, Mariette? demanda Valentin.

— Je ne suis pas riche, j'ai mis à la porte le comte Marie, qui m'agaçait ; mais je vais débuter prochainement à l'Hippodrome.

On parla toute la soirée de différentes choses, et il fut convenu qu'on reconduirait Mariette rue du Mail, où elle logeait depuis quelques jours chez une de ses amies ; mais il arriva que l'amie, mademoiselle Jenny, avait retrouvé un ancien adorateur et ne pouvait recevoir mademoiselle Mariette. Valentin proposa à Mariette de lui tenir compagnie ; il avait des travaux pressés de gravure et il devait veiller, ce qui fit que Gérard fut obligé de passer la nuit sur un fauteuil et Valentin sur une chaise, mademoiselle Mariette occupant l'unique lit qui servait aux deux amis.

De bonne heure Mariette fut levée, quoiqu'elle eût fait, jusqu'à deux heures du matin, avec Valentin, une conversation qui n'avait pas été perdue pour l'oreille de Gérard. Malgré les supplications et les prières de Valentin, mademoiselle Mariette se montra d'une réserve absolue. Son ancien amour était passé, bien passé ; elle était venue chez les deux amis parce qu'elle n'avait pu rester chez Jenny et qu'il était trop tard pour rentrer à son hôtel garni. Ainsi elle prévenait Valentin qu'elle avait conservé de l'amitié pour lui, rien que de l'amitié, et qu'il la désobligerait fort en lui parlant d'autres sentiments. Valentin, qui avait feint des travaux de gravure pressés dans la persuasion qu'un rapprochement ne serait pas long et qu'on le supplierait de quitter son *bois*, fut tellement blessé, qu'il travailla toute la nuit, l'esprit chagrin, et ne disant mot.

Quand mademoiselle Mariette partit, elle trouva Gérard brisé et fatigué d'avoir passé la nuit sur le fauteuil ; il s'était emmarmotté la tête dans un capuchon, et ses cheveux tombaient sur ses yeux.

— Il est drôle, ton ami Gérard ! dit-elle à Valentin.

Dans la journée, on vit arriver mademoiselle Jenny,

qui cherchait après Mariette. On lui dit que mademoiselle Mariette n'était pas perdue, et Gérard chanta son éloge sur tous les tons. Il la trouvait spirituelle à l'impossible.

— Nous irons ce soir au bal, dit Jenny ; vous y verra-t-on ?

— Non, dit Valentin ; après une telle nuit de travail, je n'ai guère envie de danser.

— Ni moi non plus, dit Gérard.

Cependant, vers les quatre heures, Gérard parla subitement de bal. Il n'avait jamais été dans cet endroit. S'amusait-on beaucoup en compagnie des étudiants ? et quantité de questions qui amenèrent ce mot de Valentin :

— Tu penses à Mariette ?

— Pas du tout, s'écria vivement Gérard. Est-ce qu'elle va d'habitude à ce bal ?

— On l'y voyait beaucoup autrefois... Un jour elle s'est rangée, personne ne l'a plus rencontrée dans Paris ; mais Jenny t'a dit qu'elles iraient toutes deux ensemble au bal.

— Ah ! dit Gérard.

— Si Mariette te plaisait, dit Valentin, il ne faudrait pas te gêner ; elle m'a beaucoup tracassé pour faire la paix, mais je n'aime pas les anciennes maîtresses, on se connaît trop ; s'il arrive que pendant deux ans on s'est oublié, il ne faut pas plus d'un quart d'heure pour revenir à la situation où l'on était quand on s'est quitté. Mariette m'agace avec ses mensonges ; tu l'as entendue : elle a quitté le comte Marie, ce n'est pas vrai ; elle est engagée à l'Hippodrome, ce n'est pas vrai ; elle va débuter, ce n'est pas vrai. Tu l'as vue lire un journal au café, elle ne sait pas distinguer un A d'un B.

Gérard se dit que toutes ces récriminations venaient de l'amour-propre froissé de Valentin, qui s'était vu refuser une réconciliation. Pour la seconde fois, Gérard essaya la toilette des grands jours, et, contre son habitude, il sortit seul, en invoquant une affaire en ville. Il alla dîner dans une taverne anglaise, réputée pour son grog, et il n'en avait pas bu deux verres au dessert, qu'il se tenait à lui-même des conversations intéressantes.

Aussi il sortit très-vite; parlant tout seul et filant sur les trottoirs comme une flèche. Il faillit renverser plusieurs promeneurs graves, qui crurent avoir affaire à un fou et qui se seraient bien gardés de lui demander des explications. En traversant la rue, Gérard coudoya une voiture et parut étonné de ne pas l'avoir jetée par terre. Son dîner n'avait pas duré plus de dix minutes, car il mangeait avec la fièvre. Il arriva au bal à l'heure où on allume à peine les quinquets : les musiciens n'étaient pas à leurs pupitres.

Ne sachant à quoi passer le temps, Gérard sortit du bal et courut les quais, où il se tint à lui-même des monologues sans fin. Il faisait des déclarations, préparait des réponses à des questions qui n'existaient pas, et finalement il entra dans la boutique d'un épicier pour acheter des gants, ce qui prouvait le désordre absolu de ses idées.

Il s'arrêta longuement devant la boutique d'un charcutier, et Gérard en eût rougi s'il avait été de sang-froid, craignant le ridicule plus qu'un crime : en effet, il paraissait s'inquiéter démesurément des paniers pleins de truffes et des oiseaux qui passent leur tête par la croûte d'un pâté. Cependant Gérard n'avait pas la mine d'un gourmand. Peut-être eût-il déconcerté un fin observateur, car il ôta son chapeau et parut saluer toutes les variétés de cochon qui se plient aux exigences des gastronomes.

Le vrai est que son attention n'était nullement attirée par le jet d'eau efflanqué dont quelques gouttes retombaient sur le dos d'une tortue ennuyée. Gérard se mirait dans une glace dont on apercevait quelques reflets à travers le jet d'eau, les andouilles et les pâtés ; il passait la main dans ses cheveux, arrangeait le nœud de sa cravate, et il eût donné six mois de sa vie pour pouvoir se regarder en pied à ce moment suprême. Après ce reconfort de toilette, il entra au bal en enjambant trois par trois les marches de l'escalier. Ayant vérifié que mademoiselle Mariette n'était pas dans la première salle du bal, il descendit quelques marches dans la rotonde, où se trouvaient d'habitude les personnes plus distinguées. Tout à coup il s'arrêta brusquement et se soutint contre la rampe de l'escalier pour ne pas tomber.

Mademoiselle Mariette venait de passer, avec sa jolie mine rieuse, au bras d'un jeune homme vêtu élégamment. Elle s'appuyait sur lui, et le jeune homme lui parlait bas à l'oreille comme un amant qui dit des phrases douces et charmantes. Gérard poussa un grand soupir et remonta brusquement vers les musiciens. Un quart d'heure il se promena la tête basse, mais l'œil aux aguets, cherchant à tout voir et à ne pas être reconnu.

— Voilà monsieur Gérard, s'écria mademoiselle Jenny, qui se planta brusquement devant lui. Quel hasard ! je ne vous ai jamais vu ici... Avez-vous rencontré Mariette ?

— Non, dit Gérard ; serait-elle avec vous ?

— Oui ; elle se promène avec un monsieur qui lui a offert un bouquet.

Gérard pensa qu'il était arrivé trop tard et se trouva cruellement puni de s'être regardé à la glace du charcutier.

— Mais ce monsieur perd son temps, dit Jenny, Mariette se moquera de lui.

— Ah ! dit Gérard, qui reprit ses sens.

— Je ne sais ce que Mariette a depuis quelque temps, reprit mademoiselle Jenny, elle prend plaisir à faire aller les hommes ; elle a trente-six amoureux qui lui envoient des lettres, qui courent après elle, qui ne demanderaient pas mieux que de la rendre heureuse ; pour les éviter, elle se réfugie chez moi. C'est une singulière fille : elle a planté là le comte Marie, qui ne lui refusait rien ; elle avait des toilettes magnifiques ; un jour elle s'est sauvée de chez lui, laissant tout, et ce n'est pas un homme mesquin avec les femmes. Si elle lui avait dit : « Tout est fini ! » il lui aurait laissé emporter les habits et les bijoux qu'il lui avait donnés avant la brouille. Mais cela la regarde ; qu'elle s'arrange, elle verra plus tard...

Mademoiselle Mariette coupa court à la conversation en reconnaissant Gérard.

— A la bonne heure, dit-elle, vous avez supprimé les fameuses manchettes... Si nous faisions un tour dans le bal ?

Gérard marcha à côté des deux amies avec le plus brûlant désir d'offrir son bras ; mais il avait honte de sa cravate blanche, qui était un emblème un peu parlementaire au milieu des foulards de couleur et des chapeaux de fantaisie des étudiants. Il se sentait gêné dans son habit à grandes basques, par trop magistral, et il craignait que ses longs cheveux plats ne lui donnassent des airs de ressemblance avec un maître d'étude en goguette. Aussi ce manque de confiance en soi paralysait-il les meilleures intentions de Gérard : il était plus malheureux dans son costume qu'un homme dans des bottes trop étroites.

Mademoiselle Mariette l'ayant prié de la faire danser, il répondit que ce divertissement n'entrait pas dans ses habitudes. Au dedans Gérard comprit qu'il jouait un mauvais rôle ; mais il ne se sentait pas le courage de jeter de côté sa timidité et son amour-propre, et, profitant d'un moment où mademoiselle Mariette tournait la tête, il s'esquiva du côté de la buvette et demanda du grog. L'ancienne boisson qui sommeillait se réveilla à la chaleur de la nouvelle : en un instant Gérard eut repris tout son courage. Il reparut au bal et trouva mademoiselle Mariette au bras d'un nouveau cavalier ; mais celui-là n'appartenait pas à la classe des favoris de la mode.

Il portait une sorte de houpelande large, d'une couleur marron, avec des boutons d'acier étincelant ; sa cravate était de couleurs joyeuses : on pouvait y suivre des perroquets qui se perdaient dans les plis. Ce jeune homme, singulièrement et largement vêtu, avait de grands yeux gris, la figure réfléchie, cependant agréable.

— Monsieur Gérard, dit Mariette, je vous présente l'ami Thomas, mon peintre ordinaire.

Gérard salua et se mit immédiatement en rapports faciles avec le peintre Thomas, qui invita la société à boire un peu de vin cuit, ajoutant qu'il méprisait complétement ceux qui abusaient du café, des liqueurs, de la bière, et que le vin seul convenait à l'homme. Gérard, quoique choqué, se garda de répondre sur le moment, ayant le pressentiment que l'ami Thomas exerçait une certaine influence sur mademoiselle Mariette.

Ce fut dans l'arrière-salle d'un marchand de vin attenant au bal que la bande se rendit. On apporta un énorme saladier, et l'ami Thomas déclara que, seulement en l'honneur des dames, il voulait bien permettre qu'on introduisît du sucre et des citrons dans la boisson...

— ...Quoique Mariette, dit-il, sache bien se passer de ces frivolités quand nous courons les bois et les champs le dimanche, et que nous entrons dans les cabanes de paysans. Hé ! Mariette, voilà bientôt le printemps ; allons-nous courir les prés ! C'est la seule femme, ajouta-t-il, que j'aie connue assez courageuse pour suivre un peintre. Elle ne se plaint pas de gâter sa toilette ; l'an passé nous allions à l'île du Bas-Meudon un jour de pluie ; ma parole, elle avait eu l'air de choisir exprès un chapeau de dentelle.

— Oui, c'est ce soir-là que je ne suis pas rentrée, pour la première fois, chez le comte ; pourquoi avais-tu amené à l'île ton ami Alexandre?

— Qu'as-tu fait d'Alexandre? dit le peintre Thomas.

— Nous sommes en froid depuis quelques jours. Cet être a trop d'attachement pour ses bottes vernies ; il les fait briller au soleil comme s'il avait des diamants aux pieds ; il croit à l'influence du vernis.

— Peut-être, dit Gérard, pense-t-il que les femmes se laissent prendre au vernis comme les alouettes au miroir.

— Ce n'est pas vous, répondit mademoiselle Mariette, qui abusez du vernis.

Gérard rougit un peu de cette malice, et déclara qu'il saurait s'y plier, si les circonstances l'exigeaient. Pendant que l'ami Thomas, qui représentait les doctrines rustiques, se prononçait pour les souliers en gros cuirs avec une forte quantité de clous à la semelle, disant qu'il se présenterait ainsi chaussé dans le meilleur monde, mademoiselle Jenny reparut accompagnée d'un homme excessivement frisé et grêlé.

— Vous allez couper les cheveux à monsieur, dit Mariette en montrant Gérard du doigt.

Un maçon aurait pu tomber du haut d'un toit sur la tête de Gérard, que celui-ci n'eût pas été plus effrayé.

— Vous dites !... s'écria-t-il.

— N'avez-vous pas entendu, jeune homme ? dit Mariette au perruquier ; j'imagine que vous avez tout apporté ?

— Oui, mademoiselle : du linge et des ciseaux.

— Comment ! s'écria Gérard.

— Certainement, vos longs cheveux me déplaisent.

— Ah ! s'écria Gérard, qui se trouvait humilié à l'idée de la perte de sa chevelure.

— Regardez l'ami Thomas, dit Mariette ; il est rasé, et ça ne lui va pas plus mal.

— C'est que...

— Vous serez bien plus gentil, dit Mariette.

— Croyez-vous ?

— Sans doute, dit Jenny ; vous paraîtrez plus jeune.

— Allons, Gérard, dit Mariette.

Gérard se sentit faiblir, car c'était la première fois que mademoiselle Mariette retranchait le *monsieur* en l'appelant par son nom. D'ailleurs le grog et le vin cuit avaient légèrement bouleversé les idées de Gérard, qui se livra au perruquier. Les longues mèches plates tombaient sous le ciseau sans trop de regrets de la part de leur propriétaire.

— Tenez, regardez-vous maintenant, dit Mariette en lui présentant une petite glace de cabaret.

Gérard se regarda et fut tout étonné du changement qu'avait produit cette simple opération.

— Comme vous avez été obéissant, dit Mariette, je vais vous embrasser.

Sans façon elle l'embrassa sur les deux joues.

— Attendez maintenant que je refasse le nœud de votre cravate... Dieu ! que ce garçon-là ne s'entend pas à s'arranger ! Donnez-moi le bras et remontons au bal ; je veux que vous dansiez avec moi, quoique ce divertissement ne soit pas dans vos habitudes.

En ce moment, Gérard se serait jeté dans le feu pour Mariette, tant elle allait au devant de ses désirs. Il n'avait jamais rêvé une créature si séduisante, et il dansa sans trop de gaucheries, profitant des libertés d'un bal d'étudiants pour étreindre, pendant le quadrille, Mariette d'une manière qui aurait peut-être paru trop espagnole dans des endroits plus réservés.

Un moment Gérard crut qu'il allait tomber en pâmoison enivré par les douces et tièdes chaleurs de la personne de Mariette, qui se laissait aller sur son épaule, et il fut incapable de danser le « cavalier seul » de la pastourelle, car une grappe de cheveux de sa danseuse avait frôlé sa bouche.

Le bal terminé, Mariette s'empara du bras de Gérard et le pria de la reconduire chez elle : Gérard était trop plein d'émotions et de souvenirs pour parler.

— Si je vous aimais, mademoiselle Mariette ? demanda-t-il sur le ton de l'interrogation.

Il était trop défiant et trop craintif de se voir refuser pour dire franchement : « Je vous aime ! »

— Vous auriez peut-être tort, dit Mariette, qui ne

voulait pas répondre plus franchement que celui qui lui donnait le bras.

— Eh bien ! mademoiselle Mariette, je vous aime.
— Voilà un amour venu bien vite !

La conversation en resta là. Gérard reprit peu après :
— Je vous aime, mademoiselle Mariette, et je ne me lasserai pas de vous le dire.
— Ce n'est pas déjà si mal, dit Mariette.
— Mais, je vous en prie, ne vous jouez pas de moi ; c'est une affaire sérieuse quand j'aime. Si vous croyez ne pas répondre un peu à mon amour, dites-le-moi, afin de ne pas me rendre malheureux.

Mariette répondit qu'elle était fatiguée d'amour et d'amoureux, qu'il lui était impossible de répondre si vivement à de pareilles questions, qu'elle ne croyait plus aimer de sa vie, et qu'il serait sans doute dans l'intérêt de Gérard de ne plus penser à elle.

Cette conversation dura jusqu'à la porte de l'hôtel garni où demeurait mademoiselle Mariette ; et Gérard obtint la permission de la revoir chez mademoiselle Jenny.

En revenant, Gérard fut tourmenté de la conduite à tenir avec Valentin. Fallait-il lui cacher ce qui était arrivé au bal avec Mariette ? fallait-il tout dire ? Il prit un moyen terme, qui était d'affecter un violent mal de tête et de se coucher en priant son ami de ne pas lui parler. Le lendemain, il se leva au point du jour, et sa première idée fut de courir chez mademoiselle Jenny ; mais il craignit de la déranger et de ne pas rencontrer celle qu'il cherchait. Il attendit ainsi jusqu'à deux heures de l'après-midi, et fut tout surpris de ne pas recevoir de réponse quand il eut sonné plusieurs fois : mademoiselle Jenny était sortie. Gérard revint attristé de ce contre-temps, et sa mélancolie augmenta considérablement, car de cinq jours il ne put rencontrer Mariette. Désolé, il écrivit une lettre qui lui demanda beaucoup de diplomatie : Gérard aurait jeté son cœur sur le papier ; mais il craignait que ses lettres ne fussent lues et commentées en public ; et il se défiait d'autant plus de mademoiselle Mariette, que la coupe de cheveux improvisée au cabaret prouvait une femme pleine de caprices singuliers, peu soucieuse sans doute d'un attachement sérieux. Il écrivit donc à tête reposée une lettre exagérée, dont il pouvait se moquer lui-même le premier si Mariette s'avisait d'en donner connaissance à ses amis. Mademoiselle Jenny vint le prévenir que le lendemain Mariette l'attendrait à deux heures.

Gérard, qui demeurait dans le fond du faubourg Saint-Germain, ne mit pas plus de dix minutes à courir au rendez-vous ; mais, arrivé chez mademoiselle Jenny, il se trouva en présence de trois femmes qui lui firent perdre contenance.

— Je n'ai pas très-bien compris votre lettre, monsieur Gérard, dit Mariette.

Gérard fut atterré du *monsieur* qui avait été rétabli en tête de son nom ; ce n'était plus l'aimable fille qui l'avait embrassé au cabaret, ni la jolie danseuse dont la tiédeur donnait des frissons, ni la franche Mariette qu'il avait reconduite.

2.

C'était une nouvelle femme, indifférente, qui avait l'air de le rencontrer pour la première fois, ne s'intéressait guère à lui et méprisait ses avances.

Gérard, glacé par cette froideur, ne parla plus ; les trois femmes le gênaient et empêchaient ses paroles de sortir. Jamais il ne put entrer dans la tête de Gérard qu'on pût avouer son amour devant trois femmes ; à peine osait-il l'avouer devant celle qui avait tant d'intérêt à le savoir. Il rentra désespéré, la mine chagrine, alléguant, pour tromper son ami Valentin, un mal de tête perpétuel.

II

DEUX SOIRÉES BIEN EMPLOYÉES

À quelques jours de là, Valentin dit en souriant :
— Je te l'avais annoncé, Gérard, que tu deviendrais amoureux de Mariette.
— Pourquoi ?
— Est-ce que je ne sais pas tout ? Tu as eu tort de me le cacher.
— Je n'avais rien à te cacher, dit Gérard ; si je rendais compte de mes moindres actions, je parlerais tout le jour.
— Je ne t'en veux pas, mais j'aurais pu t'être utile si j'avais su ce qui se passait. Mariette se plaint de ne pas te voir.
— Vraiment ? s'écria Gérard avec un vif accent de joie.
— Elle ne démêle pas grand'chose à ton caractère, mais tu ne lui déplais pas ; pourquoi ne retournes-tu pas chez Jenny ?

— Parce que Mariette m'a reçu très-froidement après une lettre que je lui ai écrite.

— Il ne faut pas écrire, puisque je t'avais prévenu qu'elle ne sait pas lire. Jenny, qui n'est guère plus savante, lui aura lu ta lettre ; comprends-tu l'effet qu'a dû produire une déclaration ainsi écartelée par lambeaux ?

— J'ai eu tort, dit Gérard.

— Il n'y a pas de mal ; Mariette m'a chargé de te dire de passer chez elle après ton dîner ; elle t'attendra, elle veut te parler.

— Il n'y aura personne ? demanda Gérard.

— Non ; elle sera seule.

— Est-ce bien sûr ? dit Gérard.

— Certainement ; tu n'a pas déplu à Mariette, et elle veut te revoir. Elle m'a chargé de te conduire.

— Tu ne resteras pas, dit Gérard.

— Aussitôt que je t'aurai présenté, je vous laisse.

L'heure du dîner n'arrivait pas assez vite pour Gérard, qui, vers les trois heures, annonça une grande faim, se disant que, puisqu'on lui avait donné rendez-vous après le dîner, il n'avait qu'à manger immédiatement pour avancer l'heure ; mais Valentin lui fit entendre qu'il serait décent de se présenter seulement entre sept et huit heures du soir. Gérard, qui avait passé la nuit entière à travailler, se trouva aussitôt délassé par cette agréable nouvelle.

— Je m'explique maintenant ta nouvelle coiffure, dit Valentin, et je reconnais bien là les fantaisies de Mariette.

— A-t-elle souvent des idées pareilles? demanda Gérard.

— Tous les jours il lui en pousse une ou deux; mais tu t'y habitueras.

Le dernier coup de sept heures n'était pas sonné que Gérard ne tenait plus en place. Les deux amis se mirent en route, et, montrant au second étage une fenêtre éclairée qui donnait sur la rue : « C'est là, dit Valentin ; elle t'attend... »

Le cœur de Gérard battait fortement en montant l'escalier ; il cherchait à s'expliquer les contradictions de la conduite de Mariette, d'abord si aimable, froide ensuite, et demandant un rendez-vous pour terminer. Gérard perdait son temps à vouloir se rendre compte du *un et un font trois* qui est la règle absolue de beaucoup de femmes.

Valentin frappa à la porte, et fut reçu par une vieille vêtue à la mode de la campagne. Gérard fut tout d'abord ébahi par une grosse fumée qui remplissait la chambre, et qui cachait la lampe comme le brouillard d'hiver cache le soleil. Il y avait dans cette petite pièce huit personnes qui toutes fumaient suivant divers procédés et dans divers ustensiles.

Mademoiselle Mariette, en peignoir blanc garni de dentelles, étendue sur un divan, tenait une longue pipe turque et soutenait le fourneau de la pipe avec son pied. Ce pied, remarquable par sa petitesse, était nu dans une délicate pantoufle de cordes de soie tressées à jour. Sous le peignoir, il n'y avait rien que mademoiselle Mariette : du moins pouvait-on le présumer par une jambe nue qui se montrait au moindre mouvement ; les plis du corsage avaient été disposés par une couturière habile et drapaient la gorge à la manière des statues antiques qui ne veulent rien laisser d'ignoré. Gérard, ému par ce costume léger, salua timidement la maîtresse de la maison, se demandant s'il n'était pas victime d'une plaisanterie terrible de femme ; car son rendez-vous était singulièrement compromis par la foule de figures étrangères.

C'était le peintre Thomas, avec une grosse pipe flamande d'où sortaient des flots de fumée ; à côté de Jenny, une longue personne pâle et mélancolique, qu'on appelait mademoiselle Pauline ; des fumeurs inconnus, et la vieille, connue sous le nom de la mère Pierre.

— Avant de m'en aller, dit la vieille, y a-t-il quelqu'un dans la société qui veut que je lui tire les cartes ?

— Bah ! mère Pierre, vous n'y croyez pas, à vos cartes, dit Thomas.

— Elles m'ont annoncé des choses très-agréables aujourd'hui, dit Mariette, et je vous engage, Gérard, à voir un peu. Y croyez-vous ?

— Peut-être...

— Les cartes, c'est des bêtises, dit madame Pierre ; il faut y croire quand elles sont bonnes, autrement ne pas s'en inquiéter.

— C'est dommage, reprit Mariette, que Gérard n'ait pas entendu raconter les amours de la mère Pierre dans son jeune temps ; il y a l'histoire du chêne, surtout, qui est fort délicate.

— Une autre fois, dit madame Pierre, je la raconterai à monsieur ; il a une figure qui me revient... Mais je suis pressée, je vais faire un tour de cartes.

Gérard laissa la société autour du feu, et s'écarta pour écouter les prédictions de madame Pierre.

— Je vois bien des femmes dans votre jeu ! dit celle-ci.

Mariette s'était levée du divan sous le prétexte de ranger quelques objets sur une étagère.

— J'en vois surtout une, continua madame Pierre, une brune, belle, qui vous aime déjà.

— Ah ! je suis jalouse, s'écria Mariette en s'accoudant sur la table tout près de Gérard, qui se recula comme brûlé par un fer rouge, tant était séduisante son amie.

— Ça se rapporte assez à votre jeu de ce matin, mademoiselle, dit madame Pierre ; c'est quasi comme la dame chez qui ma fille travaille à la brochure.

— Mère Pierre, dit Mariette, pas d'histoire, et continuez le jeu de Gérard.

— Vous voilà donc, monsieur, avec la femme brune ; vous, vous aimez tous les deux... Une lettre en voyage... De l'argent... Une blonde qui se met à la traverse... Enfin, grand contentement, bonheur et prospérité.

Gérard eût volontiers embrassé la vieille, mais il se contint devant le monde et oublia les impressions de son arrivée. Il donna l'unique pièce de monnaie qui représentait toute sa fortune de fin de mois, et chercha Mariette pour lui parler; mais elle était occupée dans une vive conversation avec l'ami Thomas.

Valentin riait avec des amis de Mariette qui mangeaient des marrons; les deux fumeurs étrangers se contentaient d'envoyer de muettes bouffées de fumée. Gérard s'ennuya de rester isolé. Ne trouvant pas de chaise libre, il s'était étendu sur le tapis, les pieds au feu; et comme il avait passé la nuit à travailler, il se laissa aller à l'assoupissement, sans songer si sa conduite était conforme aux lois de la galanterie.

Ce ne fut que beaucoup plus tard qu'il se sentit réveiller par une douce voix qui chantait : « Monsieur Gérard ! » Il ouvrit les yeux et crut rêver en trouvant à genoux près de lui Mariette, qui le secouait amicalement :

— Est-ce ainsi que vous vous conduisez en société, monsieur ?

Gérard dit pour sa défense qu'il avait veillé la nuit précédente.

— N'importe, ce n'est pas aimable, et je ne connais pas beaucoup de femmes qui vous pardonneraient cette vilaine conduite... Tenez, dit-elle en montrant ses mains, voyez ce que j'ai fait pour vous : je me suis rougi les mains. Vous aviez approché vos pieds trop près du feu, vous alliez brûler vos bottes, ce qui n'aurait pas été un grand malheur, mais vous vous seriez brûlé. Je n'ai pas voulu vous éveiller; j'ai préféré gâter mes mains pour vous garantir du feu.

Un autre que Gérard eût profité d'une telle prévenance pour remercier chaudement Mariette ; mais son éternelle timidité prit le dessus : il ne répondit rien et se leva, écoutant avec indifférence mademoiselle Jenny qui demandait à rester coucher chez Mariette, à cause de l'éloignement de son quartier. Tout le monde partait ; mademoiselle Mariette était déjà dans son lit, car son habit de soirée n'était qu'un déshabillé élégant. Thomas alla embrasser son amie ; les autres invités lui donnèrent la main ; seul, Gérard salua Mariette et sortit en lui souhaitant le bonsoir.

— Tu ne l'as seulement pas embrassée, dit Valentin dans le corridor.

— Mais...

— Il faut y retourner..

— Mademoiselle Mariette, dit Gérard en ouvrant la porte, j'avais oublié de vous embrasser.

Valentin, Thomas et Gérard se promenèrent longtemps ensemble dans la rue du Bac ; ils parlaient de Mariette, et Gérard ne se lassait pas d'entendre son éloge. D'une nature rustique qu'il s'efforçait d'affecter, Thomas était plein de secrètes délicatesses ; il parlait de Mariette comme d'un enfant, craignait de la voir malheureuse un jour, et veillait autant qu'il était en son pouvoir sur sa conduite. Thomas, quoique un peu chagrin, avait l'esprit sain ; donneur de bons conseils pour les autres, vis-à-vis de lui-même il ne trouvait que doute et qu'indécisions.

Le chapitre peinture succéda au chapitre Mariette, et Thomas indiqua à ses nouveaux amis de la soirée ses idées artistiques et ses plans pour l'avenir.

— Je ne suis rien, disait-il, qu'un peintre de pots, de soupières et d'assiettes qu'on traite dédaigneusement de nature morte. Non, ce n'est pas de la nature morte ! Quand on vit, comme moi, au milieu des grès et de la faïence, il se passe des drames entre les marmites, les chenets, les pelles à feu et les pincettes : ce sont quelquefois des comédies bien gaies, quand le soleil joue sur les bouteilles, les fioles, et les quitte pour aller courir sur d'autres poteries... Je ne le dis pas à tout le monde ; mais, sitôt que je trouve quelqu'un disposé à me comprendre, je parle de mes faïences comme d'amis absents.

Si l'horloge de Saint-Thomas-d'Aquin n'eût sonné une heure du matin, la conversation se serait étendue plus longuement ; mais il était temps de rentrer, et Gérard avoua ingénument à Valentin qu'il ne savait quand il reverrait Mariette, attendu qu'il avait commis la maladresse de ne pas s'en inquiéter auprès d'elle. Valentin se moqua de son ami et lui fit entendre qu'il se ferait difficilement aimer par de semblables procédés.

Heureusement, dès le lendemain matin, la messagère Jenny arriva et surprit agréablement les deux amis en leur transmettant de la part de mademoiselle Mariette un désir de divertissement. Elle voulait une soirée donnée par Gérard, chez lui ; ainsi pressé, Gérard ne put refuser une rencontre directe. Seuls, les deux amis réfléchirent à cette demande, qui les gênait singulièrement : dans un coin était mis en réserve l'argent du terme, dont Gérard sacrifia brutalement une partie, en disant que le propriétaire serait un bien malhonnête homme s'il ne se contentait pas d'un à-compte. La discussion fut ouverte sur le chapitre des divertissements; on convint de se mettre en quête d'un ami musicien qui égayerait les esprits par ses chansons. La nourriture du corps amena une plus grave controverse : les moindres observations ouvraient un gouffre dans lequel tombait, pour ne jamais reparaître, le terme du propriétaire.

— Bah ! nous ne payerons pas pour le moment, dit Gérard ; ce sera un *terme* sec.

Ce jeu de mots compromit à jamais les intérêts du propriétaire.

Vers le soir arrivèrent mademoiselle Mariette et ses deux amies, Pauline et Jenny. Mariette, mise simplement, ressemblait à une femme comme il faut. Sa voilette de dentelle brodée, qui lui couvrait la moitié de la figure, ne dissimulait pas ses beaux yeux et aiguisait l'envie de les regarder. Les rubans cerise de son chapeau servaient à faire ressortir l'éclat de son teint, déjà mis en relief par des bandeaux de cheveux très-noirs. Elle était enveloppée d'un cachemire jaune à palmes rouges dans lequel elle se drapait aussi coquettement qu'une femme du meilleur monde. Sur un trottoir, elle eût déconcerté ces ardents admirateurs de femmes qui poursuivent des conquêtes faciles.

Autant, la veille, Mariette ressemblait dans son peignoir à une courtisane grecque, autant elle s'était faite Parisienne distinguée par excellence. Elle jeta son chapeau négligemment sur le lit, et montra tout d'abord sa bonne humeur. Quand le musicien eut chanté ses chansons, on passa à la danse, qui fut mal interprétée par les voisins du dessous. Les rafraîchissements avaient troublé toutes les têtes ; Gérard, altéré par ses fonctions de maître de maison, préoccupé par l'idée d'y mêler un peu de galanteries, allait préparer un nouveau saladier de vin cuit, lorsque mademoiselle Mariette, d'un coup de main subtil, renversa le vase et la boisson.

— Je ne veux plus qu'on boive, Gérard.
— Pourquoi? dit-il.
— Regardez vos amis.

Il y en avait qui se roulaient par terre et qui essayaient de dormir, d'autres qui dormaient. L'un offrait à mademoiselle Jenny de se jeter avec elle par la fenêtre ; celui-ci se récitait à lui-même d'admirables poésies, celui-là suivait des fantômes dans la fumée du tabac.

— Comment allons-nous les renvoyer? dit Mariette en appuyant sur le mot *nous*.
— Plaît-il? demanda Gérard.

En ce moment Gérard était assis dans un large et vieux fauteuil.

— Je reste, dit Mariette en se laissant couler dans le fauteuil, près de Gérard.

— Vrai! s'écria-t-il en lui prenant les mains : alors je vais mettre mes amis dehors, dit Gérard, qui en une minute secoua les dormeurs, prit les buveurs par les épaules, et ferma la porte sur eux.

— Que je t'aime, Mariette! dit-il en l'attirant à lui ; que je t'aimerai longtemps!

III

DE L'AMITIÉ DANS SES RAPPORTS AVEC L'AMOUR

Le matin les deux amoureux déjeunèrent Dieu sait avec quel appétit. Ce fut pour Gérard le plus beau repas de sa vie. Le pain lui semblait meilleur que du gâteau, le beurre et les radis étaient remplis d'odeurs fraîches et suaves ; surtout la salade que mademoiselle Mariette avait accommodée donnait envie de rire à Gérard, tant il trouvait de gaieté dans les herbes vertes et les tranches rouges de betterave.

C'était une jolie journée d'hiver ; il faisait un petit froid sec. Les pavés étaient blancs comme si toutes les ménagères de la Flandre avaient été appelées pour les nettoyer ; le soleil se montrait clair sur un ciel bleu. Gérard proposa à Mariette une promenade au Jardin des Plantes.

On est si heureux de ne pas se quitter ! Il est si doux de regarder les arbres et la verdure quand on aime ! On ne se quitte pas le bras, c'est une pression contimuelle, des échanges de regards, des lèvres qui sourient, de petites gênes momentanées causées par le monde; on voudrait être seuls à se regarder, sans se rien dire, les mains dans les mains; on pense au bonheur qui vous attend le soir au coin du foyer, sans autre lumière que les flammes d'un grand feu de charbon de terre qui envoie sa lueur rouge sur les murs.

Dans une rue du quartier Mouffetard, des ouvriers avaient ouvert une tranchée et posé une planche qui servait de pont aux passants. Mariette dit qu'elle n'osait passer sur ce pont; Gérard la prit à bras-le-corps, ne demandant qu'à rapprocher sa figure de celle de son amie, mais il n'osait en pleine rue. Il était presque aussi heureux d'avoir passé Mariette sur cette planche que s'il l'avait sauvée d'un grand danger.

— Est-ce que tu as cru que j'avais peur? dit Mariette. Je l'ai fait exprès pour me serrer contre toi.

Les mille petits événements de la rue amenaient ainsi mille délicatesses amoureuses qui ne laissaient pas le temps de réfléchir; aussi Mariette remarqua-t-elle un nuage tout à coup sur les traits de Gérard.

— Qu'as-tu, mon ami?
— Rien, dit-il.
— Si... je veux le savoir, tout de suite.
Gérard ne répondait pas.
— Dis-le-moi, je suis inquiète; tu ne dois rien me cacher.
— Je t'aime, s'écria Gérard, et j'ai peur de ne plus pouvoir vivre sans toi.

— Et moi aussi, dit Mariette. Nous ne nous quitterons plus.

— Le veux-tu ?

— J'irai demeurer avec toi, dit Mariette, nous serons heureux : je ferai tout ce que tu voudras...

— Et Valentin, s'écria Gérard, qu'en ferons-nous ? Il n'a pas de meubles.

— Il doit le terme comme toi ? demanda Mariette.

— Il est aussi gêné que moi pour le payer.

— Alors, dit Mariette, préviens-le : il ira à l'hôtel garni, et tu te chargeras de payer le terme tout entier.

— Mais Valentin ne sera pas content, dit Gérard.

— Est-il convenu que vous devez rester toute la vie ensemble ?

— Non, dit Gérard. Valentin est loin d'avoir à se plaindre de moi ; au contraire...

— Ne crains donc pas de lui annoncer ta séparation d'avec lui, dit Mariette ; vous ne pouvez plus vivre ensemble après ce qui s'est passé, surtout quand il verra que je t'aime pour tout de bon. On ne pardonne guère à une femme qui se moque de vous, comme je l'ai fait la semaine dernière ; tu verras qu'il te dira du mal de moi, s'il ne t'en a déjà dit.

— Non, dit Gérard.

— Tu me caches quelque chose ; car, enfin, il t'a parlé de moi ?

— Il avoue que tu es une femme charmante... Ah ! j'oubliais, dit Gérard en souriant, qu'il t'accuse de ne pas savoir lire.

— Vois comme Valentin est mauvais ! Il n'a rien à dire contre moi, il faut qu'il invente une méchanceté. Montre-moi de l'écriture, une lettre... As-tu quelque chose sur toi ?

Gérard chercha son portefeuille.

— Je t'avertis, dit Mariette, que je n'aime pas beaucoup les écritures embrouillées... ça me gêne... il faudra que je m'y habitue... Ainsi, j'ai vu sur ta table de ton écriture que j'ai parfaitement reconnue, puisque tu m'as déjà envoyé une lettre : c'est un peu fin, cependant j'ai compris tout ce qu'il y avait dedans.

Gérard ne pensa pas à chercher plus loin les preuves de la science de Mariette ; il l'assura qu'il ne croyait pas un mot des calomnies de Valentin, et qu'une pareille conduite de celui qu'il avait jusqu'alors regardé comme son ami lui donnait plus de courage pour l'explication future. Elle ne tarda pas à arriver ; car, en revenant du Jardin des Plantes, Gérard se montra d'une grande froideur vis-à-vis de Valentin, et ne répondit pas à plusieurs de ses questions. Il était d'ailleurs ému de la révolution si brusque qui venait de changer sa vie.

Jusqu'alors il avait vécu en communauté avec des camarades, et il allait vivre avec une femme. Plus d'une fois déjà Gérard avait été blessé dans ses rapports trop intimes avec un ami ; habitué à vivre à deux, chaque séparation amenait un vide dans son existence. Il trouvait le logement morne en rentrant seul dans sa mansarde, qui d'ordinaire entendait des conversations et des discussions poussées fort tard dans la nuit : en se réveillant, il ne trouvait à qui parler, l'ennui le prenait. Un mois à peine suffisait pour ramener le calme dans son existence. Que serait-ce donc, pensait Gérard, avec une femme, dont chaque jour, chaque heure, chaque minute, serviraient à l'attacher de plus en plus ? Mais, comme Gérard avait une nature aussi mobile que sa figure, ces réflexions passèrent vite, et il se trouva en veine de raillerie contre tous les animaux du Jardin des Plantes. Jusque-là son amour pour mademoiselle Mariette avait paralysé son esprit ; mais, étant certain d'être aimé, il n'était pas fâché de montrer les trésors de finesse dont il cachait soigneusement la clef quand il se trouvait en présence de gens qui ne lui étaient pas sympathiques.

Mariette, élevée dans le monde des ateliers, saisissait les plaisanteries les plus compliquées, ces à-peu-près d'esprit qui font de tout artiste un sphinx vis-à-vis de tout provincial. Elle avait surtout une façon de rire caractéristique qui aurait pu enlaidir beaucoup de femmes, qui était ravissante chez elle. Quand Mariette était contente, un coin de sa bouche se relevait un peu d'une façon irrégulière. « Si j'aime un jour une autre femme, disait plus tard Gérard au peintre Thomas, je ne m'habituerai jamais à elle que si sa bouche n'est pas droite quand elle sourira. »

Le soir même il y eut entre Gérard et Valentin une explication qui jeta du froid pour l'avenir : ils se séparèrent mécontents l'un de l'autre, Valentin un peu jaloux, prévoyant l'influence de Mariette sur Gérard ;

Gérard honteux d'avoir pu croire que son amie ne savait pas lire. Le lendemain, dans l'après-midi, Mariette sortit pour faire quelques courses ; elle ne rentra pas au dîner, et Gérard se trouva pris par la mélancolie. Il attendit jusqu'à minuit, au coin de son feu, avec l'idée de briser le coucou, dont le tic-tac monotone faisait sentir trop vivement la longueur du temps ; cependant Gérard se levait à chaque instant et allait regarder les aiguilles.

Il voulait sortir et courir chez Jenny, afin de savoir ce qui était arrivé à Mariette ; mais il craignait qu'elle ne rentrât pendant son absence. Était-il déjà abandonné ? Il repassait dans sa tête tout ce qui était arrivé depuis deux jours ; il se répétait les moindres réponses de Mariette, cherchant dans ses paroles s'il y avait des germes de séparation. En pensant que Mariette n'avait vu en lui qu'un objet de curiosité, et que sa curiosité était déjà envolée, il se repentit d'avoir rompu avec Valentin. A qui irait-il confier ses chagrins ? les indifférents se moqueraient de lui.

Il écoutait avec la plus grande attention chaque coup de marteau de la grande porte qui lui répondait au cœur, et le moindre bruit dans l'escalier le faisait tressaillir. Si quelqu'un montait les escaliers, Gérard tressaillait ; mais il retombait dans l'abattement quand on ne s'arrêtait pas à son étage. Il se rappela que Mariette lui avait dit qu'elle n'aimait pas à marcher à pied ; alors il écouta le roulement des voitures qui passaient dans la rue, espérant toujours que l'heure avancée avait forcé Mariette de prendre un cabriolet pour revenir dans le quartier désert de la rue du Regard ; mais les voitures ne s'arrêtaient pas.

Brisé par ces émotions, Gérard se coucha et laissa sa lampe allumée afin qu'en rentrant Mariette trouvât de la lumière. Il ne put dormir, essaya de lire, mais il lui arrivait de parcourir six pages sans avoir compris un seul mot, tant son esprit était préoccupé. Aussi le lendemain se leva-t-il pâle et fatigué, ennuyé de la vie, et il se promenait dans sa chambre plus triste qu'un lion en cage, quand la porte s'ouvrit brusquement.

— Ah ! s'écria Gérard pouvant à peine parler, car Mariette avait sauté à son cou, que j'ai eu de chagrin en t'attendant !

— Ne me garde pas rancune, dit Mariette, j'aurais dû te prévenir... J'ai été partout chercher mon linge, qui était dispersé depuis que je suis en hôtel garni ; maintenant que je t'aime, je veux me faire belle... Vois-tu ma petite robe et mon châle ? tout était dans le quartier des Invalides, où je l'avais déposé chez un ancien ami ; il était assez tard, c'est loin, lui m'a retenue : il m'a donné son lit et a couché sur un matelas, dans l'autre chambre. Mon ami, dit-elle, en remarquant que Gérard fronçait le sourcil, ne sois jamais jaloux de mes anciens amants ; quand c'est fini, c'est bien fini. Nous nous revoyons, nous sommes bons camarades, et c'est tout ; je ne suis pas une femme, moi, je suis un garçon, et tout le monde sait que je ne me conduis pas avec eux comme toutes les femmes. Si j'aime quelqu'un, je le lui dis ; est-ce que je ne te l'ai pas dit, mon Gérard? Ainsi, si on te parle de moi pour me nuire, si on dit qu'on m'a rencontrée donnant le bras à un homme, n'en sois pas jaloux, c'est un camarade à qui je donnerai le bras. Tu as vu l'ami Thomas, n'est-ce pas? Il y a huit ans que nous nous connaissons ; il m'aime bien, je l'aime bien, et cependant jamais nous n'avons songé à nous aimer ; c'est de l'amitié tout simplement.

— Alors, dit Gérard, il faudra écrire à Thomas de venir te voir ici, puisque tu es déménagée et qu'il ne te retrouverait plus.

— J'irai le chercher à son atelier; cependant invite-le à venir prendre du thé pour demain, nous donnerons une petite soirée.

IV

DE LA SINCÉRITÉ CHEZ LA FEMME

Dans la nuit, Mariette demanda des conseils à Gérard sur la conduite à tenir à l'Hippodrome. Le comte Marie ne manquait pas à une seule répétition ; elle serait obligée de le revoir, ce qui lui déplaisait : elle était entourée de tous les membres du Jockey-Club.

— Écoute-moi bien, Mariette, dit Gérard d'une voix émue ; tu connais ma position, je ne suis pas riche, mon mobilier le chante assez haut ; nous aurons beaucoup de peine à vivre à deux, puisque j'ai de la difficulté à vivre seul. Réfléchis avant de me répondre : je te demande ou de rester avec moi, ou de me quitter demain. Je t'aime plus que je ne saurais le dire ; ce que j'ai souffert la nuit dernière me l'a assez montré, et je serais heureux de vivre toujours près de toi ; mais, si tu avais l'amour des belles robes et des chapeaux, je ne te conseillerais pas de rester, attendu que tu ne les trouveras pas chez moi. A l'Hippodrome, il y a de l'argent sous chaque pas de ton cheval ; retourne avec ce comte, si tu crois ne m'aimer qu'un peu. Je vais te donner ma vie tout entière, et je te demanderai que tu m'aimes comme je t'aime ; si tu n'avais qu'un caprice en tête, il doit être passé. En me quittant demain, je souffrirai encore, mais je croirai que j'ai rêvé ; au lieu que, si tu restes longtemps et que tu t'en ailles un jour, je ne pourrai plus vivre.

— J'aime mieux tout t'avouer, mon Gérard. Je suis partie hier avec l'intention de ne plus revenir ; mais la nuit j'ai vu que je t'aimais véritablement : j'étais prise pour tout à fait, et me voilà... Plus de comte, plus de toilettes : les gens riches sont ennuyeux ; les toilettes, je sais m'habiller avec un chiffon. Tu verras cet été les jolis peignoirs que je me fais avec un rien ; on me croirait en peignoir de satin. Je n'ai pas peur de la pauvreté ; d'ailleurs j'ai toujours vécu de ce que je gagne, et honnêtement... Connais-tu Frédéric Guermann ?

— Oui, de réputation.

— Frédéric est mon ami : il me trouvait si belle qu'il me mettait dans tous ses tableaux ; il me demande toujours, car il a d'immenses peintures à faire au Conseil d'État, et il a besoin de moi. Quand j'aurai envie de quelque petite toilette, j'irai travailler chez Frédéric. Ainsi, vois, Gérard, que nous pourrons vivre sans trop dépenser... Les jours où il n'y aura pas beaucoup d'argent, je ferai la cuisine ; si ça gâte mes mains, tant pis ; tu ne m'en aimeras pas moins, n'est-ce pas ?

La confiance était revenue dans le ménage, et Gérard pensa à se remettre tout à fait à ses études, que l'amour avait un peu bouleversées. On reçut une lettre, que Mariette reconnut être de l'ami Thomas, et Gérard fut étonné des quelques lignes froides par lesquelles le peintre annonçait ne pas pouvoir accepter son invitation ; il priait Gérard de l'excuser, se fondant sur des particularités que Mariette seule connaissait. Il ajoutait qu'il reverrait son amie avec plaisir, comme par le passé.

— Thomas est tourmenté de me voir avec toi, dit Mariette.

— Cependant nous nous sommes quittés fort amicalement.

— Il ne t'en veut pas à toi directement, il en veut au nouvel amant.

— Il t'aime donc ?

— Je le crois, dit Mariette. Moi, je ne l'aime pas, excepté d'amitié ; Thomas se trompe peut-être et appelle amitié quelque chose de plus, quoiqu'il ne m'en ait pas dit un mot depuis huit ans que nous nous connaissons. Étant mon ami, il devenait nécessairement l'ami de tous mes amants, et, comme j'en ai eu plusieurs, j'ai remarqué qu'il faisait froide mine aux nouveaux.

— Cependant, dit Gérard, loin de me faire mauvaise figure, l'autre soir il est venu à moi et m'a confié sur sa peinture des choses qu'il prétend ne pas dire à tout le monde.

— C'est qu'il ne prévoyait pas le dénoûment ; il me

connait rieuse, sans gêne avec les hommes, mais il n'a pu soupçonner que je t'aimais. Tu n'as rien fait à cette soirée pour lui donner des soupçons, tu dormais.

— Est-ce que tu pensais déjà à moi? dit Gérard.

— Dès le premier jour que je t'ai vu... Valentin m'avait beaucoup parlé de toi il y a longtemps, et j'ai été contente de te rencontrer. Ce qui arrive aujourd'hui avec l'ami Thomas est bien simple ; il va consoler Alexandre comme il a consolé Charles, Louis, Frédéric Guermann !

Et Mariette cita une dizaine de noms.

— Que d'amours ! s'écria Gérard.

— Il n'y en a jamais que six en six ans ! dit Mariette.

Quelque temps après, Gérard se fit répéter les noms des amoureux, disant qu'il croyait en connaître quelques-uns. Mariette se laissa prendre à ce piége innocent ; elle redit les noms et les prénoms.

— Vois? dit Gérard en levant les deux mains en l'air ; il y en a dix, et je les ai comptés ! tu disais six seulement !

— Tu penses, répondit Mariette, que je ne les aimais guère !...

Quand Mariette eut dit combien son ami Thomas lui tenait rancune pour sa conduite légère, Gérard se rendit compte de cette amitié qui rendait Mariette si heureuse et le peintre si triste.

Ce jour-là fut un mauvais jour ; la concierge apporta un papier timbré qui était une invitation à payer dans les quarante-huit heures le terme arriéré, sauf à se voir contraindre par toutes les voies de droit à sortir de la maison. Mariette le déchirait en trois pour montrer le peu de cas qu'elle faisait des huissiers, quand on entendit une voiture s'arrêter à la porte de la maison. Mariette regarda par la fenêtre.

— C'est le comte Marie ! s'écria-t-elle en se rejetant brusquement dans la chambre... Et la concierge qui va lui dire que je suis ici !

— Comment, il monterait ! s'écria Gérard.

— Laisse-moi le recevoir, dit Mariette en se précipitant dans l'antichambre, car on venait de frapper.

Gérard écouta et n'entendit rien que quatre pas qui résonnaient dans l'escalier. Il fut pris d'un grand serrement de cœur.

— Elle descend, pensa-t-il, avec ce comte... Pourquoi descendre, puisqu'elle ne l'aime plus... Avait-elle besoin de le revoir ?

Il ouvrit la fenêtre et regarda avec précaution dans la rue ; une jolie voiture découverte à deux chevaux était à la porte, avec un laquais galonné qui attendait près de la portière. La jalousie monta à la tête de Gérard, qui vit dans l'attitude du valet un homme tout prêt à faire monter une femme dans une voiture ; il se demandait ce qu'étaient devenus Mariette et le comte lorsqu'un coup de vent fit flotter au dehors de la porte cochère la robe bleue de Mariette.

— Qu'ont-ils besoin de tant parler ? s'écriait le pauvre amoureux. Est-ce qu'elle monterait en voiture ?... Ah !... Mariette a laissé ici son chapeau, elle ne s'en ira pas en cheveux.

Puis il pensait que le comte, s'il l'aimait, ne se soucierait guère qu'elle fût en chapeau ou non, qu'il était en train de lui faire les plus belles promesses, de l'éblouir par mille moyens faciles aux gens riches. « Il serait peut-être prudent de descendre, pensa Gérard, les femmes sont si faibles ! Un seul mot peut décider Mariette à monter en voiture ; il n'y a qu'à trouver ce mot, et on le trouve toujours : le comte brusquera l'aventure. Si je me montre et si Mariette m'aime réellement, elle reprendra courage et renverra le comte. »

Gérard allait descendre, lorsque Mariette et le comte firent un pas vers la voiture. La vue de son rival empêcha Gérard de sortir ; il n'osait se montrer, lui, pauvre, en face de l'homme riche. Il regardait avec colère l'habillement élégant du comte, qui était jeune, beau, la barbe taillée avec soin, les gants irréprochables de fraîcheur.

Gérard eut une rage sourde, et se dit que si sa maîtresse faisait un pas de plus vers la voiture, il se jetterait par la croisée, dans l'espoir de se tuer et d'écraser en même temps son rival et Mariette. Le comte parlait doucement à Mariette, et sa figure, qui souriait, laissait croire à Gérard que Mariette n'était pas insensible à ses paroles. Ils s'avancèrent près des chevaux : Gérard ne se jeta pas par la fenêtre. Mariette prit le bouton de la portière : Gérard crut qu'il allait devenir fou.

— Elle monte, la malheureuse ! s'écria-t-il les traits contractés.

Mais le comte entra le premier dans la voiture, et saisit la main de Mariette avec beaucoup d'émotion, comme s'il voulait l'attirer.

— Adieu, mon cher, dit-elle.

Mariette revint bientôt.

— Il est parti, dit-elle.

— Vraiment ?

— Pour l'Italie ; ce garçon m'a fait de la peine, il m'aime trop.

— Tu n'as pas de regrets ? dit Gérard.

— Méchant ! dit-elle, mais on n'est pas maîtresse de soi ; il pleurait sous la porte cochère ; c'est toujours triste de voir pleurer un homme... Enfin, je préfère qu'il soit parti.

Gérard était froid et ne disait rien.

— Tu m'en veux, dit Mariette, de ce que le comte m'aime ?... Je n'ai pourtant rien fait pour l'y pousser ; les gens riches me fatiguent... Il fallait se tenir devant des domestiques ; j'étais obligée de faire la dame ; jamais je n'ai pu le souffrir, quoiqu'il fût aux petits soins pour moi ; il me menait dans des salons où on jouait, et je ne sortais jamais de chez lui sans avoir une vingtaine de pièces d'or dans ma bourse... Eh bien ! le lansquenet m'ennuyait... L'été il m'a loué une maison de campagne à Ville-d'Avray. Dieu sait si j'aime la campagne ! Avec toutes ses bontés, le comte trouvait le moyen de me rendre la campagne insupportable. J'ai envoyé chercher l'ami Thomas, qui est arrivé avec sa pipe dans mon boudoir ; le comte l'a trouvé mauvais : il était jaloux de Thomas... Ah ! il ne voyait guère clair ! il a prétendu que j'avais de pauvres connaissances... Je lui ai déclaré net que je partais le soir à pied avec mon ami Thomas, et que je ne le reverrais plus. Il s'est jeté à mes genoux et m'a suppliée de recevoir mes amis les peintres, qu'il aurait soin d'en avoir toujours deux ou trois à dîner. C'est lui qui m'a fait connaître un Allemand, Frédéric Guermann, qui commença mon portrait en pied. Les séances étaient si ennuyeuses et si longues, que le comte avait fini par nous laisser seuls. Frédéric était aimable, il avait une façon charmante de parler mal le français qui m'amusait... Quand le portrait a été fini, j'ai perdu de vue Frédéric ; je crois que le comte se doutait de quelque chose, quoiqu'il n'en fît rien paraître ; tous les jours il m'amenait de nouveaux artistes : c'étaient des faiseurs de pastels, des miniaturistes, des sculpteurs... Ces portraits me faisaient mourir ! D'autant plus que c'étaient des peintres bien habillés, qui demeurent dans le quartier Notre-Dame-de-Lorette, des artistes vernis et prétentieux. « Ce « ne sont pas là des peintres, dis-je au comte. Je « veux mes peintres à dîner. » Le comte ne comprenait pas que les peintres du quartier latin sont autre chose que les peintres du boulevard. Je fis donc inviter à dîner Thomas et ses amis. Avons-nous ri, ce jour-là, excepté le comte, qui ne comprenait rien à leurs farces ! C'est ce qui l'a achevé, puisqu'à ce dîner j'ai pris un caprice pour Alexandre, le graveur, qui doit, lui aussi, être bien malheureux dans ce moment.

— Ne faut-il pas plaindre Alexandre ? dit Gérard, que ces confessions blessaient par leur sincérité.

— Tu n'est pas juste, mon ami, dit Mariette ; je ne plains pas Alexandre ; il pleurerait plein un tonneau que je donnerais toutes ses larmes pour l'entendre dire une fois de plus que tu m'aimes. J'ai fait quelquefois des folies dans ma vie : Alexandre est une de mes erreurs ; trois heures après, je le connaissais à fond et je m'en repentais.

— Parbleu ! dit Gérard, un graveur... Ils sont tous ainsi, du moins tous ceux que j'ai connus.

— Et Valentin aussi ? dit Mariette.

— Oh ! certainement, Valentin est bien l'être qui m'a mis le plus en colère... j'avais fini par le prendre en haine.

— Alors, pourquoi le laissais-tu demeurer chez toi ?

— On ne sait pas, dit Gérard. On rencontre un jour un garçon à l'air aimable, qui se jette à votre à cou, qui paraît intelligent et qui ne demande pas mieux que de comprendre... Je me laisse toujours prendre de la sorte. Valentin ne savait où loger, je l'ai amené ici ; il couche un jour, puis deux, puis huit ; à la fin on se sent enchaîné moitié par habitude, moitié pour ne pas chagriner celui qu'on appelle son ami. Au bout d'un mois, je me suis aperçu que je vivais avec l'ignorant le plus ignorant que la terre ait porté ; si encore il avait voulu étudier, je ne demandais pas mieux : il y a ici trois cents volumes qu'il pouvait lire ; pas du tout, il louait des romans. Il m'avoua qu'il voulait se faire poëte ; moi, qui suis correcteur dans un petit journal, je sais ce qu'on appelle poëte là-dedans, et comment ces pauvres diables gagnent leur vie. Je dis alors à Valentin tout ce que je pouvais pour l'en détourner ; mais, comme il était plein de cette idée, précisément à cause de son ignorance, je lui conseillai d'étudier sérieusement un an, pendant tout le temps que devaient durer ses travaux de gravure. Il dit que oui et continua d'étudier des romans. Si le pauvre garçon avait voulu rester modeste ! Mais il décidait de tout, tranchait sur tout, et me répétait cinq minutes après, comme de lui, ce que je venais de lui dire avant. J'avais avec moi une ombre qui parlait, un écho perpétuel. Étais-je atteint d'une manie quelconque, il entrait dans ma manie et finissait par me la faire prendre en horreur... Ce n'est après tout qu'un joli garçon.

— Oh ! dit Mariette.

— Et tu m'as rendu un grand service, ma Mariette, de m'en débarrasser.

V

INTÉRIEUR DE JOURNAL

A huit jours de là, Gérard fut mandé à la justice de paix pour le payement de son terme : il apprit avec la plus grande surprise qu'il était saisi et que l'inventaire de son mobilier était fait. La portière avait donné la clef de son logement et introduit les huissiers, qui, par une sorte d'illégalité si commune en ces matières, dressèrent un procès-verbal en son absence et le glissèrent au milieu des papiers de Gérard, espérant que celui-ci ne s'en apercevrait pas.

Le juge de paix comprit que le débiteur avait été joué par le créancier ; mais la loi est positive : il était impossible de s'opposer à la vente du mobilier, à moins de payer immédiatement. Gérard demanda si on saisissait les livres ; le juge de paix répondit que oui. Le débiteur avait droit à son lit et à une chaise ; tout ce que pouvait faire le juge était d'accorder une huitaine de répit. Gérard revint furieux, jura contre les propriétaires et confia ses peines à Mariette.

— Ce n'est rien, dit-elle, nous sauverons les livres.

— Si j'ai mes livres, dit Gérard, je m'embarrasse peu du reste.

Mademoiselle Jenny fut convoquée, ainsi que d'autres amies choisies pour cette circonstance : Gérard avait fait des paquets de volumes, et les amies de Mariette, à la faveur de leur longue taille élancée, faisaient le déménagement de la bibliothèque sans être remarquées. Au dernier voyage seulement, le concierge s'aperçut d'une proéminence trop forte sous un châle : il fit entrer Mariette dans la loge, se montra aussi implacable que les commis d'octroi, et rapporta chez Gérard le produit de la fraude.

— J'ai des yeux, dit le concierge.

— Qu'importe ! dit Mariette : au lieu de passer les livres par la porte, nous les ferons passer par la fenêtre. Si même nous faisions tout passer par la fenêtre ?

— Est-ce possible ? dit Gérard. Mais, dit-il après avoir examiné le procès-verbal de récolement, ils ont oublié le fauteuil.

— C'est que l'huissier se sera assis dedans pour écrire, et qu'il l'aura oublié. Il faut sauver le fauteuil.

— J'y tiens beaucoup, dit Gérard ; nous l'emporterons par la fenêtre. Les volumes ne sont ni comptés ni désignés sur cet affreux papier timbré ; nous avons donc le droit de les emporter. Tout le mobilier, à l'exception de la table, des chaises, de la fontaine et des livres, est indiqué ainsi : divers objets mobiliers. Divers veut dire différents ; deux objets qui ne se ressemblent pas sont différents : au besoin, nous ne laisserions que deux objets divers que la loi serait pour nous.

Tout fier de son raisonnement, Gérard posa la question du futur logement. Il se voyait à la tête d'un matelas, d'un fauteuil, de trois cents volumes et de quelques ustensiles de cuisine.

— Te serait-il indifférent, dit Gérard à Mariette, de loger à l'hôtel garni, en attendant?

— Je serai bien partout avec toi, dit Mariette.

— Alors nous irons demeurer rue des Canettes; je suis déjà connue dans la maison : Henri Streich y demeure avec sa maîtresse. Nous serons à la porte du Luxembourg ; voilà le printemps, il fera bon de se lever le matin et de se promener dans le jardin.

Le soir, il y eut grand conseil en la chambre de Gérard pour la question du déménagement. Il fut décidé qu'il serait imprudent d'attendre au dernier jour, que le portier veillerait activement à l'approche de la vente. En liant tous les meubles avec des cordes, on les descendrait facilement par la fenêtre peu élevée du premier étage, et il faudrait tenter le coup vers les onze heures, un jour de nuit noire.

Justement il faisait une nuit profonde pendant la délibération.

— Ne perdons pas de temps, dit Mariette résolument ; va chercher des cordes, Gérard ; nous emballerons le mobilier ; pendant que vous déménagerez, j'attendrai à l'hôtel et je recevrai les objets.

En moins d'une heure, le matelas, le linge, les couvertures, les habits et les livres furent roulés en un énorme paquet. Quatre des conjurés attendaient en bas que le signal fût donné pour recevoir les objets. Mariette partit, et Gérard resta seul avec un de ses amis à descendre le mobilier. Tout se passa bien au début ; mais le matelas présentait de certaines difficultés par son volume et sa lourdeur ; des précautions étaient à prendre, aussi grandes que pour une fuite de la Bastille.

En face des bâtiments du conseil de guerre, qui forment le coin de la rue du Cherche-Midi, un factionnaire se promène perpétuellement sur le trottoir ; on l'apercevait venant au pas militaire jusqu'à la rue du Regard, puis il retournait sur ses pas, et son absence ne durait guère plus de trois minutes.

C'étaient ces trois minutes dont il fallait profiter. Encore le factionnaire n'était pas forcé par sa consigne de marcher régulièrement ; il pouvait se reposer tout d'un coup au coin de la rue et empêcher l'évasion du mobilier.

L'un de ceux qui attendaient au bas, s'impatientant d'attendre, se mit à chanter à tue-tête une chanson de paysan pour prévenir Gérard de se dépêcher, et comme il avait une voix forte et agréable, le factionnaire s'arrêta pour écouter la chanson, qui lui rappelait peut-être son village et son amoureuse.

— Taisez-vous donc, ivrogne ! cria Gérard par la

fenêtre, feignant de croire que le chanteur revenait de la barrière.

Et il lança son matelas hardiment dans la rue : le matelas, qui renfermait entre autres objets de la batterie de cuisine, rendit sur le pavé un son sourd mélangé de cliquetis de ferraille. Quoiqu'il fît nuit, Gérard distingua deux ombres qui enlevaient le matelas : au même instant la grande porte s'ouvrit, et un homme en sortit, qui était le concierge.

« Nous sommes perdus, dit Gérard à son ami ; le portier va prévenir le poste. Sauvons-nous.

L'ami répondit qu'il fallait attendre. Il regardait par la fenêtre.

— Diable, dit-il, voilà la patrouille grise qui arrive du côté par où le matelas s'est sauvé.

On entendait les pas sourds des gardes municipaux qui marchent silencieusement le long des trottoirs.

— Combien sont-ils, demanda Gérard.

— Je ne vois que trois gardes municipaux.

— Alors, dit Gérard en soupirant, tout est fini ; s'ils ne sont que trois, ils auront détaché deux hommes pour conduire le matelas et nos amis au poste : il est défendu de déménager entre onze heures et minuit. Partons vite. Je n'ai plus de jambes, je crains de me trouver mal devant la loge du portier.

Ils sortirent et arrivèrent pleins d'émotion au logement de la rue des Canettes, où Mariette les reçut en riant, assise sur le matelas encore roulé.

— Comment ! le matelas est ici ? s'écria Gérard. Et nos amis ?

— Ils sont allés chercher le fauteuil et ce qui reste.

— Mais ils ne trouveront personne. J'aime mieux laisser le fauteuil, après ce qui est arrivé.

Gérard raconta les terreurs que lui avaient causées la patrouille et la sortie du portier.

— Tes amis ne sont pas si craintifs que toi, dit Mariette : voyant de loin les gardes municipaux, ils ont posé le matelas par terre et se sont assis dessus, comme s'ils se reposaient ; la garde n'a rien dit.

— N'importe, dit Gérard, je préfère laisser le fauteuil et ne pas m'exposer à me réveiller demain matin avec des cheveux blancs.

— Alors, dit Mariette, je veux avoir le fauteuil.

Ainsi se conduisit cette fille courageuse, qui, voulant mener à bonne fin l'expédition commencée, rapporta le fauteuil en triomphe.

Tranquille pour quelque temps, Gérard reprit ses travaux de journalisme, qu'il négligeait depuis la menace de saisie. Il n'est rien de plus dangereux que les perturbations de domicile, ces changements de logis qui rendent l'esprit vagabond, incapable de s'arrêter sur une idée, quand les exigences de la vie matérielle le préoccupent trop vivement.

— J'aimerais mieux payer six mille francs de loyer, dit Gérard, que de chercher à sauver pour cinquante francs de meubles.

Mariette n'aimait pas les dettes et poussait Gérard à travailler. Gérard vivait alors de la correction d'un journal satirique, dit le *Petit Journal*, qui jeta pendant trois ans un assez vif éclat dans le monde des désœuvrés.

Cette feuille était dirigée par un vieillard dont toute l'existence se passa à de semblables commerces. Inconnu du public, cet écrivain qui se cachait sous le nom de Saint-Charmay, avait assez d'habileté pour s'entourer de jeunes gens spirituels et naïfs, qui dépensaient leur jeunesse et leur esprit au profit d'intérêts équivoques.

Le vieux Saint-Charmay avait conservé les habitudes littéraires de la Restauration, mais il admettait les nouveaux procédés d'esprit, qui se renouvellent tous les dix ans. Un groupe de jeunes gens entra ainsi dans la vie littéraire avec des formes neuves, qui firent de ce journal une puissance momentanée.

M. de Saint-Charmay employa divers moyens pour tenir en bride cette jeunesse indomptée qui avait besoin d'un frein. Le premier moyen était de faire gagner peu d'argent à ses rédacteurs, afin, disait-il, de ne pas les rendre paresseux : ceux qui produisaient beaucoup n'étaient guère mieux payés que ceux qui produisaient peu, par la raison que leurs articles étaient tenus sous clef dans un fameux portefeuille en cuir rouge que le rédacteur en chef promenait sur le boulevard, se persuadant qu'on le prenait pour un ministre allant à la Chambre.

Un autre moyen était de conter les hauts faits des célébrités littéraires qui toutes, à l'entendre, avaient passé par la férule de M. de Saint-Charmay pour arriver aux honneurs, aux places et aux richesses. Il était encore dans les habitudes du vieux journaliste de paraître mépriser complétement ses rédacteurs, de les traiter avec brutalité, et de leur faire croire qu'échappés de son giron, ils ne parviendraient à aucun journal.

Rarement on avait vu un pareil groupe de jeunes gens ; ils s'étaient rencontrés là, arrivant des points les plus opposés, avec les idées les plus diverses et les plus contraires. Si tous s'entendaient à peu près sur la démolition des écrivains célèbres, naturellement ils entrevoyaient une nouvelle école future dont chacun se croyait le chef. Les uns mélangeaient leurs idées littéraires d'idées politiques qui, dix ans plus tard, devaient amener la révolution. Les autres riaient de tout, se moquaient de tout, écrivaient sur tout. Il y avait de jeunes lyriques qui attaquaient sournoisement les grands poëtes, et qui croyaient les détruire par des triolets et de satiriques quatrains ; il y avait des idolâtres qui ne connaissaient qu'un homme et ne touchaient à leur plume que pour parler de l'homme; il y avait des esprits chagrins qui critiquaient tout ; il y avait de jeunes intrigants qui se glissaient partout à la faveur du journalisme, qui encensaient comédiens, poëtes, peintres, persuadés qu'on fait son chemin par le thuriférariat ; il y avait des garçons de talent et des gens qui ne savaient pas l'orthographe. On ne comptait pas ceux qui ne savaient pas le français, tant ils étaient nombreux, entre autres des Russes, des Allemands, des Italiens, des Polonais, qui apportaient des indications utiles et de l'ouvrage à la rédaction, leur besogne étant péniblement faite et plus pénible à refaire.

Il y avait encore des Français qui écrivaient plus mal que les Allemands : c'étaient des gens du monde, des avocats, des femmes tenant bureaux d'esprit, des demi-attachés d'ambassades qui envoyaient des notes destinées avant tout à servir leurs auteurs.

Dans ces notes, si on louait quelquefois les gens, le plus souvent on les attaquait. Elles arrivaient par la voie de la boîte et étaient d'autant plus favorablement accueillies par le rédacteur en chef, qu'il avait un faible pour la noblesse, et qu'un cachet armorié sur une enveloppe lui rendait spirituelle la plus plate ineptie ; mais les véritables rédacteurs n'étaient guère plus de dix, qui se tenaient toujours en permanence, remplissant le bureau de cris et de tapage en attendant l'arrivée de M. de Saint-Charmay. Chaque après-midi entendait discuter le numéro qui avait paru le matin. Malgré la fermeté du rédacteur en chef, qui avait la manie de croire à l'influence de sa politique, le journal se démentait lui-même tous les jours dans les questions d'art et de littérature.

M. de Saint-Charmay avait pour système absolu de ne pas laisser de place à *l'amitié* dans son journal. Il permettait les attaques les plus violentes contre tout homme célèbre, mais il n'aimait pas l'enthousiasme. Chaque rédacteur devait au moins livrer dix articles d'*éreintement* avant de pouvoir faire passer un article agréable à quelqu'un : enfin, le jour où paraissait l'article aimable était attendu impatiemment par son auteur, qui l'avait promis et espérait ainsi se créer des relations ; mais le lendemain, les collaborateurs jaloux avaient rédigé contre la même personne plusieurs articles tellement perfides, que l'article de la veille devait servir à irriter davantage l'homme louangé.

Il en était de même pour les nouvelles écoles socialistes, qui avaient des adeptes partout : si l'adepte avait la maladresse d'écrire quelques lignes en faveur d'un utopiste quelconque, pendant huit jours l'utopie devenait le sujet de cruelles plaisanteries dans le même journal. On s'imagine quelles étaient les conversations de ces jeunes gens, qui apportaient dans l'attaque comme dans l'enthousiasme tout le feu de leurs vingt ans.

Plus d'une fois les rédacteurs en vinrent aux coups et se jetèrent des chaises à la tête, qui témoignaient des ardeurs de la discussion. M. de Saint-Charmay, ancien garde du corps, aimait ces luttes et contribuait largement pour sa part à favoriser les tempêtes littéraires. Grand, fort et vert, malgré ses soixante ans, il criait plus haut que toute sa rédaction.

C'est au milieu de ces troubles, qui se renouvelaient régulièrement de une heure à cinq heures du soir, que Gérard faisait sa besogne de correcteur du journal. En même temps il était chargé de traiter la question de peinture. Avec ces deux attributions, Gérard gagnait à peu près de quoi vivre, mais son métier était pénible. Il entra dans le *Petit Journal* plein d'illusions et les vit tomber une à une tristement. Après avoir jeté sa verve follement pendant un an, il sonda le creux de cet esprit inutile, et ne chercha plus qu'à se créer une position honorable en dehors du journalisme.

La première année que passa Gérard dans cet endroit était tellement nouvelle pour lui qu'il prit intérêt aux drames que le *Petit Journal* amenait chaque jour. Il corrigeait les épreuves où les gens étaient désignés le plus souvent par des initiales, sans se douter de ce que cachaient dix lignes innocentes en apparence; mais ces dix lignes brûlaient comme un fer chauffé à blanc. Le plus souvent les rédacteurs ignoraient le trouble qu'avait apporté le numéro du matin, lorsque le garçon de bureau entrait en disant à M. de Saint-Charmay :

— Deux messieurs désirent vous parler.

— Faites-les entrer.

— Ils veulent vous voir seul.

Tout se passait alors dans un petit cabinet écarté d'où ne sortait aucun bruit. Quelquefois entrait au bureau de la rédaction un homme qui se disait calomnié, diffamé, et qui proposait un duel en demandant l'auteur de l'article. Jamais l'auteur de l'article n'était nommé, le plus souvent les articles dangereux étant envoyés anonymement. M. de Saint-Charmay, à l'ordinaire, commençait par des excuses; il ne connaissait pas, disait-il, les personnes qui n'étaient désignées que par une simple initiale, invoquait sa bonne foi, prétendait que l'article s'appliquait à d'autres, ouvrait le journal, relisait l'article et cherchait à montrer le peu d'importance de la nouvelle incriminée.

Ces raisons apaisaient quelquefois les plaignants, mais elles produisaient aussi un effet contraire. Les gens de bonne foi s'irritaient de ce jésuitisme, éclataient en injures et ne demandaient pas mieux que de sauter à la gorge du rédacteur en chef. Alors M. de Saint-Charmay employait le grand moyen : il ôtait son chapeau.

M. de Saint-Charmay, avec la redingote boutonnée jusqu'au menton, son énorme moustache grise, son teint coloré et son chapeau à larges bords, représentait plutôt un ancien colonel de carabiniers qu'un journaliste ; mais, son chapeau enlevé, il ne restait qu'un crâne chauve, avec deux rares mèches de cheveux blancs du côté des oreilles. Un changement à vue si brusque devait produire la plus grande surprise chez l'insulté, qui, d'abord reçu par un militaire, se trouvait maintenant en face d'un vieillard : les épaisses moustaches n'avaient pas arrêté sa colère, le crâne chauve faisait pitié ; cependant quelques personnes, que ne maîtrisaient ni la crainte ni le mépris, poussaient l'irritation de l'injure imprimée jusqu'à proposer un duel que M. de Saint-Charmay acceptait seulement à l'état sérieux, le duel à quatre pas. Gérard n'eut pas d'exemple d'une affaire menée si loin.

Si un courtier d'annonces et d'autres industriels actionnaires du *Petit Journal* livraient leur feuille à des intérêts privés, les rédacteurs l'ignoraient et n'en étaient pas plus riches, les uns absorbés par une poursuite continuelle de l'art, les autres par la poursuite de femmes. Ces derniers formaient une spécialité chargée de donner une tournure galante au journal en racontant les aventures publiques et privées des lorettes, des filles entretenues et des actrices : les historiens des filles étaient complétement méprisés de ceux qui croyaient à la littérature, et qui se servaient de la feuille satirique comme d'une massue pour tâcher d'écraser les médiocrités qui encombrent les arts.

— Nous avons beaucoup d'histoires de femmes, dit un soir M. de Saint-Charmay à Gérard, il n'en faut pas trop. Si nous remplissons le journal de galanteries, cela ne regarde que le quartier Bréda, et le quartier Bréda ne s'abonne pas. Voyons les meilleures.

Et il lut : « Mademoiselle Mariette... »

— Plaît-il ? dit Gérard, qui sauta sur sa chaise.

— Tenez-vous donc tranquille, cette écriture est déjà assez mauvaise... Voyons, vous qui avez des yeux, lisez-moi cette nouvelle.

Gérard parcourut l'article d'un regard et s'aperçut qu'il était réellement question de sa Mariette : on racontait d'elle des aventures avec le peintre Frédéric Guermann qui ne tournaient pas à son avantage.

— Stupide ! dit Gérard en déchirant l'article manuscrit, qu'il jeta vivement dans la cheminée.

— Comment ! vous jetez les manuscrits au feu ? s'écria M. de Saint-Charmay. Et qui vous a permis de trouver cela stupide ? Je ne vous demande pas votre avis. A-t-on vu un garçon pareil!... Prenez mon fauteuil tout de suite, monsieur le correcteur, et dirigez le journal !

Gérard s'excusa de son mieux, et dit que l'article était tellement insignifiant qu'il ne valait même pas la peine d'être lu. D'ailleurs il était trop long, il avait près de quarante lignes.

— Je leur recommande pourtant, à ces crétins-là, dit M. de Saint-Charmay, de me faire des nouvelles très-courtes et très-spirituelles ; ils ont la rage, pour conter un bon mot, d'écrire un volume. En dix lignes on peut tout dire.

— Qui est-ce qui a rédigé cet article ? demanda Gérard.

— Sans doute un de ces messieurs qui courent après les femmes, dit M. de Saint-Charmay.

Gérard attendit avec impatience l'arrivée des rédacteurs. N'étant lié qu'avec quelques-uns, il ne pouvait leur demander de renseignements sur l'article concernant Mariette, ses amis ne s'occupant pas de semblable littérature ; mais il espérait découvrir sur sa mine l'auteur de l'article, pensant que celui-ci s'inquiéterait de la disparition de son article.

Et il se creusait la tête à chercher quel pouvait être le motif qui avait pu engager quelqu'un à imprimer Mariette toute vive dans le *Petit Journal*. Était-ce un de ces adorateurs qui se présentent chez les femmes un article de journal à la main, comme font en province les clercs d'avoués à l'égard des actrices ? Mais l'article, méchamment hostile, indiquait une certaine haine contre Mariette. Était-ce un rédacteur qui se vengeait, ou une perfidie dirigée contre Gérard?

Il cherchait ses ennemis dans le journal, et en trouvait trop pour pouvoir s'arrêter à aucun. Gérard, d'une absolue franchise, ne dissimulait pas le mépris qu'il avait pour certains êtres qui croient qu'une plume est faite pour recueillir les bons mots des femmes entretenues. Tout en critiquant les trois quarts de la rédaction, Gérard avait dû se faire des ennemis.

Pendant huit jours il attendit inutilement la réclamation de l'article perdu; il en parla à Mariette, qui ne put lui donner aucun renseignement. Ils s'aimaient beaucoup et passaient la journée à se le dire; à part les trois heures que Gérard donnait au journal, il ne quittait jamais son amie. Leur vie était tranquille et réalisait les rêves de Gérard, qui, seul au milieu de Paris, trouvait pour ainsi dire une famille dans Mariette.

Ces liaisons qui étonnent beaucoup le monde quand on aperçoit au bras d'un homme distingué une femme flétrie, n'ont rien de surprenant. C'est un ménage réel compris autrement que le mariage de la société. C'est le mariage sans le hasard, avec une femme qui n'a rien et qui a besoin de tout.

L'artiste qui a vécu quelque temps avec une maîtresse plus ou moins belle, une fois garrotté par l'habitude, devient plus rangé que le plus vertueux des bourgeois. Il adore cette femme, se laisse mener par elle et se tue de travail pour elle. Plus elle est laide et méchante, plus la femme est adorée par l'artiste, qui trouve en elle un mirage perpétuel.

Gérard, défiant de caractère, mais rassuré par la franchise de Mariette au commencement de sa liaison, s'attachait de plus en plus à elle et ne voyait pas de fin à son bonheur. De son côté, Mariette était remplie de soins et d'attentions : elle écoutait patiemment les discussions littéraires de Gérard et de ses amis, conversation pénible d'habitude pour les femmes. Voulait-il travailler, elle le laissait travailler ; s'il lisait, elle ne remuait plus, récompensant d'un franc baiser les préoccupations de son ami.

VI

AMOURS MÉCONNUES

Gérard avait oublié l'article dirigé contre Mariette lorsqu'un jour, à la rédaction, il lut en *épreuves* cette petite anecdote : « Dernièrement, mademoiselle Mariette offrait le thé, en revenant du bal, à trois de ses amis; il était onze heures du soir. La portière lui dit en lui remettant sa clef : « Ces messieurs descendront-ils ? »

Gérard entra dans une grande colère, et, n'osant pas supprimer l'article qui était composé, il changea le nom de Mariette en un autre. L'article parut ainsi modifié; mais, trois jours après, une nouvelle attaque contre Mariette fut remise à Gérard dans les épreuves du journal.

On disait que mademoiselle Mariette s'était vendue à un homme riche qu'on désignait par des initiales, et on donnait le chiffre de la somme. Gérard fut assez adroit pour laisser le nom de mademoiselle Mariette et donner à cette diffamation une tournure favorable au caractère de son amie.

— De qui est donc cette écriture? demanda Gérard au rédacteur en chef.

— C'est d'un amateur.

Ainsi étaient désignés les rédacteurs qu'on ne payait pas.

— Mais comment s'appelle-t-il?

— Je ne sais; il fait les comptes-rendus du théâtre Bobino.

— Ah! s'écria Gérard, heureux d'être mis sur la piste.

— Ayez soin de veiller à son article, dit M. de Saint-Charmay; en me l'envoyant aujourd'hui, ce jeune homme se plaint qu'un autre de ses articles n'a pas passé.

— Comment est-il, ce jeune homme? dit Gérard, qui tenait à recueillir plus d'une preuve.

— Je ne l'ai jamais vu, dit M. de Saint-Charmay; il m'envoie ses articles par la poste.

Gérard serra précieusement le manuscrit dans son portefeuille et ne fit qu'une course du journal à la rue des Canettes. Mariette était endormie au coin du feu.

— Mariette! cria Gérard d'un tel accent qu'elle se réveilla en sursaut. Qu'est-ce que ceci? demanda-t-il en lui présentant l'article manuscrit.

Mariette considéra longtemps la feuille de papier.

— Tu vois, reprit Gérard, on veut encore imprimer des infamies sur ton compte.

— Ce n'est pas ma faute, dit Mariette.
— Reconnais-tu l'écriture ?
— Non.
— Eh bien ! lis toi-même.
— C'est bien mal écrit, dit Mariette.

Gérard lut l'article en fronçant le sourcil.

— Est-ce que tu crois cela ? dit Mariette.

— Je crois tout et je ne crois rien : je veux savoir quel est l'auteur...

— Je ne reconnais pas du tout cette écriture, dit Mariette.

— Il paraît, reprit Gérard, que cet homme fait les comptes-rendus du théâtre Bobino.

— Alors, s'écria Mariette, ce doit être Ernest, un grand blond fade, qui m'a fait longtemps la cour ; je me rappelle qu'il essayait de faire jouer des vaudevilles à Bobino. Un jour, il avait oublié chez moi un grand drame qu'il voulait me lire ; en allant à la campagne, le soir, j'ai enveloppé dans son manuscrit un poulet froid... Tu n'as pas l'idée d'une colère pareille quand Ernest m'a redemandé son drame. Il prétendait que je lui avais fait perdre plus de dix mille francs, que sa pièce devait être jouée à l'Odéon, et que jamais il ne pourrait refaire les deux actes qui avaient servi à envelopper le poulet. Moi, je riais comme une folle ; alors il m'a dit que puisque je lui faisais perdre la gloire et l'avenir, je devais bien le récompenser un peu. J'ai ri plus fort encore ; il est sorti furieux en me disant qu'on ne se moquait pas ainsi des auteurs, et que je lui payerais ce mauvais tour.

— Très-bien ! dit Gérard, qui se mit immédiatement à sa table et rédigea la lettre suivante :

« Monsieur,

« Si vous êtes M. Ernest dont mademoiselle Mariette a égaré jadis deux actes de mélodrame, vous avez sans doute le droit de vous venger ; mais j'ai également le droit de vous dire que je vous défends d'écrire au *Petit Journal*, ou ailleurs, la moindre ligne sur son compte. Je me verrais forcé, à mon grand regret, de vous donner des coups de canne tels que vous ne rédigeriez pas une ligne de trois mois.

« Votre tout dévoué,

« Gérard,

« Rue des Canettes. — Tous les jours jusqu'à midi. »

Gérard plia la lettre, mit pour adresse, en gros caractères : « *A monsieur Ernest, rédacteur chargé de rendre compte du théâtre Bobino, au Petit Journal.* » Et, le lendemain, il colla sa lettre sur la glace de la rédaction, en prévenant les employés du journal qui connaissaient l'homme de lui faire savoir qu'une lettre l'attendait. Deux jours après, Gérard vit avec plaisir que la lettre n'était plus collée à la glace ; il n'attendit pas longtemps la réponse. Le lendemain, à sept heures du matin, un grand jeune homme entrait à l'hôtel de la rue des Canettes, et demandait à parler à M. Gérard.

— C'est moi, dit celui-ci.

— Monsieur, vous m'avez écrit une lettre fort dure.

— Ah! c'est vous qui faites du journalisme avec Mariette?... Eh bien! monsieur, je l'aime, mademoiselle Mariette, comprenez-vous?

Le jeune homme, qui retrouvait dans les paroles de Gérard la netteté de sa lettre, se sentait embarrassé de sa contenance, d'autant plus qu'une alcôve entr'ouverte lui faisait penser que cette scène avait un autre témoin. Gérard attendait la réponse en se tenant droit devant celui qu'il avait provoqué par sa lettre.

— Avez-vous de puissants motifs pour écrire de tels articles? dit Gérard.

— Non, dit le jeune homme blond.

— Alors, monsieur, veillez un peu aux scandales qui se trouvent au fond de votre encrier ; si vous savez quelque malignité qu'il ne soit pas bon d'imprimer, n'en dites rien à votre plume. Adieu, monsieur; vous m'avez réveillé de bien bonne heure !

Là-dessus, Gérard reconduisit le jeune homme, qui sortit tout décontenancé.

— Il n'a pas été brave, M. Ernest, dit Gérard à Streich, qui entra dans la matinée demander si on savait des nouvelles de Rose.

— Comment ! Rose n'est pas rentrée? demanda Mariette. Mon pauvre Streich, qu'est-ce que cela veut dire?...

Streich ne répondit pas à cette cruelle question. Streich était l'un des camarades les plus intimes de

Gérard ; ils avaient débuté à la même époque dans le journalisme, demeuré longtemps ensemble, s'étaient brouillés, puis raccommodés, et avaient fini tous deux par « se mettre en ménage. » Streich demeurait dans le même hôtel que Gérard, en compagnie de mademoiselle Rose, une jeune fille pâle et mélancolique qui offrait avec Mariette un contraste frappant. Ses anciens chagrins domestiques, l'hôpital, la misère, revenaient souvent dans la conversation de Rose, bien différente de Mariette, qui aimait mieux faire la nique à l'avenir que de s'en inquiéter.

— Pauline est venue hier dans la journée, dit Streich ; nous étions à causer tranquillement tous les deux quand Rose est arrivée. En voyant Pauline, elle a pâli, est restée quelques minutes sans parler et a ouvert la porte. Depuis hier, je ne l'ai pas revue. Que peut-elle être devenue ? Ah ! que j'ai souffert cette nuit !

— Rose reviendra, dit Gérard.

— Non, s'écria Streich, il faut que je la rappelle par le journal.

Streich avait un singulier talent : il n'écrivait que sa vie, ses amours et les amours de Rose. De temps en temps il découpait une aventure de sa vie comme une tranche de pâté, et en portait un morceau à M. de Saint-Charnay, qui recevait avec plaisir ces sortes de biographies de poëtes et de grisettes : les infidélités de Rose procuraient une aventure par semaine à Streich, qui en publiait presque régulièrement quatre par mois.

Ainsi, la disparition de Rose produisit un feuilleton d'un sentiment comique et exagéré ; les chagrins domestiques de Streich se tournaient en mots plaisants. Il excellait surtout dans la peinture des courses à l'argent. Mademoiselle Rose, ainsi que toutes ses amies, s'était frottée de littérature dans un tel milieu et lisait les journaux, surtout les feuilletons de Streich. Ayant surpris son secret de découdre un feuillet de sa vie pour le mettre en roman, quand elle avait commis quelque escapade, elle ne rentrait qu'après avoir étudié le récit imprimé de cette fuite, afin d'être sûre de sa réception.

Le *Petit Journal*, à l'insu du rédacteur en chef, servait ainsi de boîte à lettres aux amours de Streich. Mais cette poste n'était pas toujours fixe : il arrivait quelquefois que le feuilleton ne paraissait pas le lendemain de la brouille. Mademoiselle Rose, ne voyant rien sur son compte, croyait que Streich, lassé d'elle, ne voulait plus la recevoir.

Le récit des aventures demandait deux nuits de travail. M. de Saint-Charmay se faisait prier pour insérer le feuilleton : chaque brouille éloignait donc mademoiselle Rose pendant quelques jours.

— Aussi, pourquoi reçois-tu Pauline? demanda Gérard.

— Je la reçois comme je te recevrais ; je ne sais pourquoi Rose s'est prise subitement de jalousie... Pauline me racontait ses malheurs : elle est très-triste.

— Il est vrai, dit Mariette, que l'étudiant qu'elle

aime s'est mal conduit. Depuis quatre ans ils vivent ensemble ; elle était très-bonne pour lui : c'est un homme qui passe toutes les nuits au jeu, et Pauline l'attendait souvent jusqu'à cinq heures du matin. Un jour, son amant s'est lassé d'elle et l'a congédiée. Il allait être reçu docteur, son père devait arriver à Paris ; il ne pouvait naturellement la voir chez un étudiant. Que d'histoires ! Pauline partit le cœur gros ; elle se retira dans une petite chambre où elle pleurait toute la journée. Dieu ! que c'est bête de s'attacher à un homme ! Je te tuerais, Gérard, si tu me faisais des traits pareils ! Oui, embrasse-moi, monstre ! Vous vous ressemblez tous : il n'y en a pas un meilleur l'un que l'autre !

— Et Rose, dit Streich, se conduit-elle bien avec moi en ce moment?

— Vous vous retrouverez avec plus de plaisir. Mais votre dépit, Streich, n'est rien à côté des tristesses de Pauline. Comme elle ne mangeait ni ne dormait, elle n'y tint plus, voulut revoir son amant et loua une chambre dans la maison où il demeurait. Quand il montait les escaliers, elle ouvrait vivement sa porte et tâchait de se trouver sur son passage ; mais le sans-cœur n'avait pas l'air d'y faire attention. Elle lui parla, il ne lui répondit pas... Pauline, humiliée, ne voulut plus le rencontrer. Nous avons percé dans la porte de sa chambre un grand trou avec une vrille ; le matin, quand il part, Pauline se met à son trou et le regarde passer ; le soir, quand il rentre, elle le regarde encore.

— Je commence à trouver Pauline intéressante, dit Gérard.

— Enfin, reprit Mariette, l'étudiant est atteint d'une fièvre typhoïde... Ah! comme Pauline était heureuse et malheureuse à la fois! Elle s'était installée dans sa chambre et passait les nuits et les jours à le veiller ; pendant quinze jours, elle n'a pas bougé d'auprès de son lit. L'étudiant se rétablit.

— Bon! dit Streich, l'amour revient.

— Hélas! s'écria Mariette, le monstre ne l'a seulement pas remerciée, et il est parti pour son pays sans lui rien dire. Oh! les hommes!

— Et les femmes! dit Streich qui pensait à Rose.

Là-dessus la discussion s'engagea entre Mariette, Streich et Gérard, sur l'intensité d'amour qu'apportaient les hommes et les femmes. Quoiqu'elle fût seule de son parti, Mariette soutenait dignement les femmes, et ne se laissait nullement ébranler par les preuves historiques, auxquelles elle n'entendait rien et qu'elle rejetait, voulant raisonner sur ce qu'elle voyait autour d'elle et sur ses propres impressions.

— Je ne sais pas si les femmes aiment mieux que les hommes, dit Gérard ; je le saurai quand tout sera fini entre nous deux.

— Tu sais bien, dit Mariette, que je t'aimerai toujours!

— Toujours! s'écria Gérard d'un ton inquiet. J'ai peur que tu ne me quittes la première.

— Je parie le contraire, dit Mariette.

— Qu'est-ce que nous parierons? nous n'avons rien.

— Parions dix baisers, dit Mariette.

— Folle ! si tu me quittes, c'est que tu ne m'aimeras plus ; si tu ne m'aimes plus, je te haïrai ; si je te hais, je ne te demanderai pas dix baisers, et, si tu ne m'aimes plus, tu me les donneras encore moins.

— Alors, donne-les-moi tout de suite, dit Mariette.

VII

CLARISSE HARLOWE AU RABAIS

Ce jour-là on reçut un cadeau de l'ami Thomas, qui cherchait une réconciliation en envoyant à Mariette un joli chat noir avec de grands yeux verts. Une lettre était jointe qui constatait la généalogie du petit chat :

« Ma chère Mariette,
« Je passais l'autre soir par la rue de l'Odéon ; devant la porte d'un épicier était une chatte avec ses deux petits, l'un roux, l'autre noir avec une tache blanche, qui figurait une espèce de *royale* au menton. La mère jouait avec son enfant roux ; elle ne paraissait pas s'inquiéter immodérément du noir, qui, accroupi sur ses quatre pattes, jetait de mélancoliques regards sur les passants. De temps en temps il s'interrompait dans ses observations pour dresser le nez en l'air et aspirer des odeurs vagues qui provenaient d'une case renfermant des pruneaux. Puis il se remet-

tait à considérer les allants et venants ; mais le fumet des pruneaux le tracassait. La jeunesse est si gourmande qu'il faut pardonner la mauvaise action commise par le chat noir.

« Il profita du treillage de fer élevé contre les entreprises audacieuses des gamins, pour monter à l'escalade des pruneaux. Et il se promenait avec une béatitude extrême sur les pruneaux, les léchant plutôt qu'il ne les mangeait, lorsque la chatte se mit à crier. Était-ce pour appeler le propriétaire des pruneaux ou pour inviter son fils à cesser ce commerce répréhensible ?

« L'épicier accourut, curieux de s'expliquer les cris de sa chatte. Sa colère fut immense en trouvant au milieu de ses denrées le chat noir. Il le prit par le cou en le battant comme plâtre. Cet homme se montra d'une cruauté sans pareille : fort de son droit de commerçant, il pensait que les pratiques du quartier qui auraient vu l'innocente promenade du petit chat regarderaient à l'avenir avec le plus profond mépris les pruneaux souillés.

« La brutalité du boutiquier m'intéressa en faveur du chat noir qui s'était sauvé sur le trottoir, fuyant de nouveaux accès de colère de son maître. Je le pris et l'emportai. Il a mille qualités que tu reconnaîtras, ma chère Mariette. Je sais combien tu es bonne, et en t'envoyant le petit chat, c'est un cadeau que je lui fais plutôt qu'à toi.

« Ton peintre et ami,

« THOMAS. »

Ce cadeau fit grand plaisir à Gérard, dont l'enfance s'était passée au milieu des chats, et qui semblait avoir retiré de cette intimité des rapports de physique et de caractère. La ressemblance venait surtout de longues moustaches raides et peu fournies qu'aucune brosse ni peigne n'avaient pu ramener à l'état de moustaches d'homme. Des clignements d'yeux fréquents faisaient croire aux gens que Gérard étudiait sournoisement les figures étrangères en fermant ses paupières.

Mariette partageait les goûts de Gérard; aussi le petit chat noir fut-il traité en ami.

Dès lors il joua un grand rôle dans le ménage : on l'habitua à jouer tranquillement et à ne pas quitter la chambre ; le matin, on le menait au Luxembourg pour lui faire prendre l'air. Gérard faillit devenir jaloux du chat, qui occupait tous les instants de Mariette. Ainsi que la lettre l'avait fait prévoir, Thomas revint voir son ancienne amie et fut reçu à bras ouverts. D'ailleurs il avait besoin de consolations par suite du refus au Salon d'un tableau dont il espérait le plus grand succès. C'était le portrait d'un enfant de l'île du Bas-Meudon, assis dans une chaise à bras et mangeant une grosse pomme rouge : sous l'enfant on voyait apparaître les bords ronds d'un vase blanc qui témoignait de la double opération à laquelle il se livrait.

La figure seule devait montrer les secrètes préoccupations de l'enfant, en apparence occupé à manger une pomme. Gérard consola Thomas, qui maudissait les peintres de belles étoffes, les amoureuses coquetteries de Watteau, que toute une fade école cherchait à reproduire par un vil sentiment d'imitation que l'époque actuelle ne pouvait accueillir.

— Ils ne peuvent donc pas faire ce qu'ils voient? disait Thomas. Où sont-elles, leurs femmes poudrées? Il n'y a plus de femmes poudrées. Si je peins les casseroles, c'est que je les aime et que je les comprends; au moins je les vois, il y en aura toujours. La belle trouvaille que j'ai faite hier! Je passais dans la rue, j'aperçois au coin d'une borne un morceau de faïence coloriée : je le ramasse. C'était la moitié d'un saladier de campagne qui représentait un Chinois habillé tout en rouge, en train de pêcher dans le fleuve Jaune; malheureusement mon Chinois était coupé par la moitié : on n'avait jeté que ce morceau aux ordures. Je m'en allais, lorsque je vois un chiffonnier qui retire avec son crochet de dessous le tas l'autre moitié du saladier... J'ai cru que j'allais sauter sur lui, mes yeux devaient lancer des éclairs. Ce brave chiffonnier n'a pas abusé de ma position. Il ne m'a vendu que deux sous sa moitié de saladier ; je l'ai bien vite portée à l'homme qui met des attaches, et j'ai maintenant aux murs de mon atelier un saladier brillant comme un soleil. A propos, Gérard, vous devriez bien venir voir un jour le portrait de votre petit chat.

Gérard, pour se réconcilier tout à fait avec Thomas, voulut l'accompagner immédiatement.

— Êtes-vous heureux avec Mariette? demanda le peintre.

— Tout à fait heureux, dit Gérard. Elle est si charmante que je me demande quelquefois si je suis bien digne d'avoir rencontré une femme comme elle.

— Alors je suis content aussi, dit Thomas avec un sourire triste... Et je vous demande pardon de vous avoir écrit la lettre que vous savez... On m'avait dit beaucoup de mal de vous.

— Je n'en suis pas étonné, dit Gérard; ce ne sera pas la dernière fois que vous en entendrez. Rappelez-vous ceci, Thomas : les ennuyeux me font souffrir, je les hais et je le leur dis. Ils me prennent mon temps et ne m'apprennent rien ; je suis gêné avec eux, je ne sais si ce que je leur dirai les intéressera. Les sots sont méchants sans le savoir, et font plus de mal que les méchants ; on ne les craint pas, on les laisse aller jusqu'au jour où, par hasard, on découvre le mal qu'ils ont pu vous faire. Mariette, heureusement, m'a débarrassé de ces gens qui s'introduisent on ne sait pourquoi chez vous ; ils ont l'air de courir après votre amitié, vous écoutent longtemps, saisissent facilement vos ridicules, ce qui n'est pas difficile, nous en sommes pleins, et quand ils nous ont assez épongés, qu'ils sont autant fatigués de nous que nous le sommes d'eux, ils passent à un autre, et ainsi de suite.

— J'ai pris un grand parti, dit Thomas : comme ils m'ont fait perdre beaucoup de temps et que je ne savais comment m'en débarrasser, je leur ai dit un jour : « Vous vous ennuyez et je vous amuse ; vous viendrez « chez moi tant qu'il vous plaira, mais je vous pré-

« viens que chaque heure que vous passerez dans mon
« atelier sera payée cinq francs. Si vous me regardez
« deux heures, je vaux bien dix francs. Qu'y a-t-il de
« plus curieux que de voir mes soupières et mes as-
« siettes descendre des planches et venir se coller sur
« ma toile ?... C'est un spectacle magique !... Moi-
« même, qui suis le magicien, et qui connais ces mys-
« tères, j'en suis toujours étonné : combien devez-
« vous apporter d'intérêt à ces opérations, vous, sim-
« ples curieux ! » Mes gens crurent que je plaisantais
et s'imaginèrent que c'était une façon adroite de leur
emprunter de l'argent : il y en a qui reculèrent devant deux heures payées un peu cher; deux d'entre
eux restèrent quatre heures, qu'ils me payèrent en
riant. Le lendemain ils reviennent comme d'habitude,
persuadés que je leur avais fait une plaisanterie, et
qu'ils avaient par leur argent apaisé une petite dette
qui me rendait désagréable. Ils entrent tous les deux.
« Je vous avertis, leur dis-je, qu'on paye les heures
« d'avance ; vous êtes deux, c'est dix francs. » Ils ri-
rent d'abord en voyant que je continuais à garder
mon sérieux, et prétendirent qu'ils avaient oublié
leur bourse. « Tâchez, mes amis, leur dis-je, de ne
pas l'oublier une autre fois, car je ne fais pas crédit. »
Et je fermai la porte de mon atelier en leur souhaitant le bonjour. Je ne les ai plus jamais revus. Ah!
Gérard, j'entre dans des colères sourdes quand je
pense au temps que j'ai passé avec tous ces fainéants
qui nous dévorent. Leurs compliments, leurs flatteries, j'en ai par-dessus la tête. Est-ce que je ne sais

pas ce que je vaux? Est-ce que je ne me fais pas des compliments bien autrement agréables? Est-ce que je ne me critique pas avec des amertumes plus saignantes que tout ce qu'on peut imprimer contre mes tableaux? Il n'y a pas d'être plus orgueilleux et plus humble que moi.

— Je pense comme vous, dit Gérard, mais je ne sais si nous pourrions confier cela à beaucoup de monde. Moi, je dis tout à Mariette, je lui raconte ce que je veux faire; elle m'écoute, et elle a l'air de me comprendre. C'est comme si elle comprenait.

— Il y a peut-être un danger, dit Thomas, de révéler toutes ces choses importantes à une femme qui peut les transformer et les redire un jour.

— En croyez-vous Mariette capable, Thomas?

— Non, tant qu'elle vous aimera.

— On dirait, dit Gérard, que vous présagez une rupture prochaine. J'aime Mariette et je ne vois pas la fin de notre amour.

— L'amour a toujours une fin, dit Thomas.

Gérard ne dit plus un mot, accablé par cette réponse. Il lui arrivait quelquefois de se laisser aller à des doutes sur la durée de sa liaison avec Mariette: il en souffrait tout en les créant, et rentrait chagrin; mais un seul mot de sa maîtresse suffisait à déchirer ces toiles d'araignée qui emplissent l'esprit. La parole de Mariette était d'un timbre si pur qu'on ne pouvait supposer qu'un mensonge pût s'envelopper d'une si douce musique. Gérard fut vivement froissé par la confirmation de ses propres doutes; en ce moment, il haïssait Thomas de l'avoir désenchanté, et il était disposé à trouver sa peinture détestable ; mais il se dit que Thomas était encore amoureux de Mariette, et que le dépit lui soufflait ce langage.

Gérard pensait que Mariette avait trompé plus d'un amant ; ces amants valaient-ils Gérard ? Sans trop d'amour-propre, il se croyait autorisé à se croire plus digne et plus certain de l'amour de Mariette que pas un de ceux qu'elle avait connus avant lui. Ces réflexions entrèrent davantage dans la tête de Gérard lorsqu'il rencontra dans l'atelier de Thomas un jeune homme qu'on appelait Alexandre, en train de travailler à une gravure. Thomas ayant, dans le courant de la conversation, prononcé le nom de Gérard, le graveur leva la tête et lança un regard ennemi du côté de Gérard qui regardait les tableaux accrochés au mur, sans s'inquiéter de son ancien rival.

On ne voyait dans l'atelier que des études de petites filles : les unes mangeant la soupe, les autres se chauffant ; celles-ci avec un moulin à café, celles-là lisant à la lampe. Il y en avaient qui traînaient un fagot plus gros qu'elles ; d'autres étaient à genoux en pénitence, avec un bonnet d'âne sur la tête. Toutes ces enfants étaient habillées simplement en robes brunes, avec de grands tabliers de lustrine et de petits bonnets blancs.

— Vous devez bien aimer les enfants, dit Gérard à Thomas.

— Oui, dit Thomas, c'est ma petite fille qui pose pour ces études.

— Vous avez une fille? s'écria Gérard, qui comprit alors la physionomie réfléchie du peintre.

Il ne s'agissait plus alors de ces amours rieuses qui durent une semaine pour ne laisser d'autres traces qu'un profil dans la tête, un couplet de chanson dans la mémoire, une couleur favorite dans les yeux. « Il a une fille! » se dit Gérard en s'en retournant chez lui.

Jusque-là, la pensée d'un enfant ne lui était jamais venue, car les faits les plus naturels étaient ceux qui préoccupaient le moins Gérard; aussi en était-il frappé comme d'un coup de foudre quand ils se présentaient. De même chaque idée remuait violemment Gérard pendant dix minutes. Dans un bref espace, il pouvait souffrir autant qu'un autre en un mois. La mort de quelqu'un qu'il aimait lui faisait verser des larmes abondantes aussitôt qu'il l'apprenait; une colère violente s'emparait de lui pendant un quart d'heure; il s'enthousiasmait avec la même promptitude; mais colère, douleur, enthousiasme, tombaient comme l'eau bouillante qu'on retire du feu. Aussi, après s'être répété tout haut à plusieurs reprises dans la rue : « Il a une fille! » Gérard s'arrêta à la première boutique, et regarda une chinoiserie qui lui fit oublier les enfants et toutes ses idées sur les enfants.

— Ah! bonjour, monsieur Gérard, lui dit avec son accent traînant madame Pierre, qui revenait avec un tablier gonflé d'une foule d'objets; c'est mademoiselle Mariette qui m'a donné une robe, un vieux pantalon, toutes sortes de nippes.

— Vous avez donc vu Mariette?

— J'en reviens, monsieur Gérard... Elle est sortie avec un monsieur.

— Quel monsieur ? s'écria Gérard.

— Un petit gros qui m'a donné quatre sous pour mes cartes... et puis deux sous que j'avais déjà de ce matin ; ça ne va pas mal, les cartes, on me demande encore au faubourg...

— Mais où est allée Mariette ?

— Je ne sais pas, monsieur ; le petit gros avait l'air pressé ; vous le connaissez bien.

— Un petit gros ! dit Gérard ; comment s'appelle-t-il? où allaient-ils tous les deux ? Est-ce que Mariette ne vous a rien dit pour moi ?

— Oh ! je ne sais pas... Si nous n'étions pas dans la rue, je vous ferais bien un tour de cartes...

Mais Gérard était déjà en course, tracassé par la sortie de Mariette avec ce *petit gros* inconnu. Il espérait qu'elle lui aurait laissé un mot chez la portière ; Mariette n'avait prévenu de rien. Il monta à la chambre de Streich, et fut longtemps à être introduit ; car Streich, qui travaillait la nuit, se couchait une partie du jour.

— Tu n'as pas vu Mariette ? lui demanda-t-il.

— Non, je dors.

— Peut-être a-t-elle frappé chez toi en s'en allant, dit Gérard.

— C'est possible, je dormais.

— Peut-on dormir ainsi le jour ! s'écria Gérard, qui fit retomber sur la tête de Streich les tracasseries que lui causait l'absence de Mariette. Tu crois encore, lui dit-il, que les poëtes doivent travailler la nuit, enveloppés de silence... Regarde-moi : j'emporte mes papiers au café, et là, au milieu des joueurs de dominos, des gens qui jouent au billard, de ceux qui discutent politique, je n'entends pas plus les hommes que si j'étais dans une ile déserte.

— Chacun a sa méthode, dit Streich ; il me faut la nuit et beaucoup de café.

— Tu iras loin avec ton café ! dit Gérard : tu te brûles à grand feu. Lève-toi donc à cinq heures du matin, mets sur ta table une grande carafe d'eau fraiche : tu verras comme l'eau fera couler des idées claires de ta plume !

— Nous avons trop bu d'eau dans notre vie, dit Streich, j'en ai assez... Je me rendors, ne me parle plus.

— Comment, tu vas encore dormir ? il est temps d'aller dîner.

— Quelle heure est-il donc ?

— Quatre heures et demie, dit Gérard ; est-ce que tu ne viens pas au pont Neuf ?

— Je vais me lever alors, dit Streich. Tu as bien fait de venir : Rose m'attend là-bas à dîner, et elle ne doit pas avoir d'argent. Ni moi non plus ; mais nous mangerons *Clarisse Harlowe !*

— Tu veux vendre *Clarisse Harlowe ?* dit Gérard.

— Sans doute.

— C'est que je n'ai lu que le premier volume.

— Tant pis pour toi, dit Streich.

— Quel commerce fais-tu avec tes livres ? s'écria

Gérard ; ils ne sont pas même coupés qu'ils sont vendus ; tu as peu de respect pour les livres.

— Ne vois-tu pas, dit Streich, que je contribue plus qu'un autre à la vulgarisation de la saine littérature. *Clarisse Harlowe* coûte six francs ; je la vends quarante sous, le marchand la revend trois francs. Les amis des lettres pauvres sont plus disposés à dépenser trois francs que six ; ils n'achèteraient peut-être pas à ce prix *Clarisse Harlowe*, tandis que cette baisse leur permet de lire le livre. Sais-tu maintenant à quel point la baisse que je fais subir à *Clarisse Harlowe* peut être précieuse aux amateurs de livres ? D'un côté, je dîne...

— Et, de l'autre, je vois des individus, dit Gérard, qui se privent de dîner deux jours pour pouvoir acheter le livre.

Tout en causant de la sorte, les deux amis gagnèrent un cabaret qui fait l'angle de la place de l'École, où ils avaient l'habitude de dîner. De la salle qui leur était réservée au premier étage, une fenêtre donne sur le pont Neuf et permet de suivre le curieux et bruyant spectacle de l'endroit le plus fréquenté de Paris. Gérard avait prévenu le concierge de l'hôtel garni qu'il allait dîner en cet endroit, afin que Mariette vînt le retrouver ; mais il était triste et plein de pressentiments ; les paroles de Thomas lui revenaient sans cesse à la mémoire : « Tout a une fin. » Et il regardait attentivement les femmes qui traversaient le pont Neuf, certain de reconnaître Mariette, fût-elle de l'autre côté de la rive.

— Tu ne manges pas, Gérard? dit Streich.
— Non, je n'ai pas faim.

Puis il pensa qu'on devinait la cause de son ennui, et il commanda à dîner ; car il ne voulait mettre ni Streich ni Rose dans la confidence de ses tristesses. D'ailleurs Valentin et mademoiselle Jenny, qui étaient également à table, avaient mille raisons pour rire de ses tourments, et Gérard essaya de dire des folies, afin de mieux déguiser ce qui se passait en lui.

Le dîner lui paraissait exécrable, lorsque tout à coup il vit apparaître dans la spirale de l'escalier des rubans cerise sur un chapeau de velours noir. Les émotions qui emplissaient le cœur de Gérard, personne ne pouvait les deviner, tant elles étaient précipitées.

Un clignement d'œil rendait ces émotions intimes que Gérard masquait aussitôt par la plus froide indifférence. Il avait la plus vive envie de sauter au cou de Mariette : cependant il restait assis sur sa chaise ; mais Mariette, plus expansive, commença par embrasser son ami.

— Nous t'avons assez attendu avec Giraud ! dit-elle.
— Et c'est parce que vous m'avez attendu que je n'ai trouvé personne.
— Mon ami, dit Mariette, Giraud m'a priée de l'accompagner au marché.
— Au marché ! et pourquoi faire?
— Il nous donne à souper ce soir. Il a vendu ses airs populaires provinciaux à un éditeur, et il veut que chacun soit en fête. Je me suis chargée de prévenir tous nos amis.

— Voilà une bonne affaire, dit Streich.

— Je suis heureux, dit Gérard ; j'ai été le premier à imprimer que ces airs populaires auraient un immense succès, voilà ma prédiction qui se réalise.

— Aussi il faut avouer, dit Valentin, que Giraud est un habile homme.

— Voilà déjà Valentin jaloux du futur succès de Giraud, reprit Gérard.

— Non, dit Valentin ; mais de Villers trouve que ces chansons ne sont pas si naïves que vous le prétendez.

— Et tu penses comme de Villers? demanda Gérard.

— Entièrement.

— Eh bien, nous nous moquons des opinions de de Villers. Je comprends que les vers de Giraud et de de Villers ne se ressemblent pas : il y en a un qui fait des vers rustiques et l'autre des vers archaïques.

— Mais, reprit Valentin, de Villers ne dira pas de mal des airs populaires de Giraud ; au contraire, il a fait un article très-aimable.

— Tant pis ! s'écria Gérard, je méprise ceux qui pensent du mal d'une œuvre et qui en disent du bien... Ils ne cherchent qu'à tromper le public... La plume qui ment est cent fois plus honteuse que la bouche qui ment... N'est-ce pas triste de voir des jeunes gens de notre âge, qui ont trente ans d'avenir littéraire, débuter par des mensonges? Cela se comprend encore d'écrivains usés, condamnés à faire de la critique pour vivre ; ils veulent finir tranquilles ; ils n'ont plus de colères, parce qu'ils les ont dépensées dans leur jeunesse... Mais des hommes de vingt-cinq ans qui mentent !... Patience ! nous vous rendrons un jour la vie dure ; nous ne sommes pas beaucoup qui voulons parler sincèrement ; mais je serais seul que je n'abandonnerais pas une minute ce coin-là... Je serai long à arriver, mais j'arriverai ; je soulèverai contre moi des inimitiés, des haines, des calomnies, je le sais, et c'est ce qui fait ma force. Ce que je dis tout haut, je l'imprimerai ; je ne crains guère mes ennemis, mais je crains encore moins mes amis.

Gérard, d'une nature irritable, avait deux manières de passer ses colères : ou il ne disait rien et rongeait son frein en dedans, ou il éclatait violemment en paroles qui entraînaient sa pensée plus loin qu'il n'aurait voulu.

La mauvaise foi et le manque de franchise lui mettaient l'esprit à l'envers, et certains êtres qu'il rencontrait forcément lui faisaient mal à voir. Il en était arrivé là à l'égard de Valentin, qui, après avoir été son clair de lune, s'était prosterné devant les rayons du poëte de Villers ; mais ce dernier, loin de partager les principes rigoureux de Gérard en matière d'indépendance, se plaisait à entretenir autour de lui une dizaine de perroquets qui allaient répéter dans tous les endroits publics de Paris : « Mon maitre de Villers est le plus grand lyrique de ces temps-ci.

Gérard, qui avait horreur des camaraderies et qui se rendait compte des procédés pénibles de celui qu'on appelait un *métrique* remarquable, se plaisait à lutter seul contre l'influence des dix perroquets, et ne cachait pas sa façon de penser.

— Allez-vous longtemps parler littérature? dit Mariette. Ce n'est pas gai... J'espère qu'il n'en sera pas question au souper de Giraud. Je n'irai pas, si vous vous disputez comme vous le faites d'habitude.

— Allons, Mariette, dit Gérard, soyez calme... Mais tu ne m'as a pas conté comment Giraud a reparu tout à coup, nous qui ne l'avions pas vu depuis si longtemps.

— Il est si heureux, dit Mariette, d'avoir vendu ses airs populaires, qu'il a voulu t'en faire part lui-même... Il y a quelques jours, il passait sur le boulevard, il regarde les fenêtres éclairées du Jockey-Club. Giraud monte, demande à parler au président, et lui dit : « Monsieur, je désirerais vous faire entendre des airs « populaires que j'ai composés... » Le président dit qu'on ne chante pas au Jockey-Club ; Giraud répond qu'on n'a jamais rien entendu de pareil en musique. On allait donner l'ordre aux laquais de le mettre à la porte ; mais quelques membres du club s'étaient rassemblés autour de Giraud, étonnés de voir un jeune homme distingué se donner en spectacle. Tout à coup, Giraud se met à chanter, comme un vrai paysan, ses airs de campagne : il criait comme s'il avait été en plein champ ; on l'a laissé continuer, et il a chanté tout son répertoire... Un éditeur de musique a entendu parler des chansons et de l'aventure du Jockey-Club, a fait chercher Giraud et lui a acheté ses airs populaires.

— Rien ne m'étonne de Giraud, dit Gérard. Il est venu un soir au *Petit Journal*, et M. de Saint-Charmay a été obligé pendant une heure d'entendre ses chansons. Il faisait trembler les carreaux de la rédaction. « Nous avons notre journal à faire pour demain, criait « le vieux Saint-Charmay, nous n'avons pas le temps. « Monsieur ; c'est vraiment charmant. » Giraud continuait toujours. Nous nous sommes moqués ensemble des faux poëtes ; je l'ai mené aussi chez des poëtes tendres, pour les troubler. Comprenez-vous ce qu'ont pensé de ces poésies fortes et sincères tous ces jeunes gens qui passent leur temps à chanter les moutons enrubannés de faveurs roses ?... Pour les achever, Giraud a chanté le *Boucher de campagne;* on voit les garçons aiguiser leurs couteaux, on entend le marteau qui frappe sur la tête du bœuf : le sang coule à flots ; et qui est-ce qui en profite ? La bouchère aux belles couleurs... Jamais je n'ai vu des gens plus malheureux ; ils frémissaient pour leurs pauvres petits moutons de carton, qu'ils se donnent tant de peine à peigner et à poudrer tous les matins.

VIII

LE CABARET NOCTURNE

Le soir il y eut un grand souper chez Joassant, qui représenta le dernier cabaret de la littérature. C'était un endroit où passaient la nuit ceux qui revenaient tard des théâtres et des journaux. Le cabaretier avait une autorisation de tenir son restaurant ouvert toute la nuit, sous le prétexte d'offrir un endroit pour se réconforter aux voyageurs arrivant par les bureaux des messageries voisines ; on ne vit jamais un voyageur dans ce restaurant.

Les principaux habitués furent des Allemands employés aux correspondances étrangères dans les journaux ; un ancien directeur de revue, le prétendu parrain de toutes les illustrations artistiques du romantisme, qui avait la manie de réciter des tragédies. On y voyait encore des critiques terribles qui étaient connus tout à la fois comme écrivains, architectes et peintres, et qui ne faisaient ni romans, ni palais, ni tableaux ; on y rencontrait des acteurs célèbres qui ne jouaient pas et qui avaient des systèmes dramatiques entièrement neufs, comme de jouer Molière *carrément ;* on y voyait aussi des gens longs et maigres, à nez d'aigle, qui se disaient magnétiseurs et qu'il n'aurait pas été prudent de rencontrer au coin d'un bois.

Des écrivains scientifiques, fruits secs de l'École polytechnique, y discutaient la science actuelle avec un mépris et une certitude que personne ne pouvait combattre. Chacun de ces spécialistes amenait toujours deux amis dévoués et approbateurs, comme on en voit autour de toutes les médiocrités orgueilleuses et impuissantes.

C'étaient alors des soirées de discussions bizarres, pleines d'affirmations où la science se mêlait à la poésie, la peinture à la tragédie. Il n'existait aucun homme dans l'école moderne qu'on n'assommât avec les grands noms anciens.

La bande des habitués, qui se tenait habituellement au rez-de-chaussée, vit arriver avec terreur Gérard et Mariette, Rose et Streich, Valentin et Jenny, Pauline, Giraud et Thomas, car ceux-ci professaient le plus grand mépris pour un certain notaire dont il était alors fortement question dans le monde dramatique. Il était arrivé qu'un notaire de Compiègne se délassait de ses travaux en composant, à ses moments perdus, une tragédie en vers. Il en faisait tant de vers par jour ; il avait calculé qu'au bout de six mois il en verrait la fin, et, jour pour jour, il arriva, ainsi qu'il le rêvait, à son dénoûment. Le notaire fit la connaissance, à un voyage à Paris, d'un ancien directeur de revue dont les moyens d'existence étaient de servir d'intermédiaire entre les écrivains et les libraires, entre les auteurs dramatiques et les directeurs. La passion de déclamer l'ancien répertoire céda la place à la passion d'une tragédie inédite. Partout, dans Paris, le protecteur, qui avait de longues jambes, répéta qu'un nouveau Corneille pour la vigueur, mélangé d'André Chénier pour la tendresse, venait de naître. On inventa des anecdotes attendrissantes sur le compte de ce notaire de Compiègne, qui était un honnête bourgeois d'une intelligence assez grande pour mener à bien les intérêts de sa municipalité. Tous ceux qui n'avaient pu faire leur trou dans les arts, dans les lettres ou dans les sciences, et qui se croyaient de grands génies méconnus, repoussés systématiquement par leurs confrères arrivés depuis quinze ans, firent groupe autour du notaire de Compiègne, et saluèrent sa tragédie comme on salue le Messie.

Un pareil entourage de médiocrités si enthousiastes irrita ceux qui ne cherchaient que la vérité. Gérard et ses amis pénétrèrent dans le parterre à la seconde représentation, et ne laissèrent pas dire huit vers de cette poésie monotone, sans siffler bruyamment, protestant ainsi contre les enthousiasmes frénétiques des amis du notaire. Mariette et plusieurs de ses amies avaient été placées dans les galeries élevées, et troublaient également la tragédie par divers moyens longuement étudiés dans la journée.

Ce petit noyau de gens sincères fut battu complétement : un détachement de municipaux entra dans le parterre, et les balaya à coups de crosse. Gérard reçut un tel coup en fuyant, qu'il tomba dans une baignoire sur un administrateur en lunettes d'or, qui était évidemment un ami du notaire-poëte. L'homme en lunettes, ayant approuvé la conduite des gardes municipaux, se trouva puni de cette parole par un violent coup de poing sur son chapeau, que Gérard lui appliqua en se sauvant de la loge.

Les vaincus se retrouvèrent à la porte du théâtre, les uns contusionnés, les autres ayant reçu des coups de crosse, mais tous heureux d'avoir protesté hardiment contre une telle médiocrité.

Pendant longtemps le *Petit Journal* servit de fouet aux partisans et admirateurs du notaire de Compiègne. On répandit le bruit que Gérard et ses amis en voulaient aux jours de l'auteur des tragédies et qu'ils avaient tiré au sort afin que le hasard décidât de celui qui serait chargé de cette périlleuse mission. Aussi Gérard et ses amis furent-ils haïs de tous ceux qui se posaient en gens sérieux, et leurs farces pleines de fougue et d'audace indisposèrent tout le Paris bourgeois.

Les habitués de Joassant, qui étaient les amis intimes du notaire de Compiègne, ceux qui avaient poussé à la roue de sa réputation, ne furent pas satisfaits de voir arriver la bande qui manifestait sa joyeuse humeur dès l'entrée.

— A bas la tragédie ! dit en montant l'escalier Streich, qui poussait partout le grand cri de guerre et qui aurait été très-embarrassé de sortir de ses habitudes de calme.

Thomas déclara qu'il mangerait avec le plus grand plaisir un filet de notaire de Compiègne ; mille autres plaisanteries servirent d'introduction au repas. Pour faire fête à l'auteur des airs de province, Mariette voulut l'avoir à côté d'elle à table. Streich ne quittait jamais Rose, et Gérard fut placé près de Pauline, qu'il voyait avec plus d'intérêt depuis qu'il avait eu connaissance de ses chagrins d'amour.

— Il paraît que vous ne pouvez pas me souffrir ? dit-elle à Gérard.

— Qui vous a dit cela ?

— Mariette.

— Mariette a eu tort... Au contraire, je vous estime beaucoup, parce que vous avez beaucoup aimé.

— Ne parlons pas de ça, dit Pauline en buvant, j'ai trop peur de laisser tomber des larmes dans mon verre.

— Alors buvons, s'écria Gérard, qui commença dès lors à trouver Pauline la plus charmante des femmes.

Il lui prenait la main, et elle la lui abandonnait sans rien dire.

— Gérard ! s'écria Mariette.

— Qu'y a-t-il ? dit Gérard, reprenant tout d'un coup son sang-froid en apercevant un orage sur la figure de Mariette, orage qui s'annonçait par un frissonnement presque imperceptible des ailes du nez.

Que me veux-tu, Mariette? lui demanda-t-il en allant à elle.

— Tu as bien fait de te retirer d'auprès de Pauline...

— Pourquoi? dit Gérard.

— Je vois clair, dit Mariette ; tu lui as pris les mains.

— Que les femmes sont sottes ! dit Gérard. On ne saurait trop faire fête à notre ami Giraud; Pauline s'ennuie. J'avais pensé qu'ils sont faits l'un pour l'autre et qu'ils seraient heureux ensemble. Écoute, Giraud, Pauline t'aime, elle me l'a avoué tout à l'heure... et toi?

— Je n'en sais rien, dit Giraud.

Gérard retourna près de Pauline.

— Giraud vous adore, Pauline ; et vous?

— Je le veux bien, dit-elle. Mais que dira Valentin ?

— Tant pis pour Valentin, dit Gérard. Pourquoi ne fait-il pas une belle chose? On l'aimerait; mais on ne peut pas aimer un homme qui a pour unique profession d'admirer de Villers.

— Vous avez raison, dit Pauline, les airs provinciaux de Giraud me plaisent; dites-lui de ma part qu'il me fera grand plaisir s'il veut en chanter un.

— Mon cher, dit Gérard au poëte, tu es adoré. Pauline veut que tu chantes quelque chose ; elle est prête à déclarer que les rossignols chantent comme des oies à côté de toi.

Alors Giraud chanta la chanson du vin, qu'il avait

composée la veille et qui devint plus tard une des plus populaires de son œuvre. Ces poésies réveillaient dans les esprits blasés l'amour de la campagne.

L'odeur des foins, les prairies vertes, les grands bœufs étonnés, firent oublier les poésies byroniennes, intimes, clair de lune, sceptiques et moyen âge, qui devenaient fastidieuses par de trop nombreuses imitations.

Giraud composait la musique en même temps que les vers, et il ne savait pas distinguer un dièse d'un bémol ; mais il se ressouvenait des mélodies de campagne quand la nourrice berce son enfant, quand le garçon de charrue siffle en conduisant ses chevaux, quand la cuisinière nettoie sa batterie de cuisine ; il avait compris le sens de toutes ces mélopées indécises, les avait ramenées à des rhythmes plus réguliers, et en ornait ses poésies. Aussi la fortune de ces chansons rustiques fut-elle vivement faite par le peuple, habitué jusque-là à de mauvaises rimes de goguettes.

— Allons, dit Gérard en s'en retournant, voilà un ménage de plus. Crois-tu, Mariette, qu'ils s'aimeront longtemps ?

— Non, dit Mariette.

— Pourquoi ?

— Ah ! pourquoi... on n'en sait rien. Pauline regrette toujours son ancien amant.

— Elle a tort.

— Tu ne me regretterais donc pas ? dit Mariette.

— Je ne veux pas y penser, puisque nous sommes pour longtemps ensemble.

— Mais, enfin, si un événement nous séparait?

— Quel événement? demanda Gérard; laissons cela de côté et n'éveillons pas le demain qui dort... Je suis heureux aujourd'hui : faut-il que j'habitue mes deux yeux, l'un à rire et l'autre à pleurer?... J'aime mieux rire maintenant, et pleurer des deux yeux quand l'occasion sera venue. Tu me dirais : « Je te quitte dans huit jours, » je te répondrais : « Tâchons d'être heureux pendant ces huit jours... Je serais assez triste plus tard sans mettre un crêpe d'avance à mon cœur... Et, quand je suis heureux, je voudrais voir tout le monde heureux ; voilà pourquoi j'ai pensé à Pauline et à Giraud. Je ne connais rien de plus beau que ma vie depuis que je te connais, ma Mariette ; je suis content, je travaille, je me sens jeune. Quand je vivais seul, il y avait des jours où l'ennui me prenait; tout devenait brouillard ; il me semblait parfois que j'avais soixante ans !

IX

MARIETTE A DES ATTAQUES DE NERFS

Peu de temps après cette soirée, Gérard et Mariette abandonnèrent la rue des Canettes; tous deux avaient le logement garni en haine et nourrissaient depuis longtemps le désir d'acheter un mobilier. Gérard, au rebours de ses amis, avait peur de la vie au jour le jour : il aimait son intérieur et ne voyait pas de plus grand bonheur que de coucher dans son lit.

La vie d'hôtel garni lui pesait, et Mariette avait démontré que le petit chat leur causerait de vives afflictions si l'on ne quittait pas au plus vite l'hôtel garni. La concierge ne sympathisait pas avec le chat et lui envoyait de grands coups de balai en faisant mine de balayer. Elle laissait souvent la porte ouverte, et il fallait à l'animal un extrême amour du foyer pour ne pas profiter d'une si belle occasion offerte à ses instincts de gouttière. Si le chat se perdait Mariette ne vivrait plus; Gérard devait donc se mettre en quête d'un mobilier pour la conservation du chat et la tranquillité de sa maîtresse.

Gérard se rendit facilement à ces raisons ; car il fut témoin, un jour, d'une scène cruelle. Mariette était rentrée avec un panier plein de framboises qui prenaient une grande valeur de leur rareté. Elle se mit à les éplucher dans un saladier à fleurs rouges, et faisait mille folies, dérangeant Gérard de son travail, lui pressant des framboises sur la figure, lui faisant manger les plus grosses, puis les plus petites, puis le forçant à goûter celles qu'elle venait d'éplucher et qu'elle tenait dans ses lèvres, appelant ainsi les lèvres de Gérard.

— Si je donnais des framboises au chat ! s'écria-t-elle... Mais où est-il ?

Les framboises furent abandonnées au fond du saladier, et ce fut une course inquiète, accompagnée de regards pénibles autour de la chambre ; après avoir regardé dans les meubles, Mariette n'hésita pas à se glisser sous le lit, c'était son dernier espoir... Elle reparut les larmes aux yeux.

— Le petit chat sera tombé par la fenêtre ! s'écria-t-elle en l'ouvrant précipitamment et en regardant dans la rue. Il est perdu... Il est perdu !... dit-elle en sanglotant. On l'aura pris... Gérard, cours vite en bas le chercher.

— Il est endormi quelque part.

— Non, dit Mariette ; je l'appelle depuis une heure, et il ne manque jamais d'accourir... Je t'assure qu'il est tombé par la fenêtre.

Gérard soutint que, si un pareil accident était arrivé, la rue serait pleine de curieux au moins pendant deux jours ; mais toutes ces raisons ne faisaient qu'accroître la douleur de Mariette, qui accusa Gérard, par son insouciance, d'avoir laissé perdre le chat. Ses larmes augmentaient en raison de la froideur de Gérard, qui ne voyait pas dans une absence si courte le motif d'une telle douleur.

Mariette alla plus loin, et accusa Gérard d'être jaloux du chat et de l'avoir fait disparaître. Gérard rit de cette exagération : mal lui en prit, car des soubresauts s'emparèrent du corps de Mariette, qui frémissait, serrait les dents et agitait violemment ses bras. Gérard, effrayé, porta Mariette sur le lit, espérant que cette position la calmerait. Mais une violente crise de nerfs épouvanta Gérard, qui crut Mariette à la mort. Ses idées se brouillaient ; il cherchait des yeux dans la chambre un remède qui pût calmer de telles attaques.

Mariette avait des mouvements violents qui faisaient grincer le lit et crier les portes de l'alcôve... Gérard craignait qu'elle ne tombât du haut du lit ; il ne se sentait pas assez fort pour arrêter les soubresauts des bras et des jambes ; par une violente secousse, Mariette, appuyée contre le mur, fit rouler le lit et tomba dans la ruelle... Gérard sauta sur le lit et essaya de dégager son amie, qui se roulait par terre et faisait retentir la muraille avec sa tête...

Heureusement la porte s'ouvrit, Pauline entra et comprit l'embarras de Gérard, qui ne lui dit qu'un mot : « Mariette ! » en lui montrant d'un air effaré l'endroit où elle gisait ; ils réussirent à la dégager de la ruelle et parvinrent à arrêter ses mouvements saccadés. Pauline lui jeta de l'eau sur la figure.

Une demi-heure après, tous trois mangeaient des framboises.

Le coupable auteur de cette scène, le petit chat, sortait d'un tiroir à demi ouvert de la commode, qu'on n'avait pas soupçonné pouvoir lui servir de lit. Il faisait le gros dos, ce qui lui donnait une hauteur inaccoutumée, et clignait ses yeux verts comme une personne satisfaite d'avoir goûté un parfait sommeil.

— Est-il drôle ! dit Mariette, qui ne tenait pas rancune au petit chat des larmes qu'elle avait versées sur sa perte.

Gérard, ne voulant plus voir reparaître de tels orages, s'empressa de louer un petit appartement de la rue Saint-Benoît. Quelque temps après, il fut décidé que Gérard irait passer quelques jours chez sa mère, qui habitait la province et qu'il n'avait pas vue depuis longtemps. La veille de son départ, Mariette pleura.

— Je ne sais ce qui doit nous arriver, dit-elle, mais il y a quelque chose de triste dans l'air.

— Est-ce que je ne t'aime pas autant que dans le commencement ? Est-ce que je ne t'aime pas davantage de jour en jour ?

— Je ne sais pourquoi, dit Mariette, j'ai peur qu'il ne m'arrive malheur.

— Veux-tu que je reste ?

— Non, pars au contraire, dit Mariette ; tu fais

9.

bien d'aller auprès de ta mère; moi aussi, je voudrais revoir la mienne... Il y a sur le pont Saint-Michel une vieille aveugle qui lui ressemble tant, que je fais souvent de longs détours pour lui porter un sou... Et, depuis que je suis avec toi, je me reproche bien de n'avoir rien envoyé à ma mère; autrefois, tous les mois, je mettais une vingtaine de francs à la poste ; mais nous ne sommes pas assez riches.

— Si je rapporte quelque argent de mon pays, dit Gérard, tu en enverras à ta mère... Cependant, je ne compte pas trouver là-bas la fortune... Je suis assez mal vu dans ma petite ville ; j'y ai mené une conduite bien folle, pendant trois ans.

— Tu avais des maîtresses? demanda Mariette.

— Ce n'étaient pas les maîtresses qui m'inquiétaient le plus ; ç'a été d'abord de devenir très-fort au billard.

— Une belle occupation? dit Mariette.

—Quand on est enfermé dans une petite ville comme dans une cage, il n'y a pas de milieu... Les notaires (j'appelle ainsi les avocats, avoués, employés de contributions directes ou indirectes, adjoints, maire et préfet), les notaires se réunissent une fois la semaine à l'hôtel de ville, avec leurs femmes laides, niaises et prétentieuses ; ils s'intitulent le monde et passent la nuit à danser le pas des cravates blanches et à jouer quelques écus. Les jeunes gens passent leur vie à fumer, à boire, à courir les couturières. J'ai essayé, autant que j'ai pu, de détourner mes amis du jeu, et je les ai dressés à grimper après des maisons, à décrocher des volets, des enseignes; je leur ai enseigné la course gymnastique pour ne pas se laisser attraper par les boutiquiers; l'art de démolir n'a plus de secrets pour mes amis, depuis que j'ai dirigé la démolition d'un marché aux poissons.

— Et ta mère te laissait faire? dit Mariette.

— Il était impossible de nous soupçonner, dit Gérard; chaque nuit nous nous transportions dans un quartier opposé; il n'y a qu'un commissaire de police et deux agents... encore le commissaire de police aimait-il mieux dormir. Il nous accusait auprès du maire, mais il manquait de preuves.

— Je comprends, dit Mariette, que tu ne sois pas très-admiré dans ce pays.

— Non, les habitants ne sonnent pas les cloches pour me recevoir; ils sonneraient plutôt le tocsin, comme si le feu était dans la ville.

— Et tu es heureux, dit Mariette, de revoir tes anciens amis?

— Mes amis, reprit Gérard, je ne sais ce qu'ils sont devenus. Après mon départ, ils ont continué cette même vie, mais les exercices nocturnes les fatiguaient tellement qu'ils dormaient le jour et ne s'occupaient pas de leurs affaires. C'étaient de jeunes marchands que j'avais dressés à rendre l'existence dure à la bourgeoisie; mes amis n'ont pas fait leurs affaires, et ont été obligés de quitter le pays. Moi, je sentais que cette vie-là ne pouvait pas durer longtemps; mes amis croyaient qu'une pareille fête n'aurait pas de terme. Si je dépensais mon activité inoccupée à imaginer tous les jours de nouvelles folies, mes amis ne voyaient pas plus loin que d'exécuter mes plans. Quand l'âme s'est envolée, ils sont devenus tristes et ont repris leur vie de café. Ils n'ont pas bien fini, en somme.

Le jour du départ, Mariette et Pauline allèrent conduire Gérard, qui ne fut pas plus tôt en diligence qu'il se sentit pris d'un grand sentiment de tristesse ; quoique éloigné seulement de Paris de quelques lieues, il semblait à Gérard qu'il fût séparé de Mariette par l'Océan.

Monté sur l'impériale, il regardait mélancoliquement les prairies de la Picardie, d'un vert gai agréable à l'œil.

De dix lieues, on aperçoit la ville où se rendait Gérard ; il fut reconnu par un postillon qui lui donna des renseignements sur les divers gens de la localité. C'étaient mille souvenirs qui remplissaient momentanément l'esprit de Gérard. Dans les petits pays, où chacun se connait, on se dit avec le plus grand intérêt, à cinquante lieues de là, les mariages, les enterrements, les naissances, les faillites, les maisons qui se bâtissent, l'état des récoltes, les grandes pluies et les petits orages. Mais ces gazettes ne sont pas longues à écouter : au bout d'une demi-journée, l'absent est bien vite au courant des accidents légers de la vie bourgeoise.

Le lendemain de son arrivée, Gérard se réveilla tout étonné d'être seul dans une chambre nouvelle. Il se demanda ce que faisait Mariette à cette heure, elle qui se levait toujours la première. Après son déjeuner, que fera-t-elle? Gérard pensa qu'elle irait voir Pauline, et qu'elles vivraient ensemble sous la protection de Giraud.

Pendant trois jours Gérard ne reçut pas de lettres, quoiqu'il eût fait promettre à Mariette de lui envoyer de ses nouvelles aussitôt son arrivée, et il se croyait déjà abandonné, lorsque le facteur lui apporta une lettre avec une adresse écrite avec tant d'incorrection que la mère de Gérard fronça le sourcil, reconnaissant dans un tel griffonnage la main d'une femme d'une éducation douteuse.

Gérard sauta sur la lettre, et courut à sa chambre. Mariette se plaignait d'être indisposée; le médecin l'avait saignée, et son bras avait pris une enflure extraordinaire. Elle ne se rendait pas compte de cet accident, et craignait des suites fâcheuses.

Gérard répondit immédiatement en demandant à Mariette si elle avait besoin d'argent, car il était parti en ne laissant qu'une faible somme. Il aurait voulu quitter la ville aussitôt la lettre de Mariette, mais il craignait qu'un départ si brusque ne fît concevoir quelques soupçons à sa famille.

Trois jours d'une mortelle attente se passèrent pour Gérard, dont l'imagination était à la torture.

Il voyait Mariette, malade, maigre et pâle, sans argent, l'appelant et se débattant contre la maladie; il arrivait à Paris, elle ne le reconnaissait plus et lui tenait des discours sans suite. La nuit la pensée de Gérard se teintait de deuil : sous la porte cochère de la rue Saint-Benoît, il y avait un cercueil, deux cierges allumés, et il entendait les propos des femmes préposées au corps.

Le tableau changeait tout à coup : c'était dans un hôpital qu'il revoyait Mariette ; on l'opérait sur un lit, on lui coupait le bras, et les internes plaisantaient, tandis que d'autres jetaient un coup d'œil sur ce beau corps mutilé.

Enfin une lettre nouvelle arriva. L'adresse était d'une écriture inconnue. Gérard la retourna machinalement pour l'ouvrir, et fut pris d'un tel serrement de cœur qu'il tomba sur une chaise.

Il y avait un pain à cacheter noir !

X

LA VIE DE PROVINCE

Gérard ayant laissé tomber la lettre, fondit en larmes :

— Elle est morte, pensait-il, mes rêves ne m'ont pas trompé. Pauvre Mariette ! mourir si jeune ! Elle en avait le pressentiment la veille de mon départ... Que vais-je devenir ?...

Et il se promenait dans la chambre à grands pas, se plongeait la tête dans les mains. Tout d'un coup, il descendit l'escalier. La mère de Gérard était dans un petit salon et travaillait à un ouvrage de broderie. Il courut à elle et se jeta dans ses bras en sanglotant.

— Elle est morte, s'écria-t-il, ma pauvre mère, morte ! et je ne l'ai pas vue... Je veux m'en aller... Donne-moi de l'argent ! peut-être arriverai-je à temps à Paris pour la revoir... Ah ! tu ne sais pas combien je l'aimais !

La mère se mit à pleurer de la douleur de son fils elle sentait qu'aucune parole ne pouvait adoucir cette affliction. Ils restèrent ainsi quelque temps à mêler leurs sanglots.

— Essuie tes larmes, dit-elle tout d'un coup à Gérard : voilà ton père qui rentre.

Gérard passa un mouchoir sur ses yeux.

— Tu as les yeux rouges, dit la mère sans penser que les siens étaient également gonflés; sors un moment à l'air.

Aussitôt que le dîner fut sur la table, Gérard reparut; mais un changement considérable était peint sur ses traits... Cinq minutes avant, il était triste et désespéré; il rentra en courant, la figure presque joyeuse, autant que le permettaient ses yeux rougis et gonflés.

— Il veut tromper son père, pensa la mère de Gérard; comme il doit souffrir de jouer cette comédie!

Le père de Gérard parlait de ses prés et de nouvelles plantations qu'il devait aller voir après dîner. Gérard lui offrit de l'accompagner. Sa mère, qui ne lui connaissait pas un vif amour pour la nature, se consola en croyant qu'il cherchait déjà des distractions. Pendant le dîner, Gérard lui faisait mille clignements d'yeux, accompagnés de gestes dont elle ne pouvait se rendre compte...

— Est-ce que la folie le prendrait? se dit-elle. Mon Dieu, préservez-le de ce malheur!

La mère de Gérard trouvait que le dîner durait un siècle; elle aurait voulu que son mari allât, suivant son habitude, prendre du café au dehors : Gérard ne tenait pas sur sa chaise et se remuait comme pour se lever à chaque minute. La joie rayonnait sur sa physionomie. Enfin le fils et la mère restèrent seuls.

— Elle n'est pas morte ! s'écria Gérard en embrassant sa mère... Tiens, lis plutôt...

En même temps il lui tendait la lettre suivante :

« Gérard,

« Je vous dirai que Mariette a été très-malade ces jours-ci ; sa saignée a mal tourné, mais le médecin dit que le plus fort est passé ; elle a eu le délire pendant deux jours et ne me reconnaissait plus. On a été obligé de veiller la nuit ; le médecin croit qu'elle ne sera guère rétablie avant quinze jours ; mais ne vous inquiétez pas trop, Gérard. Mariette m'a dit de vous écrire, quoiqu'elle n'ait besoin de rien : un de ses amis qu'elle a fait demander lui a prêté de l'argent ; mais elle s'ennuie beaucoup de ne pas vous voir. Elle me charge de vous embrasser et de vous dire de revenir le plus tôt possible.

« Pauline. »

— Je n'avais pas ouvert la lettre ce matin, dit Gérard à sa mère. Le maudit cachet noir me faisait croire qu'elle était morte... Ah ! que je suis heureux !... Je partirai demain, n'est-ce pas, tu me le permets ?

La mère de Gérard ne semblait pas heureuse de la joie de son fils : autant elle avait partagé ses chagrins, autant elle restait froide devant son bonheur.

— Voilà donc la conduite que tu mènes à Paris, Gérard ! Tu vis avec une femme sans position, et tu crois que toute ta vie peut se passer ainsi... Ah ! que je te plains ! c'est ce qui pouvait t'arriver de plus fâcheux... Je ne t'ai rien dit tout à l'heure quand tu te désespérais ; maintenant je pleure de ce que tu ne pleures plus... J'aimerais mieux te voir malheureux pendant un an que de te savoir enchaîné par une liaison pareille. Où cela te mènera-t-il ? Une fois attaché à ces créatures, on ne les quitte plus ; en voilà pour la vie...

— Mais je l'aime ! s'écriait Gérard.

— Mon pauvre ami, ces femmes-là sont si adroites qu'on les aime toujours ; elle t'aura fait croire ce qu'elle a voulu.

— Elle m'a tout avoué, dit Gérard.

— C'est qu'elle ne pouvait faire autrement. Tu perds ton avenir avec cette femme.

— Au contraire, dit Gérard, j'ai beaucoup plus travaillé qu'avant.

— Tu es jeune, Gérard, tu ne connais pas encore le monde ; tu verras un jour combien tu te repentiras de cette liaison... Qu'est-ce que fait cette femme ?

— Rien ! dit Gérard.

— Rien ! et tu veux qu'une femme inoccupée reste sage ? Elle te trompe peut-être en ce moment.

— Oh ! ma mère ! s'écria Gérard indigné... tu vois par cette lettre qu'elle est malade. Tu ne diras pas que c'est pour ma fortune qu'elle vit avec moi... N'as-tu pas lu qu'elle n'a pas besoin d'argent ?... Le peu que je gagne sert à nous faire vivre ; pense si nous vivons modestement ! Est-ce que Mariette ne pourrait pas avoir demain des robes de soie, un équipage, si elle le voulait ? Elle est assez belle pour qu'on ne lui refuse rien. Eh bien, elle consent à demeurer dans un petit logement sous les toits, dîne médiocrement et en rit ; elle se coiffe plutôt en cheveux qu'en chapeau, par économie. Qu'est-ce qui la pousse à vivre si mesquinement ? C'est parce qu'elle m'aime. Si tu peux trouver des motifs condamnables dans sa liaison avec moi, je suis prêt à la quitter.

— Je ne la connais pas, dit la mère de Gérard ; je ne l'ai pas vue, mais je te dis que cette fille te nuira si tu continues à t'y attacher. Peux-tu la mener dans le monde ?

— Le monde ! le monde ! dit Gérard. Qu'est-ce que c'est que le monde dont je t'entends toujours parler ?

— Conduirais-tu cette femme chez d'honnêtes gens dont tu peux avoir besoin ?

— Je n'ai besoin de personne, dit Gérard. Nous sommes un petit groupe dans Paris qui vivons en dehors des lois ordinaires ; nous ne volons pas et nous n'assassinons personne. Nous menons nos maîtresses avec nous dans tous les endroits publics où nous allons, et nous les respectons comme si nous les avions épousées ; nous regardons comme un comique spectacle tous ces gens qui perdent leurs cheveux de bonne heure pour amasser quelques pièces de cent sous de rente. Si nous n'avons pas de rentes, nous avons des cheveux. Nous faisons des travaux qui sont peu payés pour le mal qu'ils nous donnent, et cependant l'argent nous étonne comme si nous ne l'avions pas gagné à force d'études et de veilles... Nous aimons nos femmes, et elles nous aiment. Il n'y a pas de meilleurs pères de famille que les poëtes : les bourgeois trembleraient de leur donner leurs filles en mariage ; les poëtes trembleraient encore bien plus de se trouver en présence de demoiselles qui ont fait toutes leurs classes de préjugés. Ils rencontrent des femmes insouciantes, les unes heureuses de vivre ainsi à l'aventure, les autres tristes d'avoir passé par l'amour riche, et voilà des liaisons pour la vie ! Chacun s'est apporté rien de rentes ; on ne se dispute jamais sur la dot ni sur la séparation de biens. Une femme, c'est la vie entière ! Tu crois me marier à une femme honnête ; elle l'est au commencement. Un jour je l'ennuie, j'ai des manies, des tracasseries ; je suis fatigué de mes travaux ou plein de joie : ce n'est pas un caractère égal. Jamais la fille d'un bourgeois ne s'accoutumera à une pareille vie : je ne lui ferai grâce ni du dessin ni de la musique qu'elle a appris en pension ; ses parents lui ont appris à saluer d'une certaine manière en soirée, à danser la polka... Les gens comme nous ne dansent pas : il se donne dans notre tête des fêtes que tu ne peux comprendre.

— N'en parlons plus, dit la mère de Gérard ; je ne te demande que de rester encore quelques jours auprès de moi.

Gérard consentit, quoiqu'il eût le plus violent désir de revenir à Paris. La province lui pesait ; il ne comprenait pas comment il avait pu vivre trois ans de pleine jeunesse dans un endroit si morne. « Quand je voudrai me suicider moralement, je viendrai ici, » pensait-il ; car il tournait les yeux de tous côtés et ne remarquait que de petites passions s'accrochant les unes aux autres, luttant toujours et ne tombant jamais. Le mépris de l'intelligence était poussé jusqu'à la haine. Ceux qui, par leur éducation, devaient être à même de comprendre le mouvement des sciences et des arts qui se passait à quarante lieues de là, étaient les premiers à dénigrer les mystérieuses luttes parisiennes qui font de tout écrivain, de tout savant, de tout artiste, un athlète infatigable courbé le jour et la nuit sous des montagnes d'idées.

Gérard essaya de travailler, et s'aperçut qu'il devenait médiocre. Il faut la fièvre de Paris, qui est dans l'air et qui saisit l'artiste au saut du lit. L'immense bruit des rues, les cent mille cris parisiens se fondent en une voix plus harmonieuse que le silence. L'herbe qui pousse dans les rues de province laisse tomber ses graines dans l'esprit.

Gérard se dit que les intelligences de province s'envolaient vers Paris, et que les plus médiocres médiocrités de Paris accouraient à la province, qui les fêtait. Si une intelligence s'avisait de rester en province passé vingt ans, elle était enchaînée, et pendant toute sa vie, des vautours en lunettes lui faisaient subir le supplice de Prométhée.

Tel avait été le sort du père de Gérard, honnête homme qui s'était dévoué pendant vingt-neuf ans à la fortune de la ville, et que la ville, sous les apparences d'un conseil municipal, avait cassé tout d'un coup sans lui donner de retraite.

Pendant vingt-neuf ans, les médiocrités avaient subi l'ascendant d'un homme d'intelligence ; mais elles s'étaient vengées tout d'un coup par la plus noire ingratitude.

Ces réflexions que faisait Gérard, en se promenant autour des remparts solitaires de la ville, n'étaient pas de nature à calmer ses ennuis. Quand il rentrait, il trouvait sa mère en pleurs, à cause des tourments que lui donnait la liaison de son fils avec Mariette.

Ils allèrent un jour faire une promenade à une lieue de la ville. La pauvre mère tentait un dernier effort. Elle savait combien Gérard avait d'affection pour elle, et, au risque de lui déplaire, elle essaya de lui faire comprendre combien ses maximes étaient fausses, combien ses propos étaient légers. Mais Gérard répétait sans cesse : « J'aime Mariette et je l'aimerai toujours. »

Et il passa en revue tous les ménages de la ville.

— Ah ! tu me parles du monde, dit-il, toi qui n'y vis pas, tu ne sais rien. De temps en temps tu vois ces gens se promener avec un calme apparent : il y a peu de ces bourgeois qui ne trompent leurs femmes ; combien de ces femmes trompent leurs maris ?... Tes avocats, que tu me cites comme des modèles, sont sans cesse à tourner la tête aux femmes d'avoués pour demander plus tard leur condamnation quand ils seront substituts... Le mariage est une comédie : tantôt c'est la femme qui est le traître, tantôt c'est le mari... Tu ne me citeras pas dix mariages heureux dans la ville... Comme je ne veux ni faire souffrir une femme, ni être rendu ridicule, je me suis lié avec une femme que j'aime : quand je l'ennuierai, elle me quittera...

— Ah! dit la mère de Gérard, tu raisonnes comme un jeune garçon, ignorant de la vie.

En rentrant, Gérard, qui n'était pas convaincu, écrivit la lettre suivante :

« Ma chère Mariette,

« On ne me parle que de toi, et je ne pense qu'à toi. Je t'aime plus que jamais, et on fait tout pour m'empêcher de t'aimer. Je ne sais par quelle obsession je t'ai crue morte, et j'ai été pleurer avec ma mère. Ma mère a pleuré sur ta mort; maintenant elle pleure de ta résurrection. Je vais essayer de fuir mon pays dans quelques jours. J'aurais voulu passer les nuits auprès de toi, te soigner, te prouver combien je t'aime; mais quand ma mère a su ta guérison, elle m'a fait jurer de rester encore quelque temps.

« Les jours ne finissent pas, les heures sont trop longues, chaque minute me paraît éternelle. Si je n'avais pas fait cette confidence à ma mère, j'aurais inventé un événement important qui m'eût rappelé à Paris dans les vingt-quatre heures. Que faire, aujourd'hui qu'elle sait tout? Ronger le temps et tâcher d'en briser une maille. Tout m'est pénible, manger aussi bien que dormir. J'ai une petite chambre qui donne sur la fortune de la ville, et que la ville, sous les apparences d'un conseil municipal, avait cassé tout d'un coup sans lui donner de retraite.

Pendant vingt-neuf ans, les médiocrités avaient subi l'ascendant d'un homme d'intelligence; mais elles s'étaient vengées tout d'un coup par la plus noire ingratitude.

Ces réflexions que faisait Gérard, en se promenant autour des remparts solitaires de la ville, n'étaient pas de nature à calmer ses ennuis. Quand il rentrait, il trouvait sa mère en pleurs, à cause des tourments que lui donnait la liaison de son fils avec Mariette.

Ils allèrent un jour faire une promenade à une lieue de la ville. La pauvre mère tentait un dernier effort. Elle savait combien Gérard avait d'affection pour elle, et, au risque de lui déplaire, elle essaya de lui faire comprendre combien ses maximes étaient fausses, combien ses propos étaient légers. Mais Gérard répétait sans cesse : « J'aime Mariette et je l'aimerai toujours. »

Et il passa en revue tous les ménages de la ville.

— Ah! tu me parles du monde, dit-il, toi qui n'y vis pas, tu ne sais rien. De temps en temps tu vois ces gens se promener avec un calme apparent : il y a peu de ces bourgeois qui ne trompent leurs femmes; combien de ces femmes trompent leurs maris?... Tes avocats, que tu me cites comme des modèles, sont sans cesse à tourner la tête aux femmes d'avoués pour demander plus tard leur condamnation quand ils seront substituts... Le mariage est une comédie : tantôt c'est la femme qui est le traître, tantôt c'est le mari... Tu ne me citeras pas dix mariages heureux dans la ville... Comme je ne veux ni faire souffrir une femme, ni être rendu ridicule, je me suis lié avec une femme que j'aime : quand je l'ennuierai, elle me quittera...

— Ah! dit la mère de Gérard, tu raisonnes comme un jeune garçon, ignorant de la vie.

En rentrant, Gérard, qui n'était pas convaincu, écrivit la lettre suivante :

« Ma chère Mariette,

« On ne me parle que de toi, et je ne pense qu'à toi. Je t'aime plus que jamais, et on fait tout pour m'empêcher de t'aimer. Je ne sais par quelle obsession je t'ai crue morte, et j'ai été pleurer avec ma mère. Ma mère a pleuré sur ta mort; maintenant elle pleure de ta résurrection. Je vais essayer de fuir mon pays dans quelques jours. J'aurais voulu passer les nuits auprès de toi, te soigner, te prouver combien je t'aime; mais quand ma mère a su ta guérison, elle m'a fait jurer de rester encore quelque temps.

« Les jours ne finissent pas, les heures sont trop longues, chaque minute me paraît éternelle. Si je n'avais pas fait cette confidence à ma mère, j'aurais inventé un événement important qui m'eût rappelé à Paris dans les vingt-quatre heures. Que faire, aujourd'hui qu'elle sait tout? Ronger le temps et tâcher d'en briser une maille. Tout m'est pénible, manger aussi bien que dormir. J'ai une petite chambre qui donne sur la vallée : juste en face de moi, deux montagnes s'ouvrent pour donner place à des champs de jardinage, des blés et de petits villages qui s'échelonnent en diminuant dans le lointain. Le matin je suis réveillé par les jurons des garçons d'écurie qui conduisent leurs chevaux à l'abreuvoir. A deux pas de l'abreuvoir est une fontaine où se rassemblent les lessiveuses ; je les entends qui tiennent des propos sur les gens de la ville.

« Où est Mariette là-dedans ? Le paysage me déplait, les paroles des lessiveuses me choquent comme si on me battait la tête avec un marteau. Je pense à notre petite chambre de la rue Saint-Benoît, que je ne changerais pas pour un palais. Quand le soir nous nous mettions à la fenêtre qui donne sur le cul-de-sac, et que notre petit chat, le nez en l'air, y cherchait les oiseaux, avons-nous jamais rêvé un plus beau paysage ? Je l'aimais, et tout ce que tu regardais prenait de l'intérêt.

« Quel est ce maudit médecin qui encore un peu te faisait couper le bras par suite de sa saignée de cheval ? Je voudrais le rencontrer pour lui dire mille injures. J'en veux aussi extraordinairement à Pauline, qui se sert de pains à cacheter noirs : c'est sans doute l'emblème des tristesses de son cœur ; mais j'aurai de la peine à lui pardonner de m'avoir fait croire à ta mort. Ou plutôt je ne lui en veux plus, et je la remercie : c'est elle la première qui m'a écrit que tu allais un peu mieux...

« Oh ! si je pouvais partir aujourd'hui pour suivre

les progrès de la convalescence !... Quelle joie de te voir manger un peu aujourd'hui, demain un peu plus, et après-demain tout à fait ! Que je serais heureux de te prendre dans mes bras pour te porter dans le fauteuil, près de la fenêtre !... Et quand tu feras quelques pas dans la chambre, que je serai fier de te mener pour la première fois au Luxembourg !...

« Tu te rappelles la pépinière où les vieillards du quartier viennent réchauffer leurs membres au soleil; nous n'y avons jamais été, mais c'est là que je te mènerai : au bout de deux heures on doit en revenir plus fort... Je devine que tu es pâle ; tu dois être bien jolie, avec ton petit bonnet de malade. Je te vois d'ici, comme si j'étais auprès de toi.

« Aussitôt que tu seras remise, mon amie, nous irons courir les bois du côté de Meudon. Je ne travaillerai pas, tant pis ! ma Mariette avant tout. Il n'est pas nécessaire que ma mère reçoive de lettre, cela la chagrinerait trop. Elle sait tout, et ce qui lui fait le plus peur est que je demeure avec toi. J'ai essayé de lui démontrer combien tu es bonne et charmante; je lui ai dit que tu me faisais travailler. Elle ne veut rien entendre et s'entête dans ses idées. Adieu, ma chère Mariette, je t'embrasserai après-demain. »

XI

CONVALESCENCE

Le jour du départ arrivé, la mère de Gérard voulut rester seule avec son fils. Ils déjeunèrent ensemble, mais le repas fut pénible pour tous les deux, Gérard comprenant les pleurs cachés que sa mère s'efforçait de garder ; aussi s'étudièrent-ils à parler de choses indifférentes, chacun craignant que le moindre mot ne donnât un libre cours aux larmes.

— Voilà ta malle, dit la mère de Gérard : tu y trouveras des chemises neuves, des serviettes, du linge ; j'ai tout remis en état... On n'a guère soin de toi à Paris.

Cet *on*, qui était la condamnation de Mariette, fit croire à Gérard que le moment dangereux était arrivé ; mais la mère de Gérard s'en tint à ce simple mot.

— Tu feras attention, dit-elle : j'ai enveloppé dans un bas, au fond de ta malle, un peu d'argent que j'ai mis de côté pour toi ; prends bien garde à ta malle,

— Il est une heure, dit Gérard, qui se sentait gagné par l'émotion de sa mère et qui voulait y échapper.

— Adieu, mon enfant! pense à moi, dit la mère de Gérard en l'embrassant; travaille, et fais ton métier honorablement.

Gérard serra la main de sa mère, et sortit sans dire un mot : il avait des larmes aux yeux. Pendant une lieue il pensa à sa mère, qu'il venait de quitter; mais le souvenir de Mariette ne tarda pas à reprendre sa place. Le lendemain à six heures du matin il arriverait à Paris. Quelle joie et quelle surprise! Comment allait-il retrouver Mariette? Il dessinait mille portraits dans son cerveau et les retouchait comme ferait un peintre sur une toile. Tantôt il se la rappelait rieuse, avec ses jolies couleurs, telle qu'il l'avait vue au bal; tantôt il la voyait triste et pâle. Gérard essayait de s'en faire une image exacte, employant les procédés d'un peintre qui aurait à rendre une figure de souvenir.

A mesure qu'il approchait de Paris, les relais lui semblaient doubler de longueur. Les chevaux paraissaient marcher au pas : il réveilla à diverses reprises le conducteur pour lui demander combien il restait de lieues à faire, et il descendit à chaque relais pour se faire dire le nom des villages.

Toujours le souvenir de Mariette dansait dans le cerveau de Gérard. La diligence traverse la Villette, qui est une des plus pauvres entrées de Paris, surtout vers cinq heures du matin. Les allants et venants montrent le travailleur parisien dans toute la pauvreté de son costume : les maçons marchent à pas retentissants, un gros pain sous le bras ; les balayeurs rentrent se coucher ; on voit les femmes d'ouvriers courir chez les boulangers ; les enfants vont avec leur tasse chez la laitière ; le gaz est éteint ; le pavé est propre ; déjà bourdonne au loin ce bruit de voitures qui va former une basse continue dans la symphonie des cris de la journée. Paris s'éveille.

Gérard suivait ce réveil avec un vif intérêt. Il n'avait pas assez d'yeux pour regarder ; les hautes maisons droites lui semblaient plus intéressantes que la cathédrale gothique de sa petite ville. Il était à Paris et regardait au loin, comme s'il eût pu apercevoir les toits de la rue Saint-Benoît. Il ne rêvait que Mariette, et il se jeta dans un fiacre, tant il avait hâte de voir son amie.

En arrivant à son logement, il trouva la clef sur la porte : Mariette était couchée et ne dormait pas. Gérard courut à elle et la serra contre lui d'une telle force, qu'elle ne pouvait plus respirer. Les yeux de Mariette reflétaient tellement son bonheur, qu'ils semblaient égarés. Pendant une heure, tous deux restèrent à se tenir les mains, ne se lassant pas de se regarder ; les yeux parlaient pour la bouche ; la bouche causait avec les lèvres, le front, le cou, les cheveux. Gérard cherchait avec inquiétude les traces de la maladie, mais il retrouvait partout les marques de la convalescence.

Après Mariette ce fut le tour du petit chat, qui, pour assister de plus près à la fête, était monté sur l'oreiller, agitait sa queue en signe d'allégresse et faisait entendre son ronron harmonieux.

— Il ne m'a pas quittée, lui dit Mariette, qui ainsi faisait de doux reproches à son ami de n'être pas revenu plus tôt. J'ai été bien malade, dit-elle ; mais c'est fini, le médecin ne vient plus. Ah ! si tu savais comme je t'appelais la nuit ! Heureusement Feugères ne m'a pas abandonnée : le pauvre garçon a veillé plus d'une fois ; il avait apporté un matelas et restait auprès de moi.

— Je ne connais pas Feugères, dit Gérard, mais ce sera un de mes amis, et je veux le remercier.

— Il a été si complaisant ! Il sera content de te voir. D'ailleurs, il te connaît depuis longtemps ; il mangeait à côté de nous, rue Sainte-Marguerite, et il riait beaucoup de tes fameuses manchettes.

— C'est donc un peintre ? dit Gérard.

— Oui, dit Mariette ; pour me désennuyer pendant ma maladie, il me dessinait des croquis où on voyait les longues manchettes et ta cravate blanche, tes cheveux plats et ton habit à larges pans.

— Pourquoi Pauline ne te veillait-elle pas ?

— Il y a eu des accidents dans la vie de Pauline, dit Mariette ; elle n'est plus avec Giraud.

— Déjà ! s'écria Gérard ; et pourquoi ?

— Ils ne s'aimaient pas, ils se sont quittés.

— Sans chagrin ? dit Gérard.

— Sans aucun chagrin ; Pauline s'est tout de suite consolée avec de Villers.

— Vraiment ! s'écria Gérard.

— Ce n'est pas tout : Giraud avait amené chez Pauline un de ses amis, qui lui a succédé ; cet ami a amené également de Villers, et un soir il a trouvé la porte fermée.

— Que de poëtes ! dit Gérard ; mais au fond, Pauline trouvera peu de poésie.

— Elle adore de Villers, dit Mariette.

— Tant pis pour elle, car de Villers donnerait toutes les femmes du monde pour un beau vers... Je plains Pauline.

Mariette commençait à se lever, malgré une grande faiblesse ; sa santé revenait, mais elle eut un moment d'effroi le premier jour où elle voulut faire sa toilette : ses cheveux tombaient.

— Tu ne m'aimeras plus, dit-elle à Gérard : je vais être laide à faire peur !

Gérard lui rappela le jour où elle avait appelé un perruquier à la sortie du bal.

— Nous allons en faire autant, dit-il ; il faut te raser la tête ; tu seras charmante : tu as de grands yeux allongés, tu me feras l'effet d'un petit Chinois.

— Je veux bien qu'on me rase la tête, dit Mariette, mais à condition qu'on t'en fera autant.

— Comme tu voudras, dit Gérard.

— Pour commencer, dit Mariette, nous allons faire cette opération nous-mêmes. Si nous sommes laids, tant pis pour nous, les autres n'auront qu'à ne pas nous regarder : nous ne nous aimons pas pour les autres. D'ailleurs, quand je sortirai, j'ai de grands bonnets, comme dans mon pays, où on se cache les cheveux, et ce n'en est pas plus laid.

Gérard servit de coiffeur à Mariette, et Mariette commença à couper avec des ciseaux les cheveux de Gérard ; elle en enlevait le plus qu'elle pouvait avant de se servir du rasoir, lorsque Streich entra.

— Vous me donnez envie, dit-il, d'aller me faire couper les cheveux chez un perruquier.

— Mariette les coupe on ne peut mieux, dit Gérard ; c'est elle qui m'a arrangé ainsi.

— Mais, dit Streich, je vais en soirée aujourd'hui, je ne serais pas content qu'on me vît la tête entièrement nue.

— Je le comprends, dit Mariette.

Streich avait une chevelure peu fournie ; déjà son front était tout à fait dégarni de cheveux. Mariette fit mine de se servir des ciseaux ; mais elle avait caché le rasoir sur la cheminée, et elle caressait l'envie de faire venir à la mode les têtes rasées. Streich sentit le froid du rasoir sur son crâne.

— Mariette, dit-il, vous me rasez tout à fait.

Mariette soutint qu'elle s'était servie seulement des ciseaux, et offrit malicieusement un miroir au poëte, qui ne trouva qu'un terrain entièrement uni. Streich se fâcha et sortit furieux.

— Pourquoi lui as-tu joué ce mauvais tour? dit Gérard.

— Nous sommes deux la tête nue, dit Mariette, nous voilà trois avec Streich ; vous connaissez un certain nombre de gens qui vous imitent, et qui n'auront rien de plus pressé que de se faire raser également.

— Tu veux fonder une école, dit Gérard.

Huit jours après, ces tonsures, qu'on renouvelait fréquemment, dans l'espérance de faire croître une forêt à la place d'un bois, produisirent leur effet à une première représentation de tragédie au Théâtre-Français. Gérard, Streich, Mariette et un de leurs camarades entrèrent dans une loge fort en vue, la tête nue, ce qui troubla extraordinairement les bourgeois des loges voisines, qui venaient digérer paisiblement leur dîner à la faveur des alexandrins. La singulière figure de Mariette, qui était déjà habillée singulièrement, faisait retourner tout le parterre et l'orchestre. La bande fut rencontrée se promenant gravement au foyer, la tête nue et la mine grave ; on convint que Gérard passerait, aux yeux du public, pour l'auteur de la tragédie. Des amis de Gérard dans la salle affectèrent de montrer à leurs voisins l'*auteur*, celui qui avait la tête rasée, en compagnie de sa maîtresse et de deux autres auteurs de tragédies. Quand la claque demanda l'auteur, Gérard se leva, et, toute la salle l'ayant regardé, il salua profondément. Mariette poussa la folie jusqu'à se jeter dans ses bras, comme ne pouvant résister à l'enthousiasme que lui avait procuré sa tragédie. A part les cent personnes qui connaissent tout Paris, le public du Théâtre-Français sortit avec la persuasion que les auteurs de tragédies étaient de mœurs bizarres, puisque eux et leurs femmes osaient se montrer la tête à la chinoise.

Ainsi passaient-ils leur vie à faire des plaisanteries

innocentes à la tragédie et aux tragédiens, dont ils étaient devenus la terreur. Streich allait quelquefois dans un certain monde de bas-bleus où il était traité médiocrement à cause de la coupe de ses habits. Dans ce cénacle on lisait habituellement des vers. Les sonnets de Streich, qui appartenaient à l'école romantique la plus avancée, n'eurent pas tout le succès qu'ils méritaient. Streich jura de se venger. Il s'était rendu familier aux domestiques de la maison, afin de les faire causer sur le compte de leur maîtresse, femme galante et littéraire qui avait été chantée par les poètes de la Restauration, et qui voulait encore être chantée par les fils de ces poètes. Le fameux notaire de Compiègne vint à une soirée ; depuis longtemps il avait prévenu qu'il daignerait lire un poëme antique dans le goût d'Homère. Streich entretint plusieurs jours à l'avance le chef de cuisine des singuliers goûts culinaires du notaire de Compiègne : il ne pouvait travailler à une tragédie sans manger énormément d'œufs sous toutes les formes, œufs brouillés, œufs sur le plat, œufs à la neige, œufs au fromage. Streich imprima même dans le *Petit Journal* ce fait bizarre qu'il raconta avec beaucoup de sérieux, en ajoutant que tous les grands hommes avaient leurs manies. Il fit lire cet article au chef de cuisine, qui déclara que c'était un singulier goût, mais que les auteurs ne faisaient rien comme tout le monde. Le jour de la lecture du poëme antique, Streich se précipita dans la cuisine, et s'écria :

— Vite ! vite ! une omelette ! votre maîtresse m'a

prié de vous dire de la faire à la minute... On craint que la lecture ne puisse continuer si l'omelette manque !

— Que le diable emporte cet auteur avec son omelette ! dit le chef.

— Il ne les aime pas très-cuites, dit Gérard, il ne veut pas de lard non plus ; dix-huit œufs seulement.

— Comment, dix-huit œufs ! s'écria le chef.

— Oui, dix-huit œufs, madame me l'a recommandé.

— Dix-huit œufs pour un homme seul ! dit le chef, qui en cinq minutes eut confectionné une énorme omelette.

Un valet alla porter l'omelette sur un plat d'argent, et entra justement quand finissait le poëme antique. Chacun se précipitait autour du notaire de Compiègne pour lui faire mille compliments exagérés, qu'il recevait avec sa fatuité provinciale ; le valet eut beaucoup de peine à percer la foule, et présenta gravement l'omelette au poëte, qui la regarda et faillit s'évanouir au fumet d'un mets si prosaïque. Streich contempla l'effroi de l'assemblée et de la maîtresse de logis, et s'esquiva.

— Tu as eu tort, dit Gérard, de ne pas rester ; l'idée était belle, mais tu ne l'as exécutée qu'à moitié : il fallait coiffer le notaire-poëte avec l'omelette.

Ces farces, préparées longtemps à l'avance, étaient exécutées froidement par Gérard et ses amis. Gérard avait compris l'inutilité du journalisme dans ces questions qu'il avait souvent agitées avec un de ses amis, jeune encore, qui passait les jours et les nuits à étudier les questions industrielles. « Vous perdez beaucoup de temps, disait le savant, beaucoup d'esprit, à abattre des choses de transition. Ces formes usées vous fatiguent, je le comprends, mais la critique ne peut que leur donner de l'importance. Laissez vos plumes tranquilles, plutôt que de les user à écrire contre la tragédie. Vous ne changerez pas le goût du public : la masse bourgeoise que rien n'éclaire vous regardera comme des insensés tant que vous ne ferez que médire des ridicules de cette école de convention. Mais puisque vous êtes irrité et qu'il vous plaît de vous venger de ces êtres, faites de la critique active. Allez au théâtre, sifflez et battez-vous : les gamins ne disent pas de mal des sonnettes, ils les cassent et vont se coucher le cœur content. Puisque à vingt-cinq ans vous vous amusez encore de ces plaisanteries, soyez les gamins du journalisme. »

Ces préceptes furent exécutés trop scrupuleusement ; car il arriva que Gérard et ses amis, dont la vie se passait à courir après l'art, se trouvèrent habillés, à la suite de ces esclandres, d'une réputation fâcheuse. On les savait pauvres et honnêtes, et on affectait de les confondre avec les entrepreneurs du *Petit Journal*, dont une partie de la rédaction exerçait des commerces équivoques.

La maladie de Mariette avait occasionné quelques dettes qu'il fallait éteindre. Mariette se mit courageusement au travail et se leva dès six heures du matin pour rendre à Feugères l'argent qu'il lui avait prêté. Feugères offrait de l'employer pour son tableau ; les

Juives qui courent les ateliers de Paris ne lui offraient pas cette nature jeune et spirituelle, si rare à rencontrer. Gérard ne vit aucun inconvénient à ce que Mariette allât chez Feugères : ce n'était pas un de ces ateliers où cinquante élèves, en l'absence du maître, ne sont pas gênés par une femme dans leurs propos grossiers. Feugères était d'un extérieur mélancolique et doux, d'une physionomie souffrante et distinguée qui inspirait de l'intérêt. Il ne riait jamais, parlait peu, et ses manières timides prévenaient en sa faveur. Mariette allait chez lui le matin, revenait le soir, et jamais Gérard ne lui demanda ce qu'elle faisait au dehors ; il n'eut aucune jalousie en pensant que sa maîtresse était, toute une journée, près du peintre.

XII

CAUSERIES AU COIN DU FEU

— Je suis tourmenté de l'idée d'épouser Mariette, dit Gérard à Thomas.

— Bah !

— Oui, Mariette est si bonne et si dévouée pour moi, que je crois que ma vie sera heureuse avec elle.

— Diable ! s'écria le peintre.

— Que vois-tu de mal à cela? demanda Gérard.

— Rien ! mais es-tu sûr que Mariette le désire?

— Elle n'y a peut-être jamais pensé, dit Gérard. Dans les premiers temps que je vivais avec elle, je m'en défiais, je me couchais tous les soirs en me disant : « Ne l'aime pas trop, prends garde ; demain « peut-être elle en aimera un autre. » Et je me garais de l'amour le plus que je pouvais. A la fin j'ai été pris ; je l'aime comme je n'aimerai jamais ; je ne connais pas une femme pareille dans le monde, et il n'y a plus qu'une femme pour moi désormais.

— Je crois que tu as tort, dit Thomas.

— Tort de l'aimer?

— Non, tort de vouloir te marier. Je comprends que tu aimes Mariette ; l'aimeras-tu davantage après que tu l'auras épousée ?

— Je ne changerai pas, dit Gérard ; je tâcherai d'être toujours bon avec elle.

— Mariette t'aimera-t-elle davantage pour avoir dit oui devant le maire ?

— Je ne le crois pas, dit Gérard.

— Tu vois que ton idée de ménage n'est fondée sur rien.

— Mais, mon ami, je connais quelques hommes qui ont épousé leurs maîtresses ; ils sont heureux, et ne les changeraient pas pour les femmes les plus riches.

— Tu me parles, dit Thomas, de gens qui ont passé la quarantaine, qui ont vécu pendant quinze ans avec des femmes dont ils sont sûrs : ils sont faits à leurs caprices mutuels ; ils ont eu tout le temps de s'étudier pendant quinze ans, ont vieilli ensemble, ne se sont pas vus vieillir ; les dents de la maîtresse ont jauni, et restent aux yeux de l'homme aussi blanches qu'à vingt ans ; les cheveux de l'amant grisonnent, blanchissent, et la femme lui voit toujours sa chevelure noire. Pendant ces quinze ans ils se sont brouillés, raccommodés, trompés peut-être ; finalement ils ont reconnu qu'ils valaient mieux encore que tous les êtres qu'ils ont rencontrés dans la vie. Oui, ces gens que tu me cites sont heureux ; mais combien y a-t-il de temps que tu connais Mariette ?

— Près d'un an déjà, dit Gérard.

— Je crains d'être cruel, dit Thomas ; tu ne me pardonneras peut-être pas...

— Bah ! j'entends tout sans me fâcher. Tu me diras les nombreux caprices de Mariette depuis que tu la connais, je le sais... Eh bien ! après? Il est arrivé à Mariette, comme à beaucoup de pauvres filles, de rencontrer sur son chemin des gens riches, des sots qui parlent de leur cœur comme s'ils en avaient un. Il y en a plus des trois quarts qui ne songent qu'à s'amuser un moment. Mariette est spirituelle, charmante, pleine de fantaisies, prête à dépenser sa vie en petite monnaie. Cela lui plaisait ainsi. Mais un jour elle a senti le vide dans son cœur, elle a reconnu qu'elle était aimée par moi comme jamais elle ne l'avait été ; elle a vu que je lui donnais ma vie tout entière, et elle est devenue la femme dévouée que tu connais.

— Ne te marie pas, dit Thomas.

— Demain je n'y penserai peut-être plus, répondit Gérard.

Gérard, par sa vie tranquille et domestique, était traité de *bourgeois* par ses anciens amis, qui ne comprenaient pas une liaison si longue avec Mariette ; mais Gérard ne s'inquiétait guère des propos de ses camarades, pourvu qu'il trouvât la tranquillité dans son intérieur. Sa vie se passait heureuse entre Mariette et le petit chat, qui était resté d'un aimable caractère, quoiqu'il fût entouré de soins, de mou et de caresses.

Jamais le chat ne sortait ; il se tenait volontiers sur

le bureau de Gérard quand celui-ci écrivait, et regardait avec intérêt les pattes de mouche qui sortaient de sa plume. Quand Gérard se reposait, le chat donnait de petits coups de patte à la plume, comme pour engager son maître à la reprendre, et il faisait mine de dormir pour ne pas déranger Gérard par l'étrangeté de ses grands yeux couleur d'or vert.

Souvent, dans l'hiver, Gérard se couchait de bonne heure et lisait en attendant Mariette; le petit chat, fourré sous la couverture, témoignait par son ronron de la jouissance qu'il éprouvait à se sentir hors des atteintes du froid. Tout à coup il se levait brusquement, sautait à bas du lit et courait vers la porte : c'était le signal certain de l'arrivée de Mariette. Cependant, aucun bruit n'avait signalé son arrivée; mais les chats, dont l'organisation est, au dire des anatomistes, supérieure à celle de l'homme, ont l'ouïe d'une finesse extrême. A peine le chat était-il à bas du lit, qu'on entendait le marteau résonner à la porte : le chat ne s'était pas trompé; malgré la hauteur des trois étages, il flairait sa maîtresse.

Aussi les soirées se passaient-elles vite en une telle compagnie, rarement troublée par des visites. Quelquefois Gérard amenait un de ses amis, un poëte qui adorait les chats d'une façon particulière. Son plaisir était de les caresser avec des grattements singuliers; il les regardait dans les yeux et tâchait de les magnétiser. Ce poëte, qui faisait des vers remarquables, empreints des agitations de son esprit et des inquiétudes de son âme, vivait en mauvaise intelligence avec

Mariette, qu'il voulait réduire à un silence absolu.

Il condamnait les maîtresses de ses amis au régime du vin et du tabac, afin d'assoupir leur langue, et il ne pouvait supporter les propos de femmes qui viennent se jeter à travers les conversations artistiques. Au contraire, Gérard n'était heureux qu'en entendant la jolie voix de Mariette ; le son lui en plaisait tellement qu'elle pouvait dire les choses les plus ordinaires, qui devenaient d'un grand intérêt pour Gérard. Au théâtre, un instrument un peu faux le faisait sauter sur la banquette ; il écoutait avec ravissement les fredonnements de Mariette, qui chantait médiocrement.

Mariette ne voyait pas d'un bon œil les amis de Gérard : habituée à se voir courtisée, à entendre mille compliments, elle ne retrouvait pas chez eux ces délicatesses et ces attentions dont sont peu soucieux les artistes. Elle prétendait que les camarades de Gérard l'empêchaient de travailler, et qu'il était temps de songer sérieusement à se faire un nom.

— J'ai des amis mieux élevés, disait-elle, je te les ferai connaître ; tu verras comme ils sont bons et complaisants.

Gérard consentit à les recevoir. Un jour, Mariette amena un jeune homme blond, nommé Ernest, myope, d'une physionomie à la fois douce et grotesque, qui n'était autre que le malheureux journaliste qui envoyait des articles contre Mariette, l'homme dont les drames manuscrits avaient autrefois servi à envelopper un pâté et que Gérard traita si mal. Il avait renoncé à la littérature, et cherchait à débuter au barreau sous le patronage de son père, maître Desprez, un des vieux avocats du tribunal de commerce. Il était d'apparence si timide, gêné d'ailleurs par sa grande taille, que Gérard lui pardonna ses articles contre Mariette, et l'engagea à venir le voir aussi souvent qu'il le désirerait.

— J'ai peu de temps à moi, dit Ernest, qui expliqua qu'il servait de secrétaire à son père pour des travaux fatigants de droit ; tout au plus, dit-il, me reste-t-il une heure après l'audience.

— Alors, dit Gérard, venez l'après-midi. Si par hasard je n'y étais pas, vous trouveriez Mariette.

Le jeune homme parut sensible à ces avances et se retira.

— J'aime bien Ernest, dit Mariette.

— Il ne me déplait pas, répondit Gérard ; mais il faut que je te connaisse bien pour ne pas être jaloux. Beaucoup d'autres à ma place feraient la grimace.

— Mais les autres, dit Mariette, n'ont pas ton esprit.

— Où as-tu revu Ernest ?

— Je l'ai rencontré dans la rue, dit Mariette ; il m'a demandé pardon de ce qui était arrivé. Je n'ai pas de rancune. Ce qui m'a plu en lui, c'est qu'il ne ressemble pas aux gens riches : il est doux et timide comme un enfant. Doit-il être drôle au tribunal ! Je le vois plaider... « Messieurs, non, l'accusé n'est pas coupable. » — Et elle se mit à imiter l'avocat avec mille grimaces plaisantes. — Quand je l'ai rencontré, c'était près du Palais de Justice ; j'ai été le voir en robe dans la salle des Pas-Perdus, où il paraît encore plus long et plus pâle. Tu penses si je me retenais de rire, car il était avec son père et il portait un gros paquet de papiers sous le bras. Son bonnet d'avocat ne lui entre pas sur la tête ; il le met en arrière, et semble tout embarrassé dans son costume. Oh ! que j'ai ri en sortant !

— Il est vrai, dit Gérard, qu'il n'a pas la mine d'un avocat.

— Je n'oublierai jamais qu'Ernest m'a connue quand je n'étais pas riche ; il m'a offert ses services de bon cœur. Je lui ai dit : « Apportez-moi deux belles chaises de bois blanc à vingt-cinq sous. J'avais un lit de sangle et un matelas ; Féron, le sculpteur, a modelé pour moi un chandelier en terre cuite ; Thomas m'avait donné une petite peinture. Ernest m'a emmenée au quai aux Fleurs et m'a fait cadeau de deux rosiers. Comme j'étais heureuse dans ma petite mansarde du quai Voltaire ! Les murs de la mansarde avaient été repeints à blanc ; à six heures du matin j'ouvrais mes fenêtres, un bon air entrait chez moi. Le samedi, je donnais des soirées ; on s'asseyait comme on pouvait, chacun apportait quelque chose : nous avons fait des repas sans pareils.

— Est-ce que tu regrettes ta mansarde ? demanda Gérard.

— Oh ! mon ami, peux-tu le penser ? dit Mariette en embrassant Gérard. Je te dis mon passé ; il n'y a que toi qui n'en parles jamais : c'est toi qui de temps en temps me parais triste.

— Moi ! s'écria Gérard, je n'ai jamais été plus

heureux. Je crains seulement qu'un jour tout mon bonheur ne croule. Sais-tu qu'il y a déjà un an que je te connais?

— Déjà! dit Mariette, je croyais que c'était hier. Est-ce que le temps t'a paru long?

— Au contraire, mon amie.

— J'ai eu tort, dit Mariette, de ne pas te faire faire la cour plus longtemps.

— Pourquoi?

— Ah! les hommes n'aiment pas qu'on les écoute trop vite. D'ailleurs tu es si bizarre, que je me serais amusée à écouter tes déclarations.

Gérard ne répondit pas.

— A quoi penses-tu? dit Mariette.

— A rien!

— On pense toujours à quelque chose, dit Mariette; cela t'arrive souvent, et je voudrais lire ce qui se passe au dedans de toi quand tu réfléchis.

— Mais je ne réfléchis pas, dit Gérard. Les femmes ont le tort de s'inquiéter de la moindre rêverie.

— Dame! dit Mariette, est-il amusant d'avoir à côté de soi un homme perdu dans les nuages?

— Tu as raison, dit Gérard. J'ai connu autrefois une petite ouvrière qui se fâchait pour le même motif. Elle me demandait toujours : « A quoi penses-tu? » et je lui répondais comme à toi : « A rien. » Elle avait fini, aussitôt que je n'avais pas répondu immédiatement à sa question, par me dire : « A quoi penses-tu quand tu ne penses à rien? » Et elle me répétait cela si souvent, que je finis par me déshabituer de mes absences.

— Tu vois bien que tu te condamnes : tu ne dois penser qu'à moi auprès de moi... Je suis jalouse de ta maîtresse de jadis. Est-ce que tu étais aussi singulier qu'aujourd'hui?

— J'étais plus sauvage, dit Gérard.

— Tu devais bien l'ennuyer.

— Elle s'est intéressée un instant à moi, dit Gérard, à cause des persécutions de mon père. A vingt ans, il ne voulait pas que j'eusse une maîtresse, et j'avais déjà habité Paris trois ans! Il décida un jour que je devais être rentré tous les soirs à dix heures. Ma maîtresse ne sortant qu'à dix heures du soir de son atelier, il était impossible d'obéir à mon père; j'étais fort embarrassé, car la reconduire par les promenades, il n'y fallait pas penser : le froid est si vif sur la montagne et la neige si abondante, que les rochers, qui ne s'aiment pas, peuvent seuls y résister. Je louai une chambre dans la ville; mais le commissaire de police, à cheval sur la moralité, ayant appris (on sait tout dans une petite ville) que je reconduisais tous les soirs une ouvrière, se douta que nous ne passions pas notre temps au vent. Un soir que nous étions au coin du feu, dans la petite chambre que j'avais louée, le maître de la maison accourut, plein de frayeur, nous avertir que la police frappait à sa porte. Je n'eus que le temps de descendre avec Caroline dans la cave et de l'aider à se sauver la première en grimpant par un soupirail qui donne sur la rue. Tu comprends que je devenais un être assez persécuté pour être un peu aimé.

— Et ton père n'en a rien su ?

— Ah ! dit Gérard, il le savait et il ne le savait pas. Mon père est un homme singulier qui ne m'a jamais rien dit et qui éclatait en colères inouïes devant ma mère ; la pauvre femme supportait tout avec résignation et se contentait de m'engager, en pleurant, à mieux me conduire. A vingt ans, je ne connaissais que le plaisir sous toutes les formes : le jeu, le tapage. Les femmes n'étaient pas alors ma grande préoccupation. Enlever une enseigne était la plus belle des conquêtes ; traîner des voitures à une lieue de là, jeter du haut de la montagne tout ce que moi et mes amis trouvions dans les rues, telle était ma vie nocturne. Mais ce n'était rien que d'échapper au commissaire : il fallait échapper à mon père. Bien souvent en rentrant, sur les trois heures du matin, je voyais avec terreur une lumière briller au premier étage. C'était mon père qui travaillait. Il fallait ouvrir la porte de la rue qui grinçait, monter un escalier en bois dont chaque marche craquait, ouvrir une porte au second étage qui donnait juste au-dessus du salon où mon père travaillait ; il fallait encore me déshabiller et me coucher sans que mon père m'entendît. Après un an d'un pareil exercice, j'aurais pu devenir un voleur distingué, car je savais marcher sans me faire entendre, j'étais devenu rusé comme un sauvage : je crois que j'aurais glissé, avec des souliers ferrés, sur le clavier d'un piano sans faire entendre une note. Mais que de mal ! Et pourtant ce sont ces émotions qui me faisaient rentrer si tard. Je ne m'amusais pas extraordinairement dehors; mais l'inquiétude traversait mes débauches et leur donnait quelque prix.

— Si ton père t'avait entendu?

— Oh! il m'entendait dans le commencement, et il mit le verrou passé dix heures du soir; mais ma mère, trop indulgente, saisissait une occasion et ôtait le verrou. Une nuit, cependant, je n'avais pas vu de lumière dans le cabinet de mon père, et je rentrais sans trop de précautions. « Est-ce toi? » cria mon père d'une voix qui me fit dresser les cheveux sur la tête. « Non, » lui répondis-je sans savoir ce que je disais. Jamais il ne me parla de ce démenti, car il ne voulait pas entamer de discussion, se sentant d'une nature irritable à l'excès. Au fond, il était excellent, et quoique nous ne nous parlions jamais, quoiqu'il ne m'écrivit pas, je l'aime autant qu'il m'aime.

— Je n'ai pas eu de père, moi, dit Mariette; et cependant j'en avais un, mais quel indigne! Tous les jours, jusqu'à quatorze ans, ma mère me l'a montré passant en voiture dans les rues de Lyon : c'est peut-être ce qui m'a donné la haine des gens riches. Quand j'étais petite, je ne comprenais pas, et je disais souvent à ma mère : « Pourquoi mon père ne vient-il pas demeurer avec nous? » Alors elle pleurait, et je ne m'expliquais pas son chagrin. Je n'ai su la vérité qu'à quatorze ans. Je revenais un soir de la fabrique, et je donnais le bras à un commis qui me faisait la cour, lorsque ma mère nous sépare tout d'un coup brusquement et me prend par la main. J'ai eu peur, car je me sentais en faute. Mais ma mère semblait plus triste qu'irritée : « Pauvre Mariette ! me dit-elle, tu es perdue ! » Alors je lui dis tout ce qui s'était passé depuis quelque temps. Un commis qui venait dans notre fabrique m'avait remarquée : il commença par me dire bonjour, puis m'apporta des fleurs, et enfin me demanda la permission de me reconduire tous les soirs.

« — Est-ce tout ? demanda ma mère.

« — C'est tout, lui dis-je.

« — Il ne t'a pas embrassée ? me dit-elle.

« Je répondis que depuis deux jours, avant de nous quitter, il me baisait le front.

« — Est-ce qu'il ne te serre pas les mains ? reprit ma mère.

« — Oh ! beaucoup.

« — Et que te dit-il ?

« — Qu'il m'aime, qu'il m'adore, qu'il n'aimera jamais que moi.

« — Que lui réponds-tu ?

« — Je suis troublée, émue, j'ai le sang à la figure ; ses paroles me font plaisir.

« — Ah ! pauvre Mariette ! s'écria de nouveau ma mère.

« Alors elle me dit qu'elle avait commencé comme moi, que comme moi elle avait été suivie le soir par un jeune homme, qu'elle avait cru à tout ce qu'il disait pendant un an, et qu'un jour il l'avait abandonnée pour se marier. Elle me prédit qu'il m'en arriverait autant, et que ma vieillesse serait pénible. A cette époque, ma pauvre mère devint presque aveugle ;

on la mit aux indigents, et nous avions bien de la peine à vivre. Si encore j'avais pu trouver de quoi nous faire vivre! Mais, tout au plus, je gagnais douze sous par jour, et je ne prévoyais pas pouvoir jamais gagner davantage. Je parlai de cela à mon amoureux, qui était désolé de n'être pas riche pour venir en aide à ma mère. Il me dit d'aller trouver en secret M. Dufournel, le fabricant, celui qui avait abandonné ma mère. Un matin qu'il n'y avait rien à la maison pour manger, j'allai tout droit à la fabrique du riche négociant. Il était dans son cabinet. « Je suis votre fille, lui dis-je, et ma mère meurt de faim. — Pas si haut, » dit-il. Je sentais qu'il me regardait attentivement; car, ce moment d'audace passé, j'eus peur de M. Dufournel et je tremblai. « Voilà cinquante francs, me dit-il : tous les mois votre mère en recevra autant; mais songez que vous ne devez jamais vous présenter ici. Si vous me reconnaissiez dans la rue, si par malheur vous passiez le seuil de la fabrique, la pension de votre mère serait supprimée. Adieu, mademoiselle! » Jamais je n'ai rencontré un homme plus froid; chaque parole tombait sur ma tête comme une goutte d'eau glacée. Et cependant je pris l'argent et le portai à ma mère, qui voulait le renvoyer par fierté. Elle a eu tort de le prendre, je l'ai senti depuis. Ces cinquante francs étaient une sorte de richesse pour elle, habituée à vivre de peu; elle ne comptait plus sur mon travail pour vivre, et moi je me disais qu'elle pouvait vivre sans moi. Un matin, je m'enfuis pour Paris avec mon amant. J'avais fait demander pardon à ma mère par une lettre d'Auguste; elle me répondit que son père était sur nos traces, et que je n'avais qu'un parti à prendre : c'était de revenir immédiatement à Lyon. Mais je ne le pouvais pas, nous n'avions plus d'argent. Auguste avait dépensé une somme énorme en huit jours, en toilettes, en spectacles, en voitures. Il m'avait caché, en partant, qu'il emportait mille francs à son père. Nous sommes réveillés un jour, à six heures du matin, par des agents de police; on nous sépare l'un de l'autre, deux hommes à vilaine mine m'emmènent. Je pleurais sans savoir ce qui m'attendait. Hélas! je fus conduite en prison ; si tu savais, Gérard, en quelle société! Heureusement une dame patronesse s'attacha à moi et écrivit à ma mère de me réclamer. Après deux mois, je suis sortie, et je n'ai plus osé retourner à Lyon. Peut-être serais-je restée sage si je n'avais pas été mise en prison!

— Mais je ne t'aurais pas rencontrée, mon amie, dit Gérard.

C'est avec de tels ressouvenirs que Gérard et Mariette passaient leurs soirées au coin du feu; le chat, allongé sur une petite chaise, semblait prendre part à ces conversations, et la lampe qui baissait annonçait la fin de ces confidences.

XIII

PAYSAGES

Thomas vint un matin chercher ses amis pour les emmener à l'île du Bas-Meudon : c'était dans les premiers jours de printemps. Thomas était triste.

— J'ai besoin, dit-il, de revoir notre livre de l'an passé.

— Quel livre? demanda Gérard.

— Tous les étés nous allons nous baigner au Bas-Meudon, ensuite nous dînons dans l'île ; on a apporté un gros livre qui reste chez les pêcheurs, sur lequel on inscrit ce qui s'est passé dans la journée.

— Ah! je me rappelle maintenant, dit Mariette : c'est dans le gros livre qu'est l'histoire du paquet de tabac.

— Oui! le paquet de tabac! s'écria Thomas.

— Qu'est-ce? demanda Gérard.

— Tu le liras, dit Thomas; on a collé sur le gros livre les pièces à l'appui.

L'île du Bas-Meudon passe pour être habitée par des ravageurs ; quelques curieux n'y vont qu'en tremblant et racontent plus tard leur audace, car il court sur les habitants d'effrayantes histoires qui tendent à les faire passer pour des forçats échappés : ce sont pourtant de braves gens, chargés d'enfants, vivant pauvrement, dont le seul crime est d'être souvent en contravention avec les lois sur la pêche.

Quand il avait fait des excursions dans les environs à la recherche de quelque coin de paysage, Thomas couchait dans l'île, et il n'avait jamais rien entendu la nuit qui donnât confirmation aux mauvais bruits répandus sur la réputation des pêcheurs. Leur plus grand crime était que les crochets où pend la viande étaient rarement garnis, et que le vin, d'une extrême verdeur, agaçait le palais comme des prunelles sauvages.

La bande étant arrivée au bord de la rivière, Thomas cria de toute sa voix, et on vit descendre d'une balançoire un enfant qui sauta dans un bateau et traversa la Seine. Tous les trois entrèrent dans le bateau et abordèrent à l'île du Bas-Meudon. Quand viennent les feuilles, ce paysage riant plaît aux amis de la simplicité. La Seine fait un coude et va se perdre sous le pont de Meudon, qu'on aperçoit à une demi-lieue de là, avec son église sans prétention ; deux petites montagnes, derrière Meudon, coupent l'horizon. Rien n'est plus tranquille et plus frais que la Seine en cet endroit. La nature n'a pas dépensé grande imagination ; mais le Parisien, qui fuit Paris et ses chaleurs, ses odeurs et son gaz, éprouve une double jouissance en respirant l'air des champs ; et n'est-il pas permis à un homme que des pois de senteur, grimpant autour de sa fenêtre, consolent médiocrement d'être enfermé toute l'année dans une maison de plâtre, de s'extasier sur la beauté du plus simple paysage?

Aussitôt que le bateau eut touché terre, Gérard demanda à voir le registre.

— Tu as le temps, dit Mariette : tout à l'heure.

— Est-ce que tu ne viens pas faire un petit tour dans l'île? demanda Thomas.

— Non, dit Gérard, je veux me reposer. Donnez-moi le fameux livre, et promenez-vous en m'attendant.

Derrière la maison des pêcheurs est une pelouse de gazon vert plantée d'arbres qui ombragent de longues tables de bois. C'est là que se font les festins pendant la belle saison ; les enfants, les poules, les canards et les chèvres y prennent leurs ébats dans la journée.

On apporta dans des pots de faïence brune du vin bleu qui fit plaisir, malgré l'amertume de son goût. Thomas prit le bras de Mariette et laissa Gérard en face d'un volume épais, qui était un ancien atlas de géographie qu'on ne respectait guère, car le derrière de chaque carte était couvert d'écriture et de dessins grotesques.

C'était l'album du Bas-Meudon, qu'on avait laissé aux pêcheurs en mémoire des excellentes matelotes de l'établissement.

La plus grande partie du journal était tenue par Thomas, qui y inscrivait les moindres événements survenus pendant son séjour à l'ile : ces détails, d'un intérêt extrême pour les acteurs, n'offraient rien d'extraordinaire pour ceux qui n'avaient pas été mêlés à leur vie. Cependant, une curiosité au milieu du journal frappait les regards : c'était une feuille de papier jaunâtre écrite par une main malhabile, qui avait été collée dans le grand livre. On y lisait :

1823.

« *Premièrement. Pour avoir mis deux pièces aux soullier à monsieur le contes de Manchot.*   livr. 12 s.

« *Du 12 juin. Pour avoir mis des talon et avoir recoussus une petites botes à madame la contesse de Manchot.*   1   »

« *Du 21 septembre. Pour avoir recemeler les soullier à monsieur le contes de Manchot.*   5   »

« *Du 9 octobre. Pour avoir fait une paire de soullier à monsieur le contes de Manchot.*   7   10

« *Du 29 may. Pour avoir border les soullier à monsieur le contes de Manchot.*   »   12

« *Du 15 juin. Pour avoir mis deux pièces aux soullier à monsieur le contes de Manchot.*   »   12

« *Du 12 juillet. Pour avoir mis des talon aux soullier à monsieur le contes de
Manchot.*   1   »

« *Du 17 juillet. Pour avoir mis des talon aux soullier à M. le contes de Manchot.*   1   »

« *Du 5 septembre. Pour avoir mis des
talon et avoir racomoder un autre soullier à monsieur le contes de Manchot.*   1   »

« *Du 11 octobre. Pour avoir mis des semelle et des tour aux soullier à monsieur
le contes de Manchot.* »

Au bas de cette singulière pièce était écrit : « *Je certifie que Mariette étant entrée chez un marchand à Vaugirard pour m'acheter du tabac, m'a rapporté un cornet de papier contenant ce manuscrit ; je l'ai jugé digne d'être conservé et l'ai collé dans le présent livre pour être livré aux commentaires de chacun.* — Thomas. »

Thomas revint bientôt avec Mariette, qui s'était fait dans l'île un bouquet de fleurs des prés.

— Eh bien ! dit Thomas, que penses-tu du papier à tabac ?

— C'est à faire pleurer, dit Gérard ; si j'avais trouvé ce morceau de papier, je l'aurais fait encadrer... Que pouvait être ce comte de Manchot ?

— Un pauvre comte, dit Mariette ; et plus pauvre

encore sa femme, madame la comtesse, à qui on recoud des petites bottes !

— Ils n'étaient pas riches, en effet, dit Thomas.

— Il est permis, dit Gérard, de dire qu'ils marchaient mal.

— Pourquoi? demanda Mariette.

— Parce qu'ils usaient beaucoup leurs souliers sur les côtés, et que le savetier n'était occupé qu'à mettre des pièces.

— Ils marchaient du talon, dit Thomas, cela est prouvé.

— S'il n'y avait pas la date de 1823, dit Gérard, on pourrait croire que ce sont des émigrés. Comme ces gens-là devaient être honteux de leurs chaussures ! je les vois. Et les habits répondaient à ces souliers rapiécetés.

— Heureusement, dit Mariette, ils n'avaient pas d'enfants ; la note du savetier serait effrayante, s'il y avait eu des enfants dans la maison.

— Le savetier n'a peut-être pas été payé, reprit Thomas.

— Ce comte de Manchot me paraît un honnête homme, dit Gérard.

— Oui ! s'écria Mariette.

— Ce sont des gens presque dans la misère, dit Gérard ; ils ont un titre de noblesse, ils pourraient en abuser, abuser de leur nom auprès d'un cordonnier. Pourtant, ils s'en vont chez le savetier du coin, qui ne peut pas leur faire crédit longtemps, qui ne leur ferait pas crédit, en eût-il le moyen, car il est trop dans le mystère de leur misère : donc, ce comte de Manchot était un brave homme.

— Il est fâcheux, dit Mariette, que le papier ait été déchiré.

— Oui, car je suis sûr qu'il y avait au bas l'acquit du savetier.

— As-tu vu, demanda Mariette, le dessin que j'ai fait de Pauline?

— Non, dit Gérard.

— Alors, reprit Thomas, feuillette l'album, et, à la page suivante, tu trouveras également un dessin de Pauline sur Mariette.

Pauline et Mariette se jalousaient ; mais la plus jalouse était Mariette, qui ne pouvait supporter aucune femme à côté d'elle.

En voyant ce dessin moqueur, Mariette entra en colère et voulut déchirer la feuille de l'album ; mais Thomas s'y opposa... Dans sa fureur, Mariette éclata contre Pauline ; puis elle se leva et prit son chapeau.

— Je m'en vais, dit-elle à Gérard.

— Comment ! tu t'en vas?

— Pourquoi? demanda Thomas.

— Je veux m'en aller.

— Et dîner? dit Gérard.

— Je n'ai pas faim.

— Mais tu avais faim tout à l'heure?

Mariette fit quelques pas vers la porte.

— Qu'est-ce qui la prend? dit Gérard.

Et il s'élança sur ses traces. Pendant ce temps,

Thomas prévenait le petit garçon du pêcheur.

— Surtout, dit-il, ne démarre pas le bateau.

— Eh! monsieur Thomas, dit l'enfant, je sais bien que vous êtes le maître.

— Est-ce que je t'ai fait quelque chose? demandait Gérard à Mariette.

— Laisse-moi..., je veux m'en aller.

— Et moi, que deviendrai-je? dit Gérard.

— Tu resteras.

— Comment! tu me fais venir à la campagne pour t'en retourner aussitôt. Si encore tu avais des motifs...

— Laisse-moi, dit Mariette, tu vois bien que tu m'agaces!

Gérard regarda naïvement les nuages, car il n'avait pas demeuré un an avec Mariette sans connaître l'influence du temps sur son tempérament nerveux.

— Je ne viens pas ici, dit Mariette, pour être insultée.

— On t'a donc insultée? dit Gérard... Est-ce la femme du pêcheur quand tu as été commander le dîner?

Mariette ne répondit pas. Gérard fit quelques pas pour aller s'assurer du fait à la cuisine.

— Ce n'est pas la femme du pêcheur, dit Mariette.

— Serait-ce le petit garçon?

— Non plus.

— Tu es revenue si gaie de ta promenade avec Thomas, ce n'est pas lui?

— Pourquoi, dit Mariette, laisse-t-il des méchancetés dessinées sur moi dans l'album?

— Ah! dit Gérard, tu es blessée du dessin de Pauline; il n'y a pas grand crime, cependant.

— Tu te moques qu'on insulte ta maîtresse, cela t'importe peu!

— Tu ne parles pas sérieusement, dit Gérard; rappelle-toi le jour où j'ai voulu jeter en bas de l'omnibus deux grands gaillards, uniquement parce que tu te plaignais qu'ils pressaient ton pied.

— Pourquoi, dit Mariette, as-tu regardé en riant ce dessin? Mon nom est inscrit au-dessous; tu devais déchirer le dessin.

— Eh bien! dit Gérard, je vais l'enlever de l'album; reviens avec moi, car Thomas s'inquiète de ton dépit.

— Non, je n'y retournerai pas, dit Mariette.

Gérard revint vers Thomas et lui raconta le dépit de Mariette en demandant la destruction du dessin de Pauline.

— Tu es faible! dit Thomas. Tu ne devrais pas céder à Mariette; aujourd'hui elle veut qu'on déchire ce dessin, demain ce sera autre chose, après-demain elle te demandera la lune.

— Tu exagères...

— Laisse Mariette bouder, dit Thomas; si on ne s'en occupe pas, elle s'ennuie elle-même de sa mauvaise humeur et elle revient toute charmante. Mais quand on lui donne de bonnes raisons, quand on discute ses bouderies...

— En voilà assez, dit Gérard, qui se sentait convaincu de faiblesse ; j'ai promis de rapporter le dessin.

— Le voilà, dit Thomas, en déchirant la feuille de l'album, mais prends garde à ta faiblesse !

Mariette revint en triomphatrice à table et montra que le chagrin n'avait pas coupé son appétit. Il est vrai que la matelote parfumait l'air par une odoriférante combinaison d'ingrédients inconnus aux cuisiniers parisiens. Tout dans ce riant endroit concourait au plaisir des yeux : la Seine qui encadre tranquillement l'île, le paysage vert qui se déroule jusqu'à Passy, une jolie route animée par des maraîchers.

— Pourquoi ne peut-on pas vivre toujours ici ? dit Thomas.

— Pourquoi n'as-tu pas de rentes ? dit Gérard. Peut-être s'ennuierait-on très-vite !

— S'ennuyer ! s'écria Thomas. Tous les jours je serais levé à quatre heures du matin, je me jetterais à la Seine et je courrais la campagne jusqu'à déjeuner... Tu ne saurais croire les jolis pays qu'il y a par ici. La plupart des peintres vont au bout du monde pour trouver des motifs neufs, et ne se doutent pas qu'à la porte de Paris, sans faire plus de cinq lieues, ils ont la Normandie s'ils veulent, la Bretagne même. Connais-tu Carrières ?

— Non, dit Gérard.

— A deux pas de Chatou, il y a un village porté sur le dos d'une petite montagne qui descend doucement vers la Seine. Les maisons sont toutes bâties dans des grottes, et les roches forment des architectures singulières. Chaque maison est au fond d'une entrée dans laquelle se joue le soleil à travers des espèces d'arceaux à jour formés par des roches pendantes : chaque roche a son plumet d'herbes vertes sur la tête. De petites rues vont en montant et en descendant... Ah! qu'on doit être heureux là dedans! Il y a beaucoup de vignes aux alentours, et le vin s'y donne.

— Tu me donnes l'envie de me faire ermite à Carrières, avec Mariette si elle voulait, et un gros tonneau de vin pour les amis.

— Je suis persuadée que Gérard n'y serait pas cinq minutes, dit Mariette, qu'il courrait au chemin de fer pour retourner à Paris. Mais tu mourrais sans Paris et sans le bruit, sans ton café et sans tes amis! Voilà, Thomas, la vie de Gérard. Il est assez paresseux de son naturel et ne travaille que tout juste. Quelquefois il est huit jours sans toucher une plume. Si je gronde un peu, monsieur me dit que c'est de ma faute, qu'il est obligé d'aller déjeuner au café, qu'ensuite il lit les journaux ; on lui parle, cela le distrait dans ses idées, et il ne peut plus rien faire de la journée. Il prétendait que, si je lui avais fait son déjeuner en hiver, s'il avait trouvé son feu allumé, il se serait levé beaucoup plus matin et qu'il aurait travaillé au moins quatre heures. Tous les jours, cet hiver, je me jetais courageusement en bas du lit, j'allumais le feu, j'allais préparer le déjeuner : Gérard finissait par se lever. Eh bien, quand il avait déjeuné, il ne manquait pas de se sauver et ne reparaissait plus qu'à dîner.

— Tu me laissais seul à la maison! dit Gérard.

— As-tu besoin de quelqu'un pour travailler? D'ailleurs, tu avais le petit chat.

— Le chat ne suffit pas, dit Gérard, au contraire. Je le regardais, je le voyais cligner des yeux, puis dormir; le feu aussi s'en mêlait, me tenait trop chaud, et je rêvais... Alors j'aimais mieux prendre mes papiers, mes plumes, mes livres, et m'en aller travailler dans un café; là, je n'osais pas dormir.

— Je n'ai jamais compris, dit Mariette, comment il peut écrire dans un café, où il ne travaille pas autant qu'il le prétend; il est revenu plus d'une fois à la maison sans rapporter de nouvelles pages écrites.

— C'est que l'encre était mauvaise, dit Gérard. Dame! cette méthode de travail a bien ses désagréments.

— Je le crois, dit Thomas. Je me demande comment pourrait faire un peintre dans un café.

— Pourvu que le jour soit bon! Dans un temps Valentin y faisait de la gravure; il est vrai que nous étions seulement quelques amis réunis.

— Le bruit ne te dérange pas? demanda Thomas.

— Au contraire : ce qui me tue, c'est le calme et le silence; j'aime le mouvement autour de moi. Voilà comment je procède : je cherche un grand café, vaste et bien éclairé, où l'on puisse fumer et où il y ait beaucoup de journaux. Ceci est la préparation au travail. Je dispose mon papier, mon encrier sur la table, et je commence à écrire deux pages ; je m'arrête, je fume, je lis deux ou trois journaux, j'écris deux nouvelles pages, et ainsi de suite. Mais je suis forcé d'émigrer souvent et de quitter le café.

— Volage ! s'écria Mariette.

— Au bout de huit jours je suis connu. Sans que je dise un mot, les garçons m'apportent un encrier en même temps que du café ; mais les habitués me regardent : j'en surprends qui regardent mon papier et qui voudraient savoir ce que j'écris. Les plus hardis arrivent jusqu'à ma table en apparence pour demander le journal, en réalité pour jeter un coup d'œil sur mes papiers. Un jour, j'ai entendu un habitué dire à un autre : « On n'écrivait pas ainsi du temps de Voltaire. » Alors je suis obligé de chercher un nouveau café. Mais il m'est arrivé une histoire qui aurait dû me dégoûter à jamais d'écrire dans ces endroits, si je pouvais faire autrement. Je ne sais, Thomas, quel rôle jouent les nerfs dans la peinture, et si vous souffrez autant que nous en écrivant. Pour moi, si le sujet est comique, je m'amuse énormément de ce qui coule de ma plume ; il me semble que je lis une farce inconnue, d'un autre être que moi ; il en est de même si j'écris une histoire lamentable : je suis ému comme j'étais gai auparavant. Un matin, je venais de tuer un enfant après mon déjeuner… N'aie pas peur, Mariette, j'écrivais la mort d'un enfant et la douleur de sa mère… Tout à coup je vois sur mon papier un gros pâté blanc, teinté de noir au milieu, je pleurais à chaudes larmes. Je m'essuyai vite les yeux, mais je m'aperçus que tous les regards étaient fixés sur moi. Je me suis sauvé et je n'ai plus reparu.

— Aussi pourquoi, dit Thomas, vas-tu pleurer en plein café?

— Est-ce que je me rappelle que je suis au café? A la table voisine sont des joueurs de dominos, je ne les entends pas; en face de moi des joueurs de billard crient, discutent, annoncent leurs points, je n'entends rien. Le travail m'environne d'une espèce de solitude particulière, et je ne demande qu'une grâce : c'est qu'on ne m'adresse pas la parole directement.

XIV

DÉPART DE MADEMOISELLE MARIETTE

Un soir, dans la rue, Gérard aperçut, sur le trottoir, Feugères qui marchait vivement en détournant la tête.

— Pourquoi Feugères, dit-il à Mariette, feint-il de ne pas vouloir nous reconnaître?

Mariette prétendit que Gérard se trompait.

— Il y a longtemps, dit Gérard, qu'on ne l'a vu à la maison.

— Nous sommes un peu brouillés, dit Mariette.

— Tu ne me l'avais pas dit.

— A quoi bon te chagriner? Feugères voulait me faire la cour...

— Ah! dit Gérard, il te faisait la cour! Je ne m'en serais pas douté.

— Je le crois, tu ne te doutes de rien; si tu te maries un jour...

— Je n'ai pas l'intention de me marier... à moins que tu ne sois déjà fatiguée de moi?

— Voilà d'autres idées! dit Mariette. Je ne connais personne plus confiant que toi et en même temps plus inquiet.

— Si je suis confiant, c'est que je t'aime : car, du jour où je ne serai plus confiant, je ne t'aimerai plus.

— Qui sait? dit Mariette.

— Tu as mal fait de te brouiller avec Feugères : il s'est bien conduit pendant ta maladie. Il t'aime, je le crois. Qui est-ce qui ne t'aimerait pas? Mais il est toujours facile de faire entendre raison à un homme : il sait que tu es avec moi.

— Que lui importe? dit Mariette; il voulait me prendre chez lui.

— Alors, je ne le défends plus.

— Je lui ai dit que ce n'était pas possible. Il prétend que tu es laid; mais je réponds que je t'aime ainsi. Il a fait ton portrait sur son mur, avec tes longues manchettes et ton fameux habit à basques.

— Diable! dit Gérard piqué.

— Il m'a fait souvent rire de toi.

— Il est si facile, dit Gérard, quand on veut prendre la femme de quelqu'un, de rendre ce quelqu'un ridicule. Si je parlais de sa peinture, qui est calquée sur les figures des vases étrusques!

— Ah! s'écria Mariette, je ne veux pas qu'on dise du mal de la peinture de mon ami Feugères.

— Oui, il ira loin avec son imitation de l'antique.

— Il a beaucoup de talent, dit Mariette.

— Où les a-t-il connus, les antiques? demanda Gérard. Est-ce qu'il voit dans les rues des gens portant des péplums sur le dos?

— C'est très-distingué, dit Mariette.

— Distingué! s'écria Gérard, un mot qu'on met à toutes sauces; la distinction, c'est la décoration des gens médiocres.

— Tu n'empêcheras pas, dit Mariette, que sa *Courtisane romaine* n'ait eu un grand succès au Salon.

— Parbleu! tous les bourgeois de Paris s'ameutaient autour : ils trouvent plus difficile de peindre une courtisane romaine qu'un paysan, de même qu'ils s'imaginent qu'un poëme a plus de valeur qu'un roman en prose! Qu'est-ce que cela prouve? que le nombre des ignorants est considérable.

— Feugères est un grand peintre, dit Mariette.

— Tu ne t'y connais pas, dit Gérard.

Il arrivait souvent de semblables querelles. Mariette, frottée de littérature, de peinture, aimait la discussion et soutenait le talent de tous ceux qu'elle connaissait; et Gérard s'exaltait, commençant d'abord par raisonner sérieusement et dédaignant de combattre les affirmations de son amie.

Peu de temps après, Mariette dit à Gérard :

— Je vais te quitter.

Gérard pâlit et crut qu'il allait se trouver mal.

— Je veux aller une huitaine à Lyon voir ma mère.

— Ah! dit Gérard en respirant; pourquoi me tourmenter ainsi?

— C'était pour voir si tu m'aimais.

— Ne sais-tu pas que je t'aime, mon amie? Plus je vis avec toi, plus je m'attache à toi; si je te perdais aujourd'hui, je ne sais ce que je deviendrais... Mais comment feras-tu pour aller à Lyon? le voyage est cher, et nous ne sommes pas riches!

— Justement, reprit Mariette, je disais l'autre jour devant Ernest combien j'aime ma mère et ma sœur, combien je souffre de ne pas les voir; il m'a offert immédiatement de quoi faire le voyage. N'est-ce pas aimable, et diras-tu encore du mal des avocats?

— Non, dit Gérard, pas devant lui du moins. Voilà ce que j'appelle de l'amitié. Pendant ton absence, je travaillerai de toutes mes forces, pour pouvoir, à ton arrivée, lui rendre cet argent.

— Oh! dit Mariette, il me prête pour autant de temps que je voudrai; du reste, je ne suis pas embarrassée : quand même je n'aurais pas trouvé de l'argent chez Ernest, tous les hommes me traitent plutôt en camarade qu'en femme, et il y en a dix qui seraient heureux de me rendre un service.

La veille du départ, Ernest envoya à Mariette un lièvre qu'il avait tué à la chasse, et on mit le lièvre dans un coin de la cuisine, ce qui causa au petit chat une grande joie. N'ayant pas de souris à sa disposition dans le logement, il se rua sur l'animal mort avec une rage sans pareille. Il le mordait aux oreilles et cherchait à le traîner par la chambre ; mais le ventre de chanoine du lièvre aurait défié les efforts de quatre chats attelés.

Alors le chat, abandonnant son projet de traîner la victime sur le carreau, se mettait en arrêt devant le lièvre, sautait d'un saut énorme par-dessus le corps, et s'inquiétait démesurément de cet animal si doux qui se laissait ainsi maltraiter; il posait ses pattes sur le ventre soyeux du lièvre, et par ses coups multipliés semblait lui-même un lièvre épileptique, essayant de crever le tambour qu'on a confié à sa docilité. Mariette fut obligée de retirer le lièvre des pattes du chat, qui voulait, comme un augure, consulter les entrailles de la victime.

Le petit chat fut admis sur la table à considérer de près si le lièvre avait été cuit à point. Mariette recommanda à Gérard de ne pas oublier la nourriture du chat.

— J'ai prévenu, dit-elle, la mère Pierre, qui te fera ton ménage pendant mon absence; elle apportera du mou tous les matins.

A trois heures, Gérard prit à part Mariette:

— J'aurais voulu rester seul avec toi, dit-il : nous n'avons plus que deux heures pour nous voir. Ernest me gêne; il y a mille choses qui ne peuvent se dire qu'à deux.

— J'ai prié Ernest de m'accompagner avec toi à la voiture, dit Mariette, je ne saurais maintenant comment le renvoyer.

Gérard songea tristement combien il est doux de ne rien dire à la femme qu'on aime quand on serre sa main dans la sienne.

A quatre heures, les trois amis prirent le chemin

de la diligence, et pendant la route Mariette s'emparait tantôt du bras de Gérard, tantôt du bras d'Ernest. Le bruit qui se faisait dans la cour des messageries réveilla un peu les idées de Gérard ; mais déjà on appelait les voyageurs. Les chevaux faisaient sonner le pavé, impatients de partir. Mariette embrassa Gérard d'abord, Ernest ensuite, et la voiture partit.

— Comme vous avez l'air triste ! dit Gérard à Ernest, dont la mélancolie habituelle semblait redoubler.

— Non, dit l'avocat.

— Il paraît plus ému que moi, pensa Gérard.

Pendant l'absence de Mariette, Gérard, au lieu de travailler, rechercha la société de ses anciens amis, qu'il avait négligés depuis longtemps. Il les trouva toujours dans la rue des Canettes, faisant ménage comme par le passé ; mais il semblait à Gérard que toutes ces maîtresses étaient un boulet attaché au pied de chacun de ses amis. La colonie de la rue des Canettes, qui s'était agrandie, menaçant de transformer ce quartier en académie littéraire, était troublée sans cesse par mille propos destinés à jeter la discorde dans les relations domestiques ; il en résultait des querelles, des discussions, de méchants propos.

La gêne qui régnait dans cet endroit remplit de noir le cœur de Gérard, qui sortit brusquement afin d'oublier cette fâcheuse impression. Il en aimait d'autant plus Mariette ; car depuis qu'il vivait avec elle, il n'avait pas passé par ces querelles de ménage irritantes et ces méchants propos, fils de l'oisiveté.

Heureusement pour lui, comme il aimait les livres, la première boîte de bouquiniste l'occupa tellement, qu'il ne pensa plus à la rue des Canettes.

Le temps le plus heureux de Gérard était le moment où, ayant quelque monnaie en poche, il pouvait revenir chez lui avec un livre curieux. Pour l'habitant de la rive gauche de la Seine, le quai Voltaire possède un charme inconnu aux boulevards : c'est tout à la fois un musée, une bibliothèque immense, et la campagne.

A partir du pont Neuf, une librairie considérable, à bon marché, s'étale sur le parapet pendant une demi-lieue ; tout en feuilletant une brochure, le regard s'arrête sur la Seine, qui coule derrière les peupliers verts de la berge. Là, sans fatigue, Gérard étudiait, en flânant, les tableaux, les gravures, les chinoiseries, les vieux meubles, comme il embrassait d'un coup d'œil, dans un seul casier, toutes les sciences et tous les arts.

Cherchant à pénétrer les mystères d'une case pleine de poussière au fond de laquelle étaient entassées de nombreuses brochures en piteux état, Gérard tressaillit en se sentant appeler.

« Ah ! Pauline, vous m'avez fait peur ! » s'écria-t-il.

Dans d'autres circonstances, Gérard eût peut-être paru mécontent d'être troublé dans ses recherches ; mais il avait passé plus de deux heures sur le quai, et il se sentait disposé à la conversation.

« Mariette est partie ? dit Pauline.

— Il y a trois jours, et je m'ennuie déjà.

— Vous aimez beaucoup Mariette? dit Pauline.

— Beaucoup, oui, beaucoup.

— Si elle ne revenait pas?

— Pourquoi? s'écria Gérard inquiet, pourquoi ne reviendrait-elle pas?

— C'est une simple supposition.

— A la bonne heure, dit Gérard; et que devenez-vous?

— J'aime toujours de Villers, dit Pauline.

— Vous bat-il encore?

— Non, il y a longtemps...

— Depuis la dernière fois?

— Depuis deux mois.

— Quel plaisir trouvez-vous à être maltraitée?

— Aucun, dit Pauline.

— Pourquoi vous ai-je rencontrée un jour la figure meurtrie?

— J'étais dans mon tort. Il m'avait défendu d'aller au bal dans une maison où il se trouvait; je me suis déguisée en domino, croyant qu'il ne me reconnaîtrait pas. L'ayant surpris qui faisait la cour à une femme, la jalousie m'a fait oublier de changer ma voix. De Villers, irrité, m'a chassée de la soirée, et le lendemain matin, en rentrant, il m'a battue.

— Je l'aurais quitté, dit Gérard.

— Que voulez-vous? je l'aime.

— Singulière femme!

— Il m'a fait de si beaux vers dernièrement.

— Des vers, dit Gérard, ne font pas oublier les coups.

— Tout le monde les a trouvés admirables.
— Les savez-vous par cœur?
— Oui, dit Pauline.
— Eh bien, ne me les dites pas. Ah! vous croyez encore aux vers! Je vous plains. Vous avez toujours eu une passion pour les poëtes.
— Ce n'étaient pas des passions.
— Qu'est-ce que c'était?
— Le sait-on? dit Pauline; je n'ai réellement aimé que deux hommes dans ma vie, et je n'aimerai plus. De Villers sera le dernier aimé.
— Est-ce que le premier vous battait aussi?
— Au contraire, dit Pauline, il était bon, mais égoïste.
— Pauvre Pauline! vous n'avez pas de chance. Vous avez connu un tas de prétendus poëtes que vous n'aimiez pas et qui ont dû vous donner une mauvaise opinion de l'amour. Si j'étais femme, je n'aimerais pas tous ces rimailleurs; il me semble qu'ils ne peuvent vous mettre dans la tête que des grederies. Croyez bien, Pauline, qu'ils aiment leurs vers par-dessus tout.
— Vous avez raison, Gérard; mais ils trompent si bien!
— Et cette histoire de billet de mille francs?
— Ah! on vous l'a dite?
— On me l'a mal racontée, j'en suis sûr, et vous devriez, Pauline, me dire comment les choses se sont passées.
— Ce sera long, vous semblez être pressé.

— Qu'importe? dit Gérard, je vous accompagnerai. De quel côté allez-vous?

— Je dîne chez la mère Cadet.

— Qui est-ce qui fréquente cet endroit?

— Des comédiens de Bobino et de Montparnasse.

— Alors je vais dîner avec vous, si je ne vous gêne pas.

— Vous me ferez plaisir en m'accompagnant, dit Pauline; nous y rencontrerons de Villers.

— De Villers! je n'y vais pas.

— Pourquoi?

— De Villers m'agace, et ses poésies encore plus.

— Cependant, dit Pauline, un feuilletoniste a dit de lui que c'était le plus grand métrique de ce temps-ci.

— Métrique, qu'est-ce que cela? Serait-ce un architecte que votre amant? Métrique! le plus grand métrique! Si on me traitait de la sorte, je me sauverais bien vite au fond de ma province. Voyez-vous, Pauline, vous parlez de l'art comme Mariette, qui se plaît à me taquiner avec la peinture de Feugères. De Villers peut marcher avec Feugères; ce sont deux Grecs. Ils ont étudié la sculpture et la poésie grecques, mais à la surface. A quoi la forme grecque répond-elle dans notre temps? N'avons-nous pas d'autres passions, d'autres mœurs, d'autres vices à peindre? Encore si ces messieurs avaient compris le fond de la poésie et de la sculpture grecques! Mais de Villers n'en a pris que les Vénus, les Io Pæan, des bêtises!

— Je n'en sais pas si long, dit Pauline; expliquez-vous-en avec lui.

— Il y a une chose que vous devriez savoir, Pauline ; c'est que de Villers n'a ni cœur ni sentiment, chacun de ses vers le prouve.

— Je le sais, qu'il n'a pas de cœur.

— Pourquoi l'aimez-vous?

— Peut-être ne l'aimerais-je pas s'il était meilleur.

— Alors, résignez-vous à ce qui vous arrivera... Mais vous ne me parlez pas de cette affaire de mille francs!

— A la fin de l'hiver dernier, dit Pauline, nous avions été souvent au bal masqué avec de Villers, et nous n'étions pas riches ; tout était en gage au mont-de-piété. Un soir, j'allai en soirée chez Streich, qui donnait à jouer au lansquenet ; il me restait quelque monnaie : je perds ce peu d'argent en me demandant comment je déjeunerai le lendemain. J'étais triste en revenant, car je ne pouvais prendre de voiture, et j'avais une longue course pour arriver chez moi. Le froid était vif ; il avait gelé et le pavé était sec. Tout à coup j'aperçois, sur le pavé, à la clarté du gaz, un objet noir avec quelque chose qui brillait : c'était un portefeuille. Aussitôt je suis saisie par une grande émotion, et, instinctivement, je mets le pied sur le portefeuille. J'entendais non loin de moi des pas qui résonnaient, et je n'avais le courage ni de m'en aller ni de ramasser le portefeuille : je craignais que ce ne fût la personne qui l'avait perdu qui revenait sur son chemin ; mais cette personne s'étant arrêtée, je ramassai le portefeuille, et autant un moment avant j'étais immobile, autant je courus jusqu'à ma porte. La portière voulait me parler en me donnant la clef, mais je ne lui dis ni bonjour ni bonsoir : il me semblait que je n'avais plus de voix, que la salive s'arrêtait dans mon gosier. Je tenais le portefeuille serré dans ma main gauche cachée sous mon châle, et rien, je vous assure, ne me l'aurait fait lâcher. J'eus beaucoup de peine à ouvrir ma porte, tant ma main tremblait. En entrant, après avoir poussé le verrou, je jetai le portefeuille sur le lit et j'allumai la bougie. Je me vis dans la glace, le sang aux joues, moi qui suis ordinairement pâle. Je me déshabillai en un clin d'œil et mis deux bougies sur ma table de nuit. Ce qui brillait était une espèce de mauvaise petite serrure en acier, qui se ferme et s'ouvre sans clef ; quant au portefeuille, il était en cuir verdâtre, et il contenait un certain nombre de papiers, en apparence. Je le reconnaîtrais entre mille, car je l'ai assez longtemps regardé à l'extérieur avant d'oser l'ouvrir : je le pesais dans mes mains et ne pouvais en détacher les yeux.

— Je l'aurais ouvert tout de suite, dit Gérard.

— Non, j'essayai, avant de savoir ce qu'il contenait, de deviner si c'était un portefeuille d'homme riche ou d'homme pauvre ; mais ce portefeuille n'était ni beau ni laid, ni vieux ni neuf, ni distingué ni commun. « Il doit contenir des billets de banque, » pensai-je.

— Quelle tentation ! dit Gérard ; il n'y a pas un seul homme qui ne se soit posé cette question dans sa vie : « Que ferais-je si je trouvais un portefeuille « plein de billets de banque ? »

— Moi aussi, dit Pauline, j'y avais souvent pensé, et maintenant que je me voyais au moment de résoudre la question, je n'osais plus ouvrir le portefeuille. Je soufflai mes bougies pour tâcher d'échapper à l'émotion, et je réfléchis à ce que je ferais s'il contenait une somme considérable. Je n'oserai d'abord la changer chez un changeur, car le lendemain la déclaration serait faite à la police par celui qui a perdu le portefeuille. Il faudrait donc se sauver à l'étranger ; mais, pour se sauver, il est nécessaire au moins de changer mille francs. Je pensai à me déguiser, à me couvrir la figure d'un double voile noir. Cela n'exciterait-il pas les soupçons ? Où acheter le voile noir, moi qui n'avais pas un sou chez moi ? Je suis si grande qu'on ne me remarquera que trop ; alors je pensai à envoyer quelqu'un changer le billet ; mais qui ? Ma portière ?... Elle n'a jamais vu de billet de banque dans mes mains, cela lui paraîtra bizarre ; elle est bavarde, elle parlera. Mettre quelqu'un dans la confidence, c'est impossible : nécessairement il demandera sa part, et je me sentais devenir égoïste, avare. Je pensai à l'emploi que je ferai de cette fortune : c'était de vivre tranquille, retirée, seule, et de ne laisser soupçonner à personne que j'avais un trésor. Si je gardais les billets ! Mais où les cacher. Rien ne ferme à clef, ma portière fait mon ménage, de Villers fouille partout... « Je ne verrai plus de Villers, pensai-je ; ce « n'est pas avec ma fortune que je garderai ce miséra-

« ble. Un poëte est bon seulement quand on est pau-
« vre ! Où cacher l'argent ? dans la cheminée ? Je ne
« pourrais plus faire de feu ; sous les carreaux de la
« chambre ? mais il faudrait en desceller un, le re-
« mettre en place, appeler un maçon, le surveiller
« pendant l'opération : cela paraîtra étonnant dans la
« maison. Je renverrai la portière, elle ne fera plus
« mon ménage. S'il y a cent mille francs, je re-
« tournerai dans mon pays avec cinq mille francs de
« rentes, j'achèterai une ferme et je la ferai valoir
« sous mes yeux. Comment expliquer à ma mère ma
« fortune subite ? Ce n'est pas possible. » Je me sou-
vins d'avoir entendu dire que les billets de banque
avaient des numéros, et qu'on pouvait faire la déclaration de ces numéros : peut-être une plainte avait-elle
été déposée dès le même soir ! Il était minuit quand
je trouvai le portefeuille ; mais, comme la rue est
très-déserte, il était peut-être perdu depuis deux heures, depuis quatre heures, sans que personne l'eût
aperçu. « C'est un vol, me disais-je ; mais un homme
« qui perd cent mille francs est un homme riche, on ne
« porte jamais dans sa poche sa fortune d'un seul coup.
« Qu'est-ce que cent mille francs pour M. de Roth-
« schild ? » Puis mes rêves se modifièrent : « Qu'est-
« ce qui me fait penser à cent mille francs ? Je n'ai
« pas ouvert le portefeuille. Il ne contient peut-être
« que cinquante mille, que vingt mille, que dix mille,
« que cent francs. Une petite somme, ce serait un
« crime de la garder ; elle doit appartenir à un mal-
« heureux garçon de recettes, qui sera obligé de la

« rendre sur ses appointements. Est-ce bien la peine
« de garder vingt mille francs? Eh bien, quand je
« serai vieille, laide, abandonnée, au lieu de finir à
« l'hôpital, j'aurai vingt mille francs; dans la cam-
« pagne, où la vie est peu coûteuse, je mourrai
« tranquillement, non dans le besoin. »

— Et vous n'avez pas alors ouvert le portefeuille? dit Gérard.

— Pas encore.

— Quel supplice! mais je serais devenu fou. Enfin que contenait-il?

— Attendez. Au bout d'une heure, n'y tenant plus, je rallumai mes bougies, je me levai, j'ouvris un tiroir de ma commode et je pris des cartes.

— Voilà les cartes maintenant! s'écria Gérard. Vous allez demander conseil aux cartes?

— Précisément. Je rangeai les cartes sur mon lit, et, après quelques tours, je les jetai de colère, ne trouvant rien en rapport avec ma situation.

— Il y en a qui ouvriraient la Bible; vous, vous consultez les cartes.

— Le portefeuille était sous ma main, dit Pauline, je commençai par l'ouvrir. L'une des poches contenait des papiers; l'autre était fermée par une patte de cuir. Je jetai les papiers sur le lit, et je vis d'abord un passeport.

— C'était un voyageur, dit Gérard.

— Croiriez-vous, dit Pauline, que j'ai regardé d'abord son âge?

— Ah! les femmes! Quel âge avait-il?

— Quarante-deux ans.

— Un peu trop âgé pour vous.

— Vous allez tout de suite à l'extrême, dit Pauline; ensuite je lus son signalement.

— Vous avez dû être bien avancée?

— Il avait la barbe noire, des yeux gris, un nez ordinaire, une bouche moyenne...

— Et un visage ovale, dit Gérard : le secrétaire du commissaire de police ne sort pas de là. On ne distinguerait pas sur un passeport Antinoüs de M. de Roquelaure. Et sa profession?

— Rentier, dit Pauline.

— Ah! voilà qui devient intéressant, rentier!

— Il y avait dans la même poche une carte de restaurant.

— Le rentier se nourrissait-il bien?

— Un dîner de trois francs.

— Il est bien difficile de juger un homme sur un dîner de trois francs. Ce peut être un homme d'une grande simplicité dans sa nourriture; on peut dîner raisonnablement pour trois francs.

— Il y avait deux potages sur la carte.

— L'inconnu perd ma confiance, s'écria Gérard. Deux potages représentent deux personnes : c'était un dîner à deux, c'est-à-dire à trente sous par tête. Mauvais dîner! Il est même étrange que, dépensant si peu, cet homme n'ait pas poussé la corruption jusqu'au restaurant à vingt-deux sous. Vous ne m'avez pas dit comment il s'appelait.

— M. Chouippe.

— M. Chouippe ! dit Gérard ; il y a quelque chose de comique dans l'inconnu, ou je n'ai aucun sentiment des noms. Chouippe, rentier, âgé de quarante-deux ans, menant dîner une dame à raison de trente sous par tête, m'inspire un médiocre intérêt.

— Il y avait, dit Pauline, une lettre de sa sœur qui lui écrivait qu'elle était dans une position difficile, et qu'il lui rendrait un grand service en lui prêtant cinq cents francs.

— Ce Chouippe était donc dans une bonne position ? Je gage qu'il n'a rien envoyé à sa sœur.

— Je lus encore, dit Pauline, une adresse imprimée d'un marchand de paille à tresser, ainsi qu'un de ces papiers qu'on vous donne dans les rues pour annoncer des chapeaux de soie à six francs.

— Chouippe était avare : on ne serre pas sans motifs dans son portefeuille l'adresse de chapeaux de soie à six francs ; ce Chouippe croyait encore au bon marché des objets. Tant d'ordre annonce un homme borné.

— Dans un petit papier plié en quatre étaient enveloppés des cheveux.

— Vous avez été jalouse ?

— Il y avait quatre de ces petits paquets avec des cheveux de différentes nuances.

— Mais ce Chouippe est un don Juan ! quatre paquets de cheveux différents !

— Et sur l'enveloppe d'un de ces papiers le nom d'Adèle, tandis que les autres ne contenaient que des initiales.

— Adèle n'avait aucun ménagement à garder, et les autres cheveux étaient des cheveux de grandes dames, ou plutôt de bourgeoises, car un Chouippe ne connaît pas de grandes dames.

— J'ouvris avec anxiété la poche fermée par une patte de cuir, dit Pauline ; mes beaux rêves de cent mille francs étaient à l'eau, et j'avais la plus mauvaise opinion, comme vous, de ce portefeuille, lorsque j'aperçus un papier plié en trois, jaune, fin et transparent. C'était un billet de banque de mille francs.

— Allons donc !

— Je le regardai longtemps : il était vrai. Ah ! quelle nuit ce billet m'a fait passer ! Je n'avais pas un sou, de Villers non plus. Le printemps venait ; mes robes de l'hiver précédent étaient usées, abîmées. Je devais quelque argent à une brave femme qui me donnait à manger à crédit pendant six mois et qui en avait le plus grand besoin ; mon marchand de meubles me tracassait pour une misère. Après avoir fait mes comptes, je trouvai qu'avec ces mille francs je payerais mes petites dettes et que je serais habillée à neuf ; en même temps, il fallait déménager pour le 8 du mois d'avril, et nous étions à la fin de mars. Je n'avais rien à donner au propriétaire, à qui je devais deux termes ; on aurait donc gardé mon mobilier ! Les mille francs tombaient du ciel. Je mis le billet sous mon chevet, et je ne dormis pas de la nuit. Je pouvais aller changer mon billet dans un autre quartier sans courir le risque d'être reconnue. A six heures du matin, ne tenant plus dans mon lit, je m'habillai à la hâte et je sortis, emportant mon portefeuille. Je courus rue Jean-Jacques Rousseau : c'est là que demeurait M. Chouippe.

— Ah! s'écria Gérard, vous lui avez rendu son billet?

— Je sonnai un quart d'heure à sa porte, dit Pauline, et on ne me répondit pas; mais je laissai un mot au crayon à la concierge, en lui disant que j'attendrais M. Chouippe chez moi jusqu'à midi pour affaire importante. En revenant par le passage des Panoramas, je regardai la boutique du changeur : un quart d'heure avant, j'aurais pu y entrer et m'en retourner plus riche de mille francs; maintenant peu m'importait. Sur les dix heures entra chez moi un homme qui avait des cheveux rouges et crépus, des lunettes et un long menton pointu; il dit : « Je suis M. Chouippe, et vous êtes sans doute mademoiselle Pauline. » Je lui répondis que j'avais trouvé son portefeuille. « Que voulez-vous? » me demanda-t-il. Je vous avoue, Gérard, que, sur le moment, je me suis repentie d'avoir été honnête; j'allais à la recherche d'un homme qui me demandait brutalement ce que je voulais pour ma peine. Je lui répondis que je ne voulais rien. « Plaît-il? » me dit-il. « Monsieur, je ne fais pas payer mes services. » Alors tout s'expliqua : M. Chouippe était sourd.

— Tous les vices! dit Gérard; sourd et dînant à trente sous, rouge de cheveux, au lieu d'un beau jeune homme, d'un riche héritier. Enfin, comment l'affaire s'est-elle terminée?

— Il m'a remerciée, et, huit jours après, j'ai reçu un médaillon encadré qui contenait une pensée dessinée en cheveux rouges, avec une lettre qui me priait d'accepter ce cadeau de sa main.

— Oh! le scélérat que ce Chouippe! Il faisait des tableaux en cheveux pour son agrément. N'importe, Pauline, vous avez bien agi. Et vous n'avez pas eu de regrets?

— Aucun.

— Même après la pensée en cheveux rouges?

— Non. On s'est beaucoup moqué de moi.

— Qui?

— Tous nos amis; ils étaient d'avis que je devais garder le billet. On me disait que j'avais agi comme un cocher de fiacre.

— Je connais ce genre de paradoxes; ils détruiraient tout par le ridicule. Croyez bien, Pauline, que vous serez un jour ou l'autre récompensée de votre belle action. Si vous aviez gardé le billet de mille francs, vous auriez été punie à un moment de cette faute. D'ailleurs, à quoi peuvent servir mille francs? à une toilette de printemps. Un printemps est si tôt passé!

Pendant cette conversation, on était arrivé chez la mère Cadet, dont la maison est située au delà de la barrière du Maine. De Villers, sans attendre Pauline, était déjà attablé avec les comédiens qui faisaient son bonheur. L'amour de l'antiquité partageait son cœur avec l'amour des cabotins; sans s'inquiéter de leur talent, il les estimait tous également, pourvu qu'un peu de rouge eût approché de leur joue et que leurs yeux fussent fatigués par le feu de la rampe. Il recherchait l'amitié de tout ce qui touchait au théâtre : contrôleurs, pompiers, ouvreuses, et mettait un grand amour-propre à savoir depuis le nom du secrétaire de la direction jusqu'à celui du dernier figurant.

Il eût été difficile d'expliquer cette double passion pour les Grecs et pour les cabotins, si des comparaisons prises à tout instant dans les objets matériels du théâtre n'eussent expliqué quelle singulière jouissance ce créateur en faux de Vénus trouvait dans l'art faux du théâtre.

La maladie dont était atteint de Villers, qu'il avait contractée à se frotter continuellement aux objets matériels du théâtre, courait à cette époque le monde littéraire avec des variantes. Les uns ne s'occupaient pas de théâtre, mais de musique, et toutes leurs œuvres, en prose et en vers, tendaient toujours à se rapprocher des matières musicales ; les autres ne voyaient rien que la peinture, et se consumaient en luttes infertiles à faire de leur plume un pinceau. Ils avaient inventé une nouvelle langue singulière, qui faisait que l'art du poëte consistait à mouler une statue et à suivre le burin d'une gravure.

Ces singulières transpositions d'art, qui firent que la pensée se ravala à des imitations d'arts inférieurs, et qui laissaient de côté la nature, l'homme et ses passions, pour s'occuper plus attentivement de sa forme extérieure, menèrent bien des esprits à mal.

C'est contre ces tendances que protestait Gérard,

qui soutenait qu'une lettre de paysan, sans orthographe, était plus humaine que toutes ces faussetés.

Il existait à ce moment un certain groupe de jeunes écrivains qui, après avoir étudié certains procédés à la mode, écrivaient avec une déplorable facilité sur toutes choses sans en connaître le premier mot, et, grâce à des bascules de phrases, semblaient de profonds penseurs. Que pouvaient devenir la conscience littéraire et l'étude aux prises avec de telles improvisations? Au moins si Gérard s'était senti encouragé par quelques esprits consciencieux, au milieu de ces troubles! Mais ses camarades, ceux qui le comprenaient, ne produisaient rien; ils manquaient de ténacité, de courage, et ne se sentaient pas la force de vivre seuls plongés dans le travail assidu.

Gérard se dit qu'il fallait ne compter que sur soi, chacun de ses amis ayant des faiblesses et des préoccupations en dehors de l'art; mais, comme il avait besoin de s'épancher, de trouver quelqu'un à qui tout dire, il fut heureux de rencontrer Mariette. — Je vivrais bien, disait-il, avec une cuisinière, et je lui confierais mes projets les plus chers, mes travaux, mon avenir; je ne demande pas qu'elle me comprenne, mais qu'elle en ait l'air seulement.

Gérard ne pouvait supporter les quarts d'intelligence, les demi-éducations, les gens frottés d'art, les amateurs *éclairés*, les bavards; toutes les fois qu'il se rencontrait avec un de ces êtres, il devenait triste, morose et sans paroles. Son esprit et sa physionomie étaient un reflet des gens désagréables; il se sentait devenir méchant en leur société, et son caractère s'en ressentait.

Aussi se repentit-il vivement d'avoir accompagné Pauline au cabaret, car la vue de de Villers et des cabotins changea pour ainsi dire sa nourriture en poison. De Villers était en train de discuter les mérites des célébrités du boulevard dans le drame. Il avait assisté à toutes les pièces nouvelles, aux répétitions ; il ne quittait pas les acteurs au café, dans les coulisses, faisait des sonnets aux actrices, et remplissait les colonnes d'un obscur petit journal de théâtre d'éloges insensés sur tous les comédiens, même ceux de la banlieue.

Pour le moment, il traînait à sa suite un jeune poëte de province, à figure de séminariste, qui devait sous peu emplir Paris de son nom par ses folles dépenses aussi calculées que ses excentricités. Il fut présenté à Gérard comme devant obtenir à l'Odéon un succès étonnant, grâce à une étude antique ; mais Gérard le reçut froidement, ne voulant, sous aucun prétexte, entamer ces serrements de main, ces camaraderies qui enchaînent la plume d'un homme.

Le repas était splendide, grâce aux libéralités du provincial, qui espérait, par son argent, convertir la littérature en une armée de claqueurs. Vêtu d'un mauvais habit noir râpé, la tête basse, les yeux regardant la terre, les mains frénétiquement crispées sur la poitrine, il offrait la représentation d'un cuistre de collége, écrasé sous l'interrogatoire du principal. Sa tenue, son regard humble, sa pâleur même, son œil convulsif, tout semblait calculé et obtenu à force d'art, car ce jeune poëte provincial, avec ses habits pauvres, était arrivé à Paris avec une centaine de mille francs destinés à recruter une armée d'amis.

Les comédiens de Bobino et de la banlieue, qui ce soir-là profitaient des largesses de vin bleu et de beefsteaks commandés par le poëte, semblaient attentifs à ses moindres paroles et applaudissaient à chacun de ses mots comme à des traits de génie, sauf à se moquer plus tard de l'amphitryon quand il serait parti. Gérard, qui ne voulait pas se mêler à la bande des admirateurs, dîna promptement et prit congé de Pauline.

XV

LA FAMILLE

Gérard rentrait chez lui tristement en songeant combien il serait malheureux d'être obligé de fréquenter de pareils êtres, lorsque la portière lui remit une lettre. Il regarda le timbre, et lut : *Lyon*. En moins d'un clin d'œil, il franchit ses trois étages, ouvrit sa porte brusquement, et n'entendit même pas les doux miaulements du chat qui saluait son arrivée.

« Mon bon petit homme, écrivait Mariette, voici tous les malheurs qui me sont arrivés : je cours vite à la maison pour voir maman ; maman n'y était plus, elle était partie malade à l'hôpital. Tu vois mon désespoir. Enfin, je suis arrivée avec un peu d'argent, cela a refait toute la maison ! Mon petit homme, je t'aime ! il faut que je retourne bien vite près de toi ; mais je m'effraye de ne pas avoir d'argent pour emmener maman et ma sœur. J'en demanderai à toutes mes connaissances. Seulement, pour mon petit homme, il a fallu que je le quitte pour savoir combien je l'aimais. Enfin, avant huit jours je veux être près de toi.

« Si je ne peux pas partir avec toute ma famille, je partirai seule. Je t'embrasse sur les deux yeux. Sois bien sage, surtout ! Dis-moi ce que fait notre petit chat, s'il regrette sa maman. Réponds-moi tout de suite. Ma sœur Antoinette t'envoie un baiser. »

Gérard lut et relut cette lettre avant de se coucher, et, pour rester sous cette impression heureuse, il souffla sa bougie sans prendre un livre, suivant son habitude ; mais il lui fut impossible de dormir, et il ralluma sa bougie pour lire la lettre une troisième fois. Le petit chat sauta sur le lit, comme s'il avait su qu'on pensait à lui à soixante lieues, et il ronronnait en se frottant la tête contre la lettre que tenait Gérard à la main.

Trois jours après, on entendit un grand bruit dans l'escalier, et Mariette tomba dans les bras de Gérard. Elle était suivie de deux jeunes filles, dont l'une conduisait à pas lents une vieille femme.

— Voilà maman, dit Mariette ; voilà ma sœur Antoinette... Eh bien ! tu ne l'embrasses pas, Gérard ! Voilà ma cousine Ursule. Gérard est un peu timide, Antoinette, mais vous vous entendrez bientôt ensemble.

Les commissionnaires apportaient malles sur malles et en remplissaient la cuisine ainsi que la salle à manger. Gérard se retira dans le fond, pendant que les trois femmes s'occupaient à ranger leurs caisses.

Aussitôt déballé, tout était ouvert. Mariette criait après le porteur d'eau, qui oubliait de remplir la fontaine ; elle cherchait du linge blanc, que madame Pierre avait oublié de rapporter du blanchissage. La cousine Ursule avait faim ; Antoinette tombait de sommeil. Mariette amena sa mère, à demi aveugle, dans la chambre à coucher, l'assit dans un fauteuil, et la laissa aux soins de Gérard, qui restait anéanti sur une chaise, dans un coin de la chambre.

Lui, qui aimait la tranquillité, se trouvait au milieu de quatre femmes, dans deux petites chambres. Il avait regardé Antoinette, plus jeune que Mariette, mais grêlée, maigre, et d'une figure peu avenante. La cousine Ursule semblait une ouvrière de campagne. La mère, infirme, se tenait affaissée dans le fauteuil, avec un œil sévère.

Gérard cherchait des paroles pour entamer une conversation, et il n'en trouvait pas ; d'ailleurs, la mère ne paraissait pas s'apercevoir qu'il y eût quelqu'un dans l'appartement.

— Vous devez être fatiguée, madame, de votre voyage ? dit-il.

Elle ne répondit pas.

Gérard alla vers Mariette, et lui dit qu'il ne savait comment prendre soin de sa mère.

— Si tu étais aimable, dit Mariette, tu sortirais un moment afin que nous nous reposions un peu. A une heure nous déjeunerons.

— Je le veux bien, dit Gérard, heureux de se recueillir.

Gérard prit le chemin du Luxembourg. « Ah ! s'écria-t-il, quelle fantaisie s'est emparée de Mariette de ramener trois femmes avec elle ! Il est impossible que nous logions tous ensemble. Et sa mère, est-il convenable qu'elle se trouve avec moi ?...

Le trou d'un enfer domestique venait de s'ouvrir sous les pieds de Gérard, pris de vertiges. Il se demandait comment, trouvant à vivre avec peine en compagnie de Mariette, il arriverait à nourrir une si nombreuse assemblée ; il entrevoyait un lendemain plein d'orages entre les quatre femmes. Gérard avait été à même de voir de pareilles associations, qui se terminaient et se renouvelaient tous les jours par des misères sans remède.

Il cherchait à se rendre compte des motifs qui avaient décidé Mariette à grouper tant de femmes autour d'elle ; quand même elles ne se disputeraient pas, chose peu probable, le seul fait de se réveiller en entendant quatre conversations troublait l'esprit de Gérard. C'était un ménage réel, sans aucun des devoirs civils ni religieux qui font supporter les difficultés de la vie, et il comprit alors les sérieux engagements qui pèseraient sur sa vie et qui entraveraient son art.

Il aimait Mariette telle qu'il l'avait connue, seule, sans famille, sans sœur et sans cousine, et s'il l'avait prise au début par caprice, cette liaison était devenue un attachement sérieux dont il ne prévoyait pas la fin. Mariette eût voulu consacrer par les lois cette liaison que Gérard, un mois avant son départ, n'eût pas reculé devant une existence qu'il se peignait douce, tranquille, pleine de charme et d'intimité ; mais le retour de Mariette, accompagnée de trois personnes, le faisait réfléchir.

Habitué à travailler à sa fantaisie, à ne se plier à aucune exigence, décidé à ne jamais faire un métier de sa plume, Gérard produisait peu, et il pensait que l'entretien de quatre personnes lui ferait perdre sa conscience, sa volonté et son courage ; il faudrait se livrer à des travaux en dehors de l'art, se mettre aux gages de quelque entrepreneur de journalisme ou de librairie, travailler à l'heure, et faire tant de pages par jour.

Mariette, dans sa tête folle, n'avait pas songé à la millième partie des réflexions qui se croisaient dans l'esprit de Gérard ; peut-être ne pensait-elle pas plus au mariage avant qu'après. Alors, comment s'était-elle embarrassée de trois personnes ? Gérard avait assez de cœur pour ne pas conseiller à Mariette de se séparer de sa mère ; mais il ne voyait pas quelles raisons puissantes pouvaient avoir décidé Mariette à amener avec elle une cousine et une sœur. Puisque de temps à autre elle envoyait à Lyon de petites sommes d'argent, il était plus simple de continuer ces envois et de les rendre plus fréquents, sans introduire sa famille dans le domicile d'un homme qui n'était lié avec la jeune fille que par une rencontre dans un bal.

L'air chagrin de la mère montrait assez à Gérard qu'elle sentait comme lui combien était peu convenable son entrée dans la maison de la rue Saint-Benoît. En ce moment, Gérard aurait voulu dire à Mariette les mille réflexions qui l'agitaient.

Puis il pensait à vivre seul et à se plonger dans le travail; mais un attachement de deux ans ne pouvait être brisé si facilement par une nature si faible et si aimante. « Que je revoie Mariette encore une fois, se disait-il, pour lui dire combien je l'aime, et nous nous séparerons ensuite ! »

Ayant marché longtemps sans s'être arrêté à rien, Gérard se rendit chez Thomas, pour lui communiquer tout ce qu'il avait amassé de réflexions; mais Thomas n'était pas chez lui, et Gérard revint à la rue Saint-Benoît sans avoir pris de parti.

A son grand étonnement, il ne trouva pas Mariette; elle ne s'était pas couchée. La mère reposait dans le lit; Antoinette et Ursule se partageaient un matelas qu'on avait étendu par terre. Tout était en désordre dans l'appartement, les malles ouvertes, le linge sur les tables, les chapeaux de femme sur les chaises.

Un seul acteur semblait heureux de ce bouleversement : le petit chat qui sautait d'une caisse dans une autre pour flairer les boîtes, et qui prenait plaisir à déchirer les journaux enveloppant le linge et les broderies. Rien ne fut plus pénible à Gérard que la vue du petit chat ; car il se demandait, s'il arrivait une séparation, quel serait le maître définitif d'un animal qui avait fait longtemps les joies de la maison.

Il brûlait de savoir où était allée Mariette ; mais Antoinette et Ursule paraissaient plus disposées à dormir qu'à répondre. Une heure se passa pénible pour

Gérard, qui regardait avec terreur l'appartement bouleversé, sans trouver de chaise pour s'asseoir. Il se disait combien l'arrivée de Mariette avait été froide, lui qui avait tant rêvé ce doux moment! Il pensa à son petit voyage, quand il était revenu et qu'il avait trouvé Mariette en convalescence, la jolie manière dont elle l'avait regardé. Accoudé à la fenêtre, il se prit à regretter cet heureux temps.

Pourquoi Mariette était-elle sortie si matin, sans se reposer? Cette question l'embarrassait; un moment il crut qu'elle avait dû courir chez les marchands du voisinage pour préparer le déjeuner: mais Mariette ne revenait pas. La petite fenêtre de l'appartement donne sur une impasse, derrière la place Saint-Germain-des-Prés; à peine voit-on, par moment, une femme qui sort de sa maison pour jeter de l'eau dans le ruisseau: cette vue, qui avait semblé à Gérard le plus beau des paysages quand il était heureux, prenait aujourd'hui des teintes grises.

Gérard se sentait pris de l'envie d'éveiller une des dormeuses, afin de mettre un terme au repos des deux cousines, qui menaçaient de dormir jusqu'au lendemain matin; il chargea le petit chat de cette fonction. La figure d'Antoinette endormie, son menton pointu, ses lèvres pincées, une certaine réputation de désagréable caractère accolée de tout temps aux femmes grêlées, décidèrent Gérard à choisir pour sa victime Ursule, dont le sommeil annonçait un caractère plus paisible.

Gérard posa délicatement le petit chat au pied du

lit et se plaça au chevet, en agitant près de l'oreiller une petite boule de papier, certain que le chat, avide de mouvement, s'élancerait d'un bond rapide vers l'objet remuant, en passant sur le corps d'Ursule. En effet, le chat s'accroupit comme un tigre : ses yeux s'illuminèrent comme une topaze touchée par un rayon de soleil ; tout son corps s'enfla comme s'il eût été soufflé. Ses oreilles étaient en arrêt, sa queue frétillait ; mais, contre son habitude, il resta en observation, comprenant peut-être le danger qu'il courait en réveillant une femme.

Gérard employa toutes les agaceries, faisant avancer discrètement la boule de papier, la retirant brusquement, lui communiquant un mouvement saccadé, la laissant au repos : le chat s'agitait au pied du lit, montrant une grande ardeur intérieure, sans bouger de place.

Gérard, irrité contre le chat, qui ne voulait pas lui servir de complice, inventa un projet violent qui ne laissait plus à l'animal son libre arbitre. Il le prit dans ses bras et le jeta, de haut, sur le corps d'Ursule, qui poussa un tel cri de terreur que Gérard se retourna brusquement vers la fenêtre, feignant de regarder dans la rue, bien décidé à nier son crime et à en rejeter tout l'odieux sur le caractère bizarre du petit chat.

Ursule se frottait les yeux, essayant de se rendre compte de la cause qui avait troublé son sommeil.

— J'ai senti, dit-elle, comme une grosse pierre me tomber sur la poitrine.

Gérard regarda le plafond et s'écria :

— Une pierre! impossible! je l'aurais vue entrer par la fenêtre!

— C'était lourd, dit Ursule, et je ne vois rien.

— Vous avez peut-être rêvé?

— Non, dit Ursule, j'ai senti le coup.

— Ne serait-ce pas ce monstre? dit Gérard en montrant le chat, qui, fort de son innocence, sortait de la cuisine pour connaître les résultats de son crime involontaire.

— Que je t'y prenne! dit Ursule en montrant le poing au chat.

Et elle reposa sa tête sur l'oreiller, paraissant prête à dormir de plus belle; mais ce nouveau sommeil ne cadrait pas avec les projets de Gérard, qui pensait que, s'il attendait une minute de plus, il serait obligé de tramer de nouveaux complots.

— Mademoiselle Ursule! cria-t-il.

— Plaît-il, monsieur?

— Savez-vous quelle heure il est?

— Non.

— Il est l'heure de déjeuner.

— Mariette a dit qu'on l'attende.

— Où est-elle allée?

— Je n'en sais rien.

— Vous sentez-vous reposée?

— Je dormirais bien encore.

Gérard ne savait quel tour donner à la conversation pour mettre fin à un tel sommeil, lorsque la clef grinça dans la porte, et Mariette entra. Gérard courut à elle dans la cuisine, demandant au ciel, en ce moment, que le sommeil des deux cousines continuât, afin d'avoir un moment d'explication ; mais Mariette se mit à crier :

— Eh ! paresseuses, vite, levez-vous !

— Je voudrais te parler, dit Gérard.

— Plus tard, il faut que le déjeuner se fasse... Allons, Antoinette, lève-toi.

Comme personne ne répondait à cette pressante invitation, Mariette, sans y mettre les précautions et les ruses de Gérard, secoua sa sœur, sa cousine, ne fit aucune attention à leurs murmures, et entra dans la chambre de sa mère ; puis elle revint.

— Mon petit, dit-elle, va un moment dans la cuisine, pendant que ces demoiselles s'habilleront.

Gérard fit la grimace.

— Je vais t'accompagner, dit-elle. Un pareil bouleversement ne doit pas t'amuser.

Gérard ne répondit pas, mais sa figure inquiète en disait assez.

— Ne te tourmente pas, j'ai déjà trouvé un logement pour ma mère.

— Tu as bien fait ; mais tu n'as pas été longtemps à chercher ce logement.

— Oh ! Charles m'a prêté le sien.

— Quel Charles, demanda Gérard.

— Un de mes amis, tu sais bien.

— Non, je ne le connais pas.

— Je t'en ai parlé cent fois.

— C'est possible, dit Gérard.

— Ma mère ira coucher ce soir quai des Augustins ;

en attendant, Antoinette et Ursule resteront quelques jours sur le matelas : elles ne nous gêneront pas. D'ailleurs Ursule va travailler pour nous ; ma sœur et ma mère ont besoin de linge et de robes. Ursule est bonne ouvrière : elle coudra en attendant qu'elle ait trouvé une place. — Êtes-vous levées ?... dit Mariette. Dieu ! qu'elles sont longues ! Vite, dépêchez-vous de vous habiller, j'ai besoin de vous. Antoinette, tu vas aller au marché Saint-Germain acheter des légumes pendant que j'allumerai le feu ; Ursule ira chez le marchand de vins et chez le boucher... N'oublie pas non plus l'épicier : nous avons besoin de sucre, de bougies.

Les deux cousines dirent qu'elles ne savaient pas l'adresse de ces marchands et qu'elles se perdraient.

— Voilà déjà mes deux paresseuses ! dit Mariette.

— Je ne trouve pas le peigne, disait Ursule.

— Où met-on les serviettes ? demandait Antoinette.

— Ursule, tu te peigneras plus tard. A Paris, on ne s'habille que le soir.

— Je n'oserai pas descendre ainsi...

— Mariette ! criait la mère.

— Oui, maman, j'y vais. Antoinette, tu prendras la première rue à droite, la seconde à gauche et la troisième à droite ; au bout, c'est le marché Saint-Germain.

— En voilà à retenir, dit Antoinette. Jamais je ne saurai.

— Ni moi non plus, disait Ursule ; ce n'est pas comme à Lyon.

— Mariette ! cria de nouveau la mère.

Gérard était épouvanté de ce remue-ménage.

— Gérard, dit Mariette, accompagne Ursule et Antoinette ; tu leur indiqueras les endroits où j'achète ordinairement les provisions. Ne vas-tu pas aussi faire la mine ? Si c'est ainsi, je vous avertis que je vous plante tous là et que je vais me promener... Comment, je cours depuis ce matin pour vous, et vous n'iriez pas me faire une petite course !... Êtes-vous parties ? Ursule, prends le panier ! Antoinette, ton cabas !

Quoique Gérard fût soulagé par l'annonce de l'emménagement de la mère, et qu'il comprit que les deux cousines étaient chez lui seulement par hasard, il suivait Antoinette d'un air silencieux, en lui disant brusquement : « Par ici, par là ; » et il faisait de larges enjambées, sans s'inquiéter si les femmes pouvaient le suivre. L'avenir lui paraissait gros de nuages ; des brouillards épais s'amassaient au-dessus de sa tête, au lieu du rayon de soleil qui dorait jadis son existence.

Le déjeuner fut triste, long à préparer ; à table, la mère de Mariette chassait la joie, car son état de quasi-cécité, joint à son mutisme, n'était pas de nature à amener la gaieté dans l'esprit de Gérard. Après le déjeuner, Mariette annonça qu'elle allait promener sa sœur et sa cousine qui n'avaient jamais vu Paris, et Gérard, irrité de ne pouvoir causer un moment seul avec son amie, se dit malade pour excuser sa mine soucieuse, et fut tout à la fois heureux du départ des quatre femmes et malheureux du départ de Mariette.

La question de la toilette, qui dura près de deux heures, l'avait irrité au dernier degré : il maudissait toutes les femmes et se reprochait amèrement cette liaison qu'il n'avait pas la force de rompre ; mais quand il vit Mariette en toilette et l'élégance qui la distinguait de sa sœur, un sourire pâle passa sur ses lèvres pincées par les ennuis.

— Comment trouves-tu ma robe ? dit Mariette.

— Très-bien.

— Tu ne vois pas quelle belle étoffe... Oh ! s'y connaît-il peu ! Si je ne le lui disais pas, il ne se douterait pas que j'ai une robe neuve.

— Elle doit coûter bien cher ?

— Ah ! je ne t'ai pas dit que Feugères et de Villers m'ont envoyé plus d'argent qu'il ne fallait. A Lyon, en fabrique, j'ai eu la robe à beaucoup meilleur marché qu'à Paris.

Mariette, habillée comme jamais elle ne l'avait été avant son départ, portait un chapeau de paille aussi frais que le beurre qui sort des mains de la fermière ; un crêpe de Chine blanc descendait en larges plis sur une robe de soie couleur de blé. A côté d'elle, Antoinette paraissait une femme de chambre sèche et maigre, et Ursule une grosse bonne de campagne. Mariette rayonnait autant de sa toilette que des jeunes filles qui l'accompagnaient ; car elle avait le caprice, commun à son sexe, de n'entretenir de liaison qu'avec des femmes de figure maussade.

La bande partie, non sans avoir regardé plus de cent fois le miroir, Gérard s'étendit sur un fauteuil, heureux d'un mot que lui avait dit Mariette à l'oreille : « Je tâcherai que nous soyons seuls. »

Il attendit impatiemment l'heure du dîner, jurant après le coucou, qui s'obstinait à marcher avec une lenteur d'écrevisse. Gérard se leva et arpenta la chambre en tous sens ; mais, sur les six heures, un frisson passa dans tout son corps : il avait entendu du bruit dans l'escalier. Mariette arriva en effet, accompagnée de sa sœur.

— Tu vois comme je suis exacte, dit-elle ; j'ai laissé ma mère et ma cousine dans le nouveau logement, et il a bien fallu que je t'aie promis de revenir. Nous avons été invitées nous deux Antoinette à dîner, et je suis revenue te chercher.

— Où dînons-nous ? dit Gérard.

— Rue Montorgueil, Charles nous attend.

— Mais je ne connais pas M. Charles.

— Puisque c'est mon ami, dit Mariette.

— Il ne m'a pas invité.

— Je viens te chercher de sa part. Allons, habille-toi et ne fais pas la mine... Est-il aimable, mon petit homme ? dit Mariette à sa sœur. Ce que c'est pourtant ! je l'aime ainsi.

XVI

PROFIL DE VIEILLARD

En chemin, Mariette voulait que Gérard donnât le bras à Antoinette, et Gérard souffrait intérieurement sans se rendre compte de la rancune qu'il avait contre la sœur de Mariette. On arriva dans un cabaret à la mode de la rue Montorgueil, où un jeune homme attendait ; la présentation des deux hommes fut faite par Mariette.

Tout le temps du repas Gérard se demanda quelle profession pouvait exercer ce M. Charles, qu'il ne reconnaissait pas pour un frère en art. Gérard, n'ayant jamais fréquenté que des peintres et des poëtes, se trouvait mal à l'aise en présence de gens qui exerçaient une autre profession ; les cheveux courts de M. Charles, sa figure qui n'était troublée par aucune inquiétude, son habit noir sans caractère, lui faisaient supposer qu'il avait affaire à une sorte de jeune commis. A une question de Mariette, Gérard comprit que M. Charles était fils d'un riche fabricant de couleurs de la rue de l'Arbre-Sec, et qu'il ne tarderait pas à reprendre la maison de son père.

M. Charles avait besoin d'être dégrossi : il riait bruyamment de ses propres plaisanteries vulgaires.

— Ah! dit Gérard bas l'oreille de Mariette, ce marchand de couleurs m'a broyé du noir dans l'âme pendant tout le dîner.

M. Charles croyait au vin de Champagne, et sa croyance était partagée par Mariette et Antoinette. Les deux sœurs se disaient mille folies, et le marchand de couleurs était enchanté. Gérard, dans sa mauvaise humeur, laissa tomber son assiette qui se brisa en mille morceaux. Mariette trouva la chose charmante et l'imita ; Antoinette en fit autant ; en un clin d'œil une demi-douzaine d'assiettes eut le même sort. Le marchand de couleurs, peu habitué à ces orgies, criait :

— Mariette, en voilà assez!

Mais Gérard, dévoré de l'idée d'irriter l'amphitryon, envoya les bouteilles rejoindre les assiettes. On frappa à la porte du cabinet : c'était le garçon, inquiet, qui croyait qu'on se tuait ; mais le cabinet était fermé en dedans. Alors Gérard se leva de table, prit la main de Mariette, qui fit une ronde avec sa sœur autour de la table, en cassant tout ce qui se trouvait dessus. Quand le marchand de couleurs put ouvrir au garçon, la table était renversée sur les débris des cristaux et des porcelaines.

— Savez-vous, dit le garçon, qu'on est allé chercher la garde?

— Rien n'est plus drôle, répondit Gérard.

— Renfermons-nous ici, dit Mariette, nous ferons des barricades.

— Un moment, dit M. Charles, je ne tiens pas à être arrêté. Garçon, combien devons-nous?

— Dame, monsieur, il faut demander le patron.

— Dépêchez-vous avant que la garde arrive.

Le repas avec les assaisonnements de bouteilles et de porcelaines cassées, se monta à trois cents francs. Gérard était heureux.

— Une autre fois, pensait-il, ce marchand de couleurs n'invitera à dîner ni moi, ni Mariette, ni sa sœur.

Les convives eurent le temps de partir avant que la garde arrivât; Gérard ne demandait pas mieux. Le lendemain, Mariette se réveilla un peu confuse de ce qui s'était passé la veille.

— Que pensera Charles? fut son premier mot.

— Tant mieux s'il se fâche, dit Gérard.

— Je ne veux pas me brouiller avec lui.

— Est-ce que tu prétends en faire notre société habituelle? dit Gérard; tu sais que je n'aime pas ces êtres-là. J'ai été dîner avec lui hier parce que j'étais heureux de ne pas te quitter; mais une fois suffit.

— Charles est un bon garçon, dit Mariette.

— Il me paraît simplement niais.

— On dirait, Gérard, que tu fais exprès de mal te conduire avec mes amis.

— Est-ce que je te force de recevoir les miens? dit Gérard; tu sais que pour toi j'ai quitté toutes mes relations.

— Voudrais-tu que je ne voie personne? dit Mariette : voilà une existence bien gaie!

— Comment avons-nous vécu jusqu'ici? demanda Gérard.

— Cela est bon pendant un temps.

— Ah! c'est ainsi, dit Gérard d'un ton sérieux; et que comptes-tu faire?

— J'ai ma famille à soutenir. Charles fait la cour à ma sœur. Voilà pourquoi nous avons dîné hier ensemble.

— Je comprends maintenant que tu veuilles recevoir M. Charles.

— Il est doux; il ne te gênera pas; il ne te parlera ni de littérature, ni de peinture.

— Tant mieux.

— Ce n'est pas comme Ernest; sais-tu qu'il vient dîner avec nous aujourd'hui quai des Augustins?

— Chez ta mère? dit Gérard. Je n'irai pas.

— Encore? dit Mariette.

— Certainement non, je n'irai pas.

La dispute recommença si vive, que Mariette sortit en fermant la porte bruyamment.

— Au diable la famille! s'écria Gérard. Voilà la première brouille qui ne s'est pas apaisée au bout d'un quart d'heure.

Peu de temps après, Antoinette entra, et Gérard se retira dans sa chambre à coucher sans lui parler.

— Où est Mariette? demanda sa sœur.

— Je n'en sais rien, dit Gérard.

— Est-ce qu'elle n'a pas déjeuné ici?

— Pardon, dit sèchement Gérard.
— Savez-vous à quelle heure elle reviendra ?
— Non.

Antoinette comprit alors par ces brusques réponses que Gérard n'était pas d'humeur gaie, et elle le laissa ; mais elle revint immédiatement, ayant rencontré Ursule dans l'escalier. Gérard, que sa colère empêchait de lire, passa son humeur sur les deux cousines, qui ne voulaient descendre ni l'une ni l'autre pour aller chercher quelque objet.

— Allez-vous bientôt me laisser tranquille? s'écria-t-il en jurant.

Il avait mis un tel accent à ces paroles, que les deux cousines ne dirent plus mot.

— On ne peut plus travailler ici, dit Gérard, pour motiver son explosion de paroles.

Depuis que les trois femmes vivaient ensemble, elles étaient continuellement en discussion. Mariette traitait sa cousine Ursule en domestique. Quand Ursule était sortie, Antoinette obéissait aux ordres de Mariette; mais elle s'en vengeait sur Ursule, qui, malgré son bon naturel, se révoltait quelquefois contre les exigences des deux sœurs ; elle était, malgré tout, obligée de plier.

Curieuse comme une femme qui sort de son village, elle restait pourtant assise tout le jour à coudre. Mariette ne l'emmenait que rarement, les jours où elle allait en grande toilette se promener aux Tuileries et aux boulevards : en femme coquette, elle faisait mettre à Ursule les robes des couleurs les plus crues et les fichus les plus voyants, afin de faire passer sa cousine pour une bonne, tandis qu'elle se livrait aux manières ondoyantes des grandes dames.

Gérard avait remarqué qu'Ursule regardait avec curiosité les titres des volumes de sa bibliothèque.

— Aimez-vous à lire, mademoiselle Ursule? lui demanda-t-il.

— Oh ! beaucoup.

— Vous avez de quoi vous satisfaire ici.

— Je n'osais pas.

— Je m'en vais vous chercher un livre intéressant, dit Gérard ; vous ne pouvez pas rester ainsi à travailler toute une journée. Il faut vous distraire.

Et il lui donna un roman. Mais la pauvre fille était tellement absorbée dans sa lecture, qu'elle n'entendit pas Mariette rentrer. En surprenant sa cousine penchée sur un livre, Mariette la réprimanda si vivement que Gérard n'osa dire sur le moment qu'il était le coupable, ayant poussé lui-même Ursule à la lecture; et quoique celle-ci le regardât d'un air suppliant, comme pour l'engager à prendre sa défense, Gérard se tut. Il avait en horreur les scènes domestiques et préférait courber la tête plutôt que de lutter.

Au bout de quelque temps, la vie devint plus difficile, Gérard étant pris contre Antoinette d'une animosité d'autant plus violente qu'elle était sourde et qu'elle n'osait éclater. Mariette se querellait souvent avec Antoinette. Gérard était heureux de ces troubles; mais, quand il croyait que la vie commune était impossible aux deux sœurs, il les trouvait s'embrassant.

Il s'inquiétait souvent de M. Charles, qu'il avait tant décrié, car aujourd'hui il ne voyait d'espoir que dans le marchand de couleurs. Il pensait que si M. Charles faisait la folie de s'amouracher d'Antoinette, il lui meublerait un appartement, ce qui débarrasserait le ménage d'autant. Mais M. Charles semblait invisible : il voyait les deux sœurs chez la mère de Mariette, et son nom n'était plus prononcé qu'à de rares intervalles.

— Ernest a-t-il une maîtresse? demanda Gérard à Mariette.

— Je n'en sais rien, dit-elle. Pourquoi?

— Et Antoinette?

— Comment, Antoinette !

— Oui... Antoinette et Ernest.

— Y penses-tu?... D'ailleurs Antoinette a un amant à Lyon.

— Puisqu'elle l'a quitté ! dit Gérard.

— N'importe... elle l'aime.

— Mais je croyais que tu m'avais parlé de la passion de M. Charles.

— Un moment, dit Mariette, je l'avais cru ; mais je ne songeais pas qu'elle avait laissé quelqu'un à Lyon. N'as-tu pas remarqué comme elle était de mauvaise humeur hier?

— Hier et tous les jours, dit Gérard.

— Tu lui en veux, je ne sais pourquoi ; j'entends que tu ne dises plus de mal d'elle.

— Bien ! dit Gérard; après?

— Elle avait reçu une lettre de Lyon, qui l'a fait beaucoup pleurer ; elle s'en retournerait volontiers.

— Vrai ! s'écria Gérard.

— Si cela se pouvait. Je n'ai pas toujours de l'argent à dépenser en voyages, et son amant lui écrit qu'il lui en enverra bientôt.

— Alors elle repartira ? demanda Gérard.

— Oui, si elle ne s'accoutume pas à Paris ; mais je vais la mener chez mes peintres pour la distraire un peu.

Gérard fit des vœux pour qu'Antoinette ne trouvât aucune distraction dans les ateliers, et fonda son espoir sur un prochain départ. Malgré tout, les querelles intérieures continuaient et retombaient tellement sur la pauvre Ursule, qu'un jour celle-ci, poussée à bout, se fâcha.

— Je n'en veux plus, dit Mariette, c'est une mauvaise ouvrière, une paresseuse. Si elle n'était pas ma cousine, je la renverrais immédiatement ; mais j'ai bon cœur, je la mettrai demain dans les *Petites-Affiches*.

— Dans les *Petites-Affiches !* s'écria Gérard.

— On lui trouvera une place de servante ou de cuisinière.

— Je ne lui ai jamais vu faire la cuisine.

— C'est une fille sans courage, dit Mariette. Je fais tout ici sans qu'elle m'aide ; elle devrait cependant avoir quelque reconnaissance pour moi : je l'ai amenée à Paris...

— Avec mon argent, s'il vous plaît, dit Ursule.

Mariette répliqua, la cousine répondit. Gérard s'esquiva, laissant l'orage éclater.

A quelque temps de là, un matin que Mariette, les épaules nues, faisait sa toilette, un vieillard à barbe grise, d'une figure respectable, entra sans avoir sonné. Il surprit Mariette dans son déshabillé, et resta comme cloué sur le pas de la porte.

— Que désirez-vous, Monsieur? demanda Mariette sans se gêner devant l'étranger.

— Oh! mademoiselle! quelles perfections! quelles grâces! Restez ainsi, je vous en supplie.

— Est-il drôle! dit Mariette en riant aux éclats.

— Et quelle voix! C'est la musique des anges.

— Antoinette! cria Mariette, viens donc écouter monsieur... Monsieur, que demandez-vous?

— Heureusement, mademoiselle, je me suis trompé; j'en remercie le ciel... Dieu! qu'elle est belle!... L'art grec n'offre rien de plus suave.

— Vous êtes artiste, monsieur, dit Mariette, et on vous a envoyé chez moi, mais vous vous trompez.

— Pardonnez-moi, mademoiselle; vous êtes trop distinguée, je le vois, pour servir de modèle aux peintres. Qui oserait reproduire avec le pinceau des formes si parfaites?

— Il cause bien, dit Mariette à sa sœur.

— Heureux jour que celui-ci! continua le vieillard, qui semblait en adoration et restait sur le pas de la porte.

— Monsieur, dit Mariette, je vous en prie, entrez ou sortez, mon petit chat se sauvera.

— Je n'osais espérer d'être reçu, mademoiselle.

— Vous m'avez donc suivie? dit Mariette.

— Non, mademoiselle; on m'a dit de m'adresser au troisième, pour des renseignements à prendre sur une bonne.

— C'est ici, monsieur.

— Votre bonne, mademoiselle, doit être une personne bien élevée, si elle vous a servie.

— C'est une fille de la campagne, dit Mariette, jeune encore : elle a deux ans de plus que moi.

— Quel âge a-t-elle, sans indiscrétion, mademoiselle?

— Vingt et un ans, monsieur.

— Oh! mademoiselle, je ne vous aurais donné que dix-huit ans.

Mariette s'inclina.

— Vous vous occupez d'art, monsieur?

— Beaucoup, mademoiselle; c'est une passion... J'ai un cabinet unique à Paris, plein de richesses; je recherche les antiques surtout, les bronzes florentins. J'ai voyagé partout, je connais tous les musées de l'Europe; j'ai vu les femmes italiennes, et pourtant, mademoiselle, jamais je n'ai rencontré une femme plus accomplie que vous.

Mariette souriait.

Le vieillard continua :

— Phidias, pourquoi n'as-tu pas rencontré une telle femme? Nous aurions un chef-d'œuvre qui laisserait bien loin toutes les statues qu'on dit de forme si pure. Mais, excusez, mademoiselle, mon admiration : les paroles sont vaines pour rendre ce que j'éprouve.

— Je vous comprends, dit Mariette ; je connais Phidias.

— Alors, mademoiselle, vous devez mépriser l'art grec en vous regardant dans une glace.

— Oh ! fit Mariette.

— Tenez, mademoiselle, je voudrais avoir sur moi un de ces petits bronzes florentins qui me paraissaient si purs avant que j'eusse le plaisir de vous connaître, et je vous montrerais, détail par détail, combien ce qu'il m'a été donné de voir par hasard est supérieur. Si vous daigniez, mademoiselle, m'accorder une grande faveur... je n'ose...

— Parlez, monsieur.

— Ce serait de venir visiter ma galerie une après-midi ; vous comprenez l'art merveilleusement ! Je ne saurais vous dire combien je serais heureux si vous m'accordiez cette faveur.

Gérard n'apprit ces détails que quand Ursule fut entrée, en qualité de cuisinière, chez M. de Labouglise. Mariette ne tarissait pas en éloges sur le musée du vieillard, qu'elle avait été visiter ; jamais elle n'avait vu une si belle collection. M. de Labouglise avait dû dépenser des millions, disait-elle, pour sa galerie. Elle raconta à Gérard que le vieil amateur s'était jeté à ses pieds en lui demandant, comme une grâce immense, de corriger ses bronzes d'après elle.

— Corriger des bronzes florentins ! s'écria Gérard : une telle folie ne s'est jamais vue !

18

— Il me trouve d'une nature si parfaite, dit Mariette, qu'aucune statue n'approche de moi.

Comme Gérard souriait :

— Tu ne t'y connais pas, dit Mariette un peu piquée.

— Je t'aime, et je ne m'inquiète pas comment tu es bâtie.

— Alors, il te serait indifférent que je fusse bossue?

— Je ne pense pas, dit Gérard, qu'il soit convenable de détailler les beautés de sa maîtresse, comme ceux-là qui vous disent : « Ma femme a la plus belle jambe du monde, » ou « des épaules superbes. »

— Tout le monde ne pense pas comme toi, dit Mariette, et M. de Labouglise...

— Enfin, que veut ce vieillard ?

— Il m'a offert trois cents francs par mois, dit Mariette.

— Et tu l'as remercié ?

— Non, dit Mariette.

— Ah ! s'écria Gérard, dont la figure pâlit tout à coup.

Il fit un tour dans la chambre, prit son chapeau.

— Adieu, dit-il.

— Que mon petit homme est bête ! dit Mariette en se jetant à son cou.

— Laissez-moi, dit Gérard froidement.

— Vrai ? dit Mariette.

A son tour, sa physionomie devint sérieuse ; elle s'assit la tête penchée. Gérard était debout, immobile, le chapeau sur la tête, ne sachant ni rester ni s'en aller. Après un quart d'heure de silence, d'une voix oppressée :

— Tu oses m'avouer de telles propositions, Mariette !

— C'est bien, dit-elle, je sais que penser maintenant de votre amour.

Gérard était perplexe.

— Pourquoi ne m'as-tu pas laissé parler? dit Mariette.

— J'en ai trop entendu.

— Mais, mon ami, dit Mariette, M. de Labouglise m'offre trois cents francs par mois pour restaurer ses bronzes d'après moi !

— Je ne comprends pas !

— Veux-tu que je fasse vivre ma mère et ma sœur avec l'air du temps? C'est une fortune, nous sommes sauvés ! M. de Labouglise ne me demande que deux séances par semaine. Pendant que j'étais chez lui avec Ursule, il m'a priée d'ôter mon chapeau et mon bonnet ; il a pris sur une étagère une petite statuette de bronze, et, d'après mon cou, il a corrigé le cou de la statuette.

— Mais on ne corrige pas du bronze, dit Gérard.

— Il a un assortiment de petites limes, et il gratte ses statues.

— C'est un maniaque, dit Gérard.

— Qu'importe? je gagne trois cents francs sans mal, et j'ai affaire à un homme bien élevé : il m'a écrit des vers sur mon carnet, pour moi seule.

— Ah! je suis curieux de connaître les vers de ce vieillard.

Sur le portefeuille était écrit :

A MADEMOISELLE MARIETTE

> . . . . Adorons l'Éternel
> Qui, d'un souffle, créa le papillon volage.

— Il n'y en a pas long, dit Gérard ; mais je ne comprends pas.

— Le papillon, c'est moi, et M. de Labouglise m'a dit qu'en me regardant il ne pouvait faire autrement que d'adorer l'Éternel.

— Cet homme est amoureux fou de toi.

— En deviendra-t-il plus jeune?

— N'importe, je suis jaloux.

— Ah! mon ami, d'un homme à barbe grise!

— Est-il convenable que tu ailles chez un vieillard amoureux de toi?

— Ursule ne me quittera pas, dit Mariette, c'est convenu. Sais-tu, Gérard, que j'étais fort embarrassée sans M. de Labouglise? J'ai déjà deux robes au mont-de-piété.

— Pauvre amie!

— Toi, tu ne vois rien : une fois que le dîner est sur la table, tout est dit. Mais ma mère, ma sœur et ma cousine m'ont déjà dépensé quatre cents francs!

— Quatre cents francs! s'écria Gérard; c'est tout au plus si je les gagne en six mois! Et c'est Ernest qui te les a prêtés?

— En partie, avec Fougères et Charles.

— Je ne sais comment les rembourser, dit Gérard ; mes affaires ne prennent pas une tournure à me rendre millionnaire ! Heureusement, pendant ton voyage, il m'est venu une admirable idée de féerie : c'est une affaire considérable si elle réussit.

— Surtout, dit Mariette, ne te gêne pas pour moi. Travaille et tâche de gagner de l'argent, mais sans te fatiguer ; mon petit homme est triste quelquefois, et je voudrais ne lui causer aucun chagrin.

— Que tu es bonne, Mariette !... Jamais je ne rencontrerai de femme pareille à toi !

XVII

UNE PARTIE DE CAMPAGNE

Le ménage continuait de la sorte, plus souvent gai que triste; sans la présence d'Antoinette, qui venait jeter une ombre sur le tableau, Gérard eût été le plus heureux des hommes. Il ne s'inquiétait pas de ce que devenait Mariette dans le jour; et, quand ils se retrouvaient le soir ensemble, c'était une fête.

Un jour, cependant, en rentrant plus tôt que de coutume, Gérard trouva chez lui M. de Labouglise, qui parut surpris et sortit précipitamment. Les deux hommes se saluèrent froidement. Mariette alla reconduire le vieillard jusqu'à l'escalier.

— Il vient donc ici? demanda Gérard inquiet.

— Oui, mon ami; si tu étais revenu à cinq heures, comme d'habitude, tu ne l'aurais pas rencontré, puisque sa vue semble te déplaire. Cela te coûterait-il beaucoup, dit-elle, de ne rentrer, deux fois par semaine, qu'à cinq heures et demie?

— Pourquoi? dit Gérard.

— Que tu es entêté! M. de Labouglise vient travailler ici.

— Alors, tu ne vas plus chez lui?

— Non, dit Mariette.

— Pourquoi?

— Parce que sa femme lui faisait des scènes quand elle me voyait entrer. Et cela ne te coûte pas, mon petit Gérard, de rentrer, le lundi et le jeudi, une demi-heure plus tard, n'est-ce pas?

— Je ne comprends pas! dit Gérard impatienté.

— M. de Labouglise n'aime pas qu'on le voie travailler.

— Si tu crois, Mariette, que je m'intéresse à ses grattages de bronze...

— Non, mais c'est une manie, dit Mariette, et tu ne voudrais pas m'enlever, par un refus, ce que je gagne pour faire vivre ma mère et ma sœur?

Gérard ne répondait pas.

— Cependant, si M. de Labouglise te gênait trop, je le renverrais, tout serait dit.

— Tu es folle, Mariette; mais j'ai été froissé, je ne sais pourquoi, de rencontrer ce vieillard que je ne m'attendais pas à voir ici.

Depuis quelques jours le petit chat avait perdu sa gaieté; il ne courait plus à travers la chambre suivant son habitude. Gérard crut d'abord que la présence de tant de monde le rendait sauvage; mais, au bout de deux mois, il avait dû s'habituer à une nombreuse société. Il mangeait peu, dormait presque tout le jour, et sa toilette n'était plus faite avec le soin qu'ont les chats pour leurs poils brillants.

Mariette avait beau lui faire mille caresses, lui tenir de douces conversations, le chat tournait tristement vers sa maîtresse ses grands yeux verts et retombait dans une profonde mélancolie. On dressa un petit lit avec de la laine dans un panier au fond duquel le chat resta tristement accroupi. Mais il fut un peu délaissé à cause d'une partie de campagne qui se préparait, et à laquelle devaient assister Gérard et les deux sœurs. Ernest avait invité ses amis à une partie de canot à Asnières, qui devait se terminer par un dîner dans l'île, ce qui fut accepté avec joie.

Toute la bande partit par le chemin de fer, emportant dans un immense panier de quoi vivre deux jours dans une île déserte.

A midi, on s'embarqua dans un joli canot brillant et verni, et on aborda dans l'île pour procéder au premier festin; cette île avait le charme d'un endroit abandonné, car on n'y trouvait que broussailles épaisses et longues herbes qui semblaient pousser au hasard depuis des années. Ce fut une occupation que d'arracher les herbes et les broussailles, afin de faire place nette et d'obtenir un terrain plat qui pût servir de table.

Mariette courait dans l'île comme une jeune biche poursuivie. Antoinette, à qui personne ne faisait la cour, semblait encore plus maussade que d'habitude. Mais cette île sans ombrage n'offrait pas d'abri contre le soleil; on s'embarqua à la découverte d'un endroit plus riant, et Gérard aperçut au loin un toit en ardoise qui était une ancienne ferme convertie en auberge à l'usage des canotiers qui abondent dans ces parages.

Non loin du bord de l'eau est une haute balançoire qui a dû faire reposer plus d'une rame de canot : on lit en grosses lettres sur les murs blancs de la maison : *Tir au pistolet*.

— Qu'y a-t-il d'écrit sur le mur? le soleil me fait mal aux yeux; dit Mariette, qui ne voulait pas passer pour une femme qui ne sait pas lire.

— C'est un tir, dit Ernest.

— Oui, c'est un tir, je lis bien maintenant... Ernest, arrêtons-nous là, j'aime tant à tirer au pistolet! C'est que je suis forte!...

— Je ne t'avais jamais entendue parler de pistolet, dit Gérard.

— Il y a un mois, j'ai cassé plus de vingt poupées au boulevard d'Enfer avec Feugères. A Lyon, je passais ma journée au tir, n'est-ce pas, Antoinette?

Antoinette répondit complaisamment que oui.

Il était dans les habitudes de Mariette de se donner mille talents dont elle n'avait pas la plus simple idée, et Gérard ne s'apercevait pas de ses contradictions et de ses mensonges perpétuels.

— Tu es donc réconciliée avec Feugères? lui dit-il.

— Mais tu le sais bien... Oh! que tu es impatientant aujourd'hui!

— Tes brouilles et tes raccommodements passent

plus vite que l'éclair; comme je ne vois plus Feugères à la maison, je ne peux savoir à quoi m'en tenir.

— Nous n'avons pas à nous occuper de Feugères, dit Mariette. Ernest, donnez-moi la main pour sauter du bateau.

— Mariette, dit Ernest, je vous joue quelque chose au tir. Si vous cassez une poupée la première, je vous promets ce qui vous fera plaisir. Et vous, que me donnerez-vous?

— Ce que vous voudrez..., un baiser.

— Ah! que ces jeunes gens sont jeunes! dit Gérard, qui alla s'étendre sur le gazon, ne s'inquiétant plus des choses de ce monde.

Il était heureux qu'Ernest eût amené son frère, qui, par politesse, donnait le bras à Antoinette.

Gérard resta jusqu'à l'heure du dîner dans l'herbe, à regarder le ciel et l'eau, écoutant les cris joyeux de Mariette, qui se livrait à mille divertissements; elle se faisait balancer et déployait les coquetteries des femmes en pareille occasion.

— Paresseux! dit-elle à Gérard en lui posant sur le front une couronne qu'elle avait tressée.

— Je vais avoir l'air, dit Gérard, d'un élève de l'École normale.

— Non, il faut que tu la gardes; nous aurons tous deux du feuillage dans nos cheveux pendant le dîner.

— Tu seras toujours Grecque, Mariette.

— Est-ce que tu ne me trouves pas bien ainsi? dit Mariette.

Elle se mit à genoux devant lui, et Gérard aperçut

dans ses beaux cheveux noirs des feuilles de lierre arrangées coquettement.

— Viens que je t'embrasse! dit-il.

— Tu es fou... devant le monde...

— Et toi, qui me sautais au cou sur le pont Neuf, devant la statue d'Henri IV.

— A Paris, c'est différent, dit Mariette.

— Femme bizarre! dit Gérard en se levant. Ah! que j'étais bien sur le gazon, et comme un peu de soleil à la campagne vous fait oublier les ennuis de Paris!

Le dîner fut d'une folie extrême. Ernest remplissait à tout instant le verre de Gérard, et Gérard oubliait qu'il n'avait pas l'habitude de boire. Les récriminations qu'il accumulait contre Antoinette s'échappèrent tout d'un coup, et il noya la pauvre fille dans un flot de plaisanteries cruelles. Mariette prit le parti de sa sœur; celle-ci, se sentant défendue, se montra aigre et méchante, et l'altercation menaçait de devenir vive lorsqu'on se leva de table.

Il était neuf heures du soir, la nuit venait : on embarqua. Gérard se laissa tomber plutôt qu'il ne s'étendit à un bout du bateau, près du gouvernail, regardant les étoiles avec de grands yeux, comme s'il les voyait pour la première fois.

Personne ne parlait dans le bateau. Un calme absolu régnait sur la rive; ce paysage de nuit, l'île qui coupe la Seine en deux, et les arbres qui portent de grandes ombres dans l'eau, faisaient naître dans le cœur de Gérard des impressions vagues, douces et calmes.

plus vite que l'éclair; comme je ne vois plus Feugères à la maison, je ne peux savoir à quoi m'en tenir.

— Nous n'avons pas à nous occuper de Feugères, dit Mariette. Ernest, donnez-moi la main pour sauter du bateau.

— Mariette, dit Ernest, je vous joue quelque chose au tir. Si vous cassez une poupée la première, je vous promets ce qui vous fera plaisir. Et vous, que me donnerez-vous?

— Ce que vous voudrez..., un baiser.

— Ah! que ces jeunes gens sont jeunes! dit Gérard, qui alla s'étendre sur le gazon, ne s'inquiétant plus des choses de ce monde.

Il était heureux qu'Ernest eût amené son frère, qui, par politesse, donnait le bras à Antoinette.

Gérard resta jusqu'à l'heure du dîner dans l'herbe, à regarder le ciel et l'eau, écoutant les cris joyeux de Mariette, qui se livrait à mille divertissements; elle se faisait balancer et déployait les coquetteries des femmes en pareille occasion.

— Paresseux! dit-elle à Gérard en lui posant sur le front une couronne qu'elle avait tressée.

— Je vais avoir l'air, dit Gérard, d'un élève de l'École normale.

— Non, il faut que tu la gardes; nous aurons tous deux du feuillage dans nos cheveux pendant le dîner.

— Tu seras toujours Grecque, Mariette.

— Est-ce que tu ne me trouves pas bien ainsi? dit Mariette.

Elle se mit à genoux devant lui, et Gérard aperçut

dans ses beaux cheveux noirs des feuilles de lierre arrangées coquettement.

— Viens que je t'embrasse! dit-il.
— Tu es fou... devant le monde...
— Et toi, qui me sautais au cou sur le pont Neuf, devant la statue d'Henri IV.
— A Paris, c'est différent, dit Mariette.
— Femme bizarre! dit Gérard en se levant. Ah! que j'étais bien sur le gazon, et comme un peu de soleil à la campagne vous fait oublier les ennuis de Paris!

Le dîner fut d'une folie extrême. Ernest remplissait à tout instant le vérre de Gérard, et Gérard oubliait qu'il n'avait pas l'habitude de boire. Les récriminations qu'il accumulait contre Antoinette s'échappèrent tout d'un coup, et il noya la pauvre fille dans un flot de plaisanteries cruelles. Mariette prit le parti de sa sœur; celle-ci, se sentant défendue, se montra aigre et méchante, et l'altercation menaçait de devenir vive lorsqu'on se leva de table.

Il était neuf heures du soir, la nuit venait : on embarqua. Gérard se laissa tomber plutôt qu'il ne s'étendit à un bout du bateau, près du gouvernail, regardant les étoiles avec de grands yeux, comme s'il les voyait pour la première fois.

Personne ne parlait dans le bateau. Un calme absolu régnait sur la rive; ce paysage de nuit, l'île qui coupe la Seine en deux, et les arbres qui portent de grandes ombres dans l'eau, faisaient naître dans le cœur de Gérard des impressions vagues, douces et calmes.

— Mariette, dit Ernest, prenez le gouvernail et poussez à gauche.

Gérard fut tiré de sa contemplation par l'approche de Mariette, qui le dérangea en allant au gouvernail.

— Mariette, dit-il, je t'aime !

À ce moment, elle était penchée sur lui ; il la prit par la taille et chercha à l'étreindre.

— Laisse-moi, dit-elle.

— Es-tu fâchée, Mariette ?

— Tu me gênes.

— Ah ! je voudrais passer ma vie ainsi auprès de toi, sur l'eau.

— Laisse-moi, reprit-elle en le repoussant brusquement, car il avait serré ses mains dans les siennes.

— Tu m'en veux, Mariette ?

— Eh ! dit-elle, tu devrais faire attention à tes paroles, quand tu es en société.

Sans rien dire, Gérard s'étendit au fond du bateau. Mille réflexions se pressaient dans son esprit inquiet. Il pensait qu'il avait pu dire quelques duretés pendant le dîner à Antoinette, et cherchait à se les rappeler ; il ne comprenait pas pourquoi Mariette le traitait si durement tout à coup. Comme le trouble régnait dans son esprit, il attribua ses idées confuses à la position horizontale, et se releva lentement. La lune, qui jusqu'alors avait été cachée par un gros nuage, se montra brillante, et Gérard retomba avec un bruit sourd, la tête au fond du bateau.

Il avait vu Mariette pressée contre Ernest, et celui-ci l'étreindre, et l'embrasser longuement.

— Serait-il malade ? demanda Mariette, qui avait entendu le bruit de la chute de Gérard.

— Non, il dort, dit Ernest.

Gérard ne dormait pas et entendait ; il ne dit pas un mot, ne fit pas un geste, mais s'appuya convulsivement contre le fond du bateau ; son plus grand désir eût été de faire chavirer le bateau et de noyer tous ceux qui étaient dedans.

On arriva bientôt à Asnières. Mariette sauta la première à terre, pendant qu'Ernest était occupé à attacher son canot.

— J'ai tout vu ! dit Gérard à Mariette.

Et il se précipita sur elle et chercha à l'entraîner du côté de la Seine ; Antoinette courut à la défense de Mariette. Gérard se trouva en présence de deux ennemis. Tout à coup il reçut en pleine poitrine un coup violent qui le fit chanceler, tomber à terre à dix pas, et perdre connaissance.

Quand il se réveilla, le silence était grand. Gérard chercha à s'orienter et ne trouva que du sable ; il regarda derrière lui et reconnut la Seine ; devant lui brillaient encore quelques lumières. Il entra dans un cabaret, se regarda dans une glace, n'étant pas certain de ne pas rêver. Il était d'une extrême pâleur. Il demanda si le chemin de fer partait encore pour Paris ; on lui répondit qu'il n'avait plus que dix minutes à attendre le dernier convoi.

Pendant le trajet du chemin de fer, Gérard ne remua pas, il semblait de pierre ; mais à peine fut-on arrivé au débarcadère qu'il sauta brusquement du

19

wagon et se mit à courir avec rapidité dans la direction de la rue Saint-Benoît. Il mit à peine un quart d'heure à franchir la distance qui sépare le faubourg Saint-Germain de la rue Saint-Lazare, et prit la clef en tremblant chez la concierge.

Ses craintes étaient réalisées : en rentrant, il trouva la chambre dérangée. Il ouvrit l'armoire où Mariette mettait son linge et ses robes : plus de linge ni de robes !

Gérard se laissa tomber dans son vieux fauteuil, qui était comme le dieu lare de la chambre : une jambe du fauteuil se cassa. Il envoya un violent coup de pied au fauteuil, qui alla rouler près du panier où était le petit chat. Gérard se rappela alors que l'animal était malade, et craignit de l'avoir blessé en jetant le fauteuil. Le petit chat n'était plus là !

Sans dire un mot, la figure sombre et les yeux secs, Gérard passa dans la chambre à coucher, où le petit chat, étendu à terre, semblait chercher à refroidir son ventre contre le pavé. Gérard l'appela : le chat ne répondit pas ; il lui passa sa main sur le dos et lui trouva encore un peu de chaleur.

Après être resté près d'une heure la tête dans les mains, ne voyant rien, ne pensant à rien, Gérard se leva brusquement ; il avait entendu un léger craquement dans la direction du lit. Il pensa que Mariette avait joué une petite comédie et qu'elle se tenait cachée dans un coin.

— Mariette ! s'écria-t-il.

Mais il n'entendit aucune réponse, et, malgré son

peu d'espoir, il eut l'idée d'aller regarder dans tous les coins de la chambre.

Il prit un livre ; la bougie touchait à sa fin ; bientôt elle s'éteignit. Gérard se jeta tout habillé sur le lit ; mais la pensée de Mariette vint l'y trouver. Il écoutait encore si on ne sonnerait pas à la porte de la rue, car il espérait que la colère de Mariette s'apaiserait, et qu'elle reviendrait. Alors la scène du bateau se représentait à ses yeux, et l'idée de Mariette embrassée par l'avocat lui faisait pousser des cris de rage. Il se rendait compte maintenant de la froideur de Mariette à son égard, et la jalousie frappait avec ses mille marteaux dans son cerveau.

Encore si le jour était venu ! Mais la nuit était profonde. Gérard étouffait ; il ouvrit la fenêtre et éprouva quelque soulagement de l'air frais de la nuit. Il rejetait la faute sur la sœur de Mariette, et se rendait compte maintenant de la haine qui le tenait contre Antoinette ; elle seule avait poussé Mariette dans ces désordres, elle l'avait rendue coquette, elle avait dû l'aider à enlever le soir même ses robes.

— Où passera-t-elle la nuit ? se demandait Gérard. Et la voix de l'espoir lui répondait : chez sa mère ! Puis il pensait que demain matin Mariette reviendrait avec une petite mine boudeuse, et qu'au bout d'un instant la paix serait conclue. Gérard se reprochait de s'être emporté contre Mariette, et cependant il pensait que, si Mariette avait quelque amour pour lui, elle oublierait bien vite un moment de colère.

Le jour vint. Le chat poussa un cri ; Gérard courut

à lui : le chat était mort! Gérard, accablé de douleur, descendit chez la concierge.

— Mariette n'a rien dit en rentrant hier au soir?
— Non, monsieur.
— Voudriez-vous enlever le corps du chat, qui vient de mourir?... Si on venait me demander, vous direz que je suis parti pour quelques jours à la campagne.

Ayant attendu inutilement jusqu'à midi, Gérard prit le parti d'aller demander l'hospitalité à son ami Giraud, qui demeurait depuis peu de temps dans une petite maison à Auteuil.

— Tout est fini entre elle et moi, pensait Gérard en marchant à grands pas; elle n'est pas revenue ce matin, elle ne reviendra pas! Pourquoi faut-il que j'aie mis ma confiance dans une créature si vaniteuse et si coquette? J'aurais dû tous les soirs m'endormir avec l'idée que je me réveillerais seul le lendemain. Où sont les beaux jours de la rue du Regard et de la rue des Canettes, quand elle se contentait de petites robes de toile?... Si j'avais écouté Thomas, je ne me serais pas illusionné si longtemps!

Cinq minutes après, Gérard se surprenait à défendre Mariette; peut-être avait-elle été entraînée pour venir en aide à sa mère et à sa sœur. Si elle n'avait pas été à Lyon, elle n'aurait pas eu besoin d'argent; si elle n'avait pas eu besoin d'argent, elle n'aurait pas pensé à l'avocat. Et toujours le mot cruel *argent* venait se mettre dans la balance à côté du mot *amour*.

— Encore, pensait Gérard, si elle m'eût dit : Je ne

t'aime plus, séparons-nous ; je l'aurais compris. Qui la forçait à rester avec moi, si elle ne m'aimait plus ?

Alors Gérard se rappela les discours de sa mère à ce sujet. Ma pauvre mère avait raison, se dit-il.

A Auteuil, Gérard trouva Giraud en compagnie d'un philosophe excentrique ; ils se partageaient un immense plat d'oseille. Il fut reçu à bras ouverts et invité à prendre sa part du festin ; on lui offrit une énorme tranche de pain noir de paysan et une cuiller pour prendre sa part du repas. Gérard fit une forte grimace dès la première bouchée, car l'oseille était cuite sans beurre.

— Mon cher, dit Giraud, si ce régime te va, tu peux rester ici tant que tu voudras ; mais si tu as peur de la nourriture d'ermite, sauve-toi, nous n'avons absolument que ce légume à t'offrir. Le jardin produit de l'oseille, nous la mangeons ; dans un mois nous aurons des raisins, et nous attendons cette époque avec confiance.

— Cette oseille n'est-elle pas un peu sûre ?

— Non, dit Giraud : on s'y fait. Le pain est bon, quoique de troisième qualité, et il y a du tabac. Que veux-tu ? Nous avons une maison de campagne, c'est pour faire des économies... D'ailleurs, elles sont forcées. Es-tu riche pour le quart d'heure ?

— J'ai cinq francs, dit Gérard.

— Il a cinq francs et ne le disait pas ! Tu as le droit d'être nourri dix jours avec de la viande ; nous allons acheter dix sous de viande par jour.

— C'est trop, dit le philosophe, qui avait jusqu'alors gardé un profond silence; la viande alourdit l'esprit.

— Je te présente mon ami, dit Giraud, un esprit distingué qui t'expliquera lui-même son système.

— Plus tard, dit Gérard, qui ne pouvait supporter les nombreux philosophes d'occasion qui sortent de dessous chaque pavé de Paris. Tu as un jardin, je ne te demande qu'un service, c'est de m'indiquer le moyen de me rendre utile.

— Tu veux travailler au jardin?

— Oui, dit Gérard.

— Tant mieux, nous ne prendrons pas de jardinier. Il y a à enlever toutes les herbes qui croissent dans les allées et les plates-bandes; il faut puiser de l'eau, arroser... Oh! tu renonceras bientôt à l'ouvrage. Je suis entré comme toi plein de bonne volonté, mais au bout de deux jours j'ai renoncé à jardiner. Si tu travailles, je m'engage à te faire boire le vin que tu désireras, du vin de Bourgogne ou du vin de Bordeaux.

— Je n'y tiens pas, dit Gérard.

— N'importe; le vin est nécessaire pour faire passer l'oseille.

— Vous avez du vin en cave?

— Pas une larme; mais, en nous promenant, nous avons découvert d'honnêtes commerçants qui nous offrent tout ce que nous désirons.

— Je veux travailler, dit Gérard.

Il espérait, à force de fatigues, épuiser son corps et perdre le souvenir de Mariette. Toute la journée Gérard montra un grand courage; il puisait de l'eau, arrosait les fraisiers, arrachait les mauvaises herbes et les brouettait au dehors de la maison.

Il atteignit assez vite six heures du soir, après avoir travaillé sérieusement quatre heures. La perpétuelle oseille reparut au dîner en grande abondance, couronnée par extraordinaire d'un petit morceau de bœuf saignant, que le philosophe avait fait cuire avec amour.

— Tu mérites le vin, Gérard, car je t'ai vu travailler comme un maçon ; mais il nous faut sortir.

Sur la route, Giraud montra à son ami une maison neuve.

— Cette maison, lui dit-il, appartient à un riche marchand de vins ; tu te présentes, tu désires acheter une pièce de vin : alors on te conduira à la cave, et on se fera une joie de te faire goûter différentes espèces de vins. Sois grand seigneur, tu n'es pas mal nippé ; plus tu te montreras difficile, plus tu boiras.

— Mais je n'ai pas envie d'acheter de vin.

— Qu'importe ? tu ne t'engages à rien. Allons, entre... nous n'attendons.

— Et vous ne venez pas avec moi?

— Impossible, dit Giraud ; nous sommes déjà connus dans la maison.

— Je n'irai pas, dit Gérard.

— Que tu es lâche ! Vois-tu là dedans quelque chose contre la probité la plus rigoureuse?

— Non, mais je n'y tiens pas.

— Je te mènerais bien boire du vin en ma compagnie dans une autre maison, mais nous avons épuisé tous les gros commerçants à une lieue à la ronde. Le philosophe et moi connaissons déjà cinq caves bien garnies !

Les trois amis firent leur promenade du soir, et rentrèrent à la maison d'Auteuil. Quoiqu'il fût très-fatigué, Gérard ne dormit pas. Le souvenir de Mariette le remplissait ; il entendait les cris du chat mourant, et le mystérieux rapport qui l'avait séparé en même temps du chat et de Mariette le plongeait dans d'amères pensées.

— Pourquoi ne meurt-on pas tout d'un coup dans les bras de celle qu'on aime ? pensait-il ; combien on serait heureux d'être ainsi délivré de la vie !

Gérard faisait mille projets et pensait à retourner chez sa mère ; mais elle s'apercevrait de son chagrin, et serait heureuse de la séparation de son fils d'avec Mariette.

— Si je pouvais en aimer une autre ! se disait-il, je fermerais les yeux, je croirais que c'est Mariette...

Et il pensait qu'il avait mal fait de venir à Auteuil, que peut-être Mariette reviendrait, que peut-être elle était déjà venue. Si elle ne venait pas, combien la chambre lui paraîtrait triste sans la voix de cristal dont il conservait le timbre dans son souvenir ! Combien l'appartement devait être funèbre sans les cercles capricieux du petit chat tournant comme une fusée !

Gérard essaya de reprendre courage et de continuer son travail de jardinage, mais la corde à puits, la bêche et la brouette lui écorchaient les mains. Il marcha longtemps sans s'arrêter : au bout de dix tours dans le petit jardin, il eut honte de ce métier de cheval de fabrique, et il alla se jeter sur sa couchette en pleurant, ne se sentant plus ni fermeté ni résignation. Au dîner, il ne dit pas un mot ; Giraud lui demanda des nouvelles de Mariette, et Gérard se sentit froid en entendant ce nom.

— Elle va bien, dit-il, ne voulant pas entrer dans des confidences inutiles.

Ne sachant comment échapper à l'immense douleur qui l'accablait, Gérard, tout en regardant les livres avec un souverain mépris, prit un volume dépareillé de Montaigne, qui traînait dans la bibliothèque de Giraud.

— Voyons les moralistes, se dit-il ; on prétend qu'ils sont bons pour calmer la douleur.

Il parcourut divers chapitres : *De l'amitié, De la modération, De ne communiquer sa gloire,* qui ne correspondaient en rien à la situation dans laquelle il se trouvait. Cependant, en feuilletant machinalement le Montaigne, qu'il avait plutôt envie de jeter dans le puits, il tomba sur le passage suivant :

« En cette arrière-boutique, faut-il prendre nostre ordinaire entretien de nous à nous-mesme, et si privé que nulle accointance ou communication de choses estrangières y trouve place ; discourir et y rire, comme sans femme, sans enfans et sans biens, sans train ou sans valeur, à fin que, quand l'occasion adviendra de leur perte, il ne nous soit pas nouveau de nous en passer. »

Gérard fit deux fois le tour du jardin et relut ce passage, se tâtant et cherchant où pouvait se trouver cette *arrière-boutique* au fond de laquelle on était libre de se garer du chagrin, comme d'autres se protégent du soleil sous une tente.

— Ce Montaigne est un misérable! s'écria Gérard.

Tout le temps du dîner, il éclata en telles acrimonies contre le sceptique, que Giraud lui demanda la raison de sa colère subite.

— Montaigne est un égoïste, disait Gérard ; il prétend que chaque homme, lorsqu'il a perdu ses biens, sa femme, ses enfants, doit pouvoir rire comme si rien ne lui manquait. J'aurais voulu lui voir perdre sa...

Gérard s'arrêta brusquement.

— Perdre sa? demanda Giraud.

— Ah! Montaigne n'a jamais aimé les chats! S'il avait été à ma place et qu'il eût compris les souffrances de cet animal qui se mourait tristement, il ne se serait pas retiré dans son arrière-boutique, comme il dit. Il n'a pas de cœur!

— Qu'en sais-tu?

— Je me doute, dit Gérard, qu'il n'a jamais souffert.

— Quand tu seras réellement dans la douleur, dit Giraud, ne lis pas les moralistes ; c'est le moment ou jamais d'acheter Paul de Kock.

— Tu as raison, dit Gérard; je me rappelle maintenant qu'un homme intelligent qui relevait de maladie m'a dit qu'il ne pouvait supporter ni Shakspeare, ni Molière, ni Balzac, et qu'à force de songer, il envoya chercher *Monsieur Dupont* au cabinet de lecture ; le lendemain, il était guéri.

— Oui, dit Giraud, Paul de Kock est une excellente médecine pour les convalescents, par son gros comique, sa joie franche, la santé perpétuelle de ses héros, la gaieté des repas improvisés et le bonheur de ses amoureux.

— Voilà un homme, dit Gérard, qui aura fait rire toute une génération de grandes dames et de grisettes ; lui seul aura conservé la joie dans notre époque triste et tourmentée. Et, parce qu'il n'écrit pas d'une façon tout à fait parfaite, on ne lui élèvera pas de statues ! Ses œuvres mourront faute d'avoir été embaumées par la forme !... Nous sommes des ingrats ! Je m'en vais louer un roman de Paul de Kock !

Malheureusement il n'y avait pas de cabinet de lecture dans le pays, et Gérard retomba dans sa tristesse.

Le troisième jour, Gérard n'y tint plus et partit pour Paris. En arrivant dans la rue Saint-Benoît, il fut pris d'une grande émotion en pensant que peut-être Mariette était revenue et qu'elle l'attendait. Pour conserver plus longtemps cette illusion et se nourrir de cette douce idée, il passa rapidement devant la loge du concierge, ne voulant entendre parler personne avant d'entrer.

La petite chambre était froide et nue comme si elle n'avait pas été habitée depuis de longues années ; tout était en désordre par le déménagement de Mariette. Gérard apportait un extrême esprit d'insouciance à l'intérieur, laissant toutes choses traîner à l'aventure : les papiers, les habits et les livres. Cependant une jolie chambre propre, aérée, avec un rayon de soleil et quelques fleurs, mettait son esprit en fête, et Mariette savait lui procurer ces délicatesses ; aussi fut-il pris d'un grand serrement de cœur en regardant les souliers non cirés au milieu de la chambre, la poussière sur tous les meubles. Plus de Mariette ! Plus de petit chat ! Le coucou morne et sans mouvement ! Gérard voulut travailler ; mais les quelques pages qu'il écrivit lui donnèrent du dégoût : jamais il ne crut à sa médiocrité comme ce jour-là.

Il s'étendit sur son lit et s'endormit. Quand Gérard se réveilla, la nuit venait. L'ennui et le dégoût de la vie s'étaient tellement emparés de lui, qu'il n'eut pas le courage de descendre pour aller manger. Le lendemain matin, il fut réveillé par le soleil qui se glissait sur le lit par une petite fenêtre que les habits de Mariette couvraient d'habitude. Gérard se leva, essaya de secouer son apathie, et chercha quels joyeux amis il pourrait visiter, qui n'avaient pas le goût absolu du travail.

On frappa à la porte : Gérard courut ouvrir. C'étaient Mariette et sa sœur ! Gérard crut que sa tête allait éclater ; les tempes lui battaient. Mais autant il éprouvait d'émotion, autant il se montra froid. La présence d'Antoinette le glaçait. Mariette était pâle. Elle ne dit d'abord rien et fit mine de chercher quelque objet dans les armoires.

— Bonjour, mademoiselle, dit Gérard.

Et ce mot de *Mademoiselle*, qui lui sciait le gosier, donna le ton à la conversation.

— Gérard, dit Mariette, j'ai un service à vous demander.

— Je suis tout à vos ordres, mademoiselle.

— Je suis très-gênée, dit Mariette; je viens vous prier de me donner pour ma mère un matelas, une chaise et une table.

— Oui, mademoiselle, dit Gérard, vous pouvez les faire emporter.

En parlant ainsi, Gérard avait des larmes dans la voix. Quelque chose d'intérieur le poussait à se jeter aux genoux de Mariette, à lui dire combien il l'aimait encore, qu'il n'aimerait jamais qu'elle, et il se sentait retenu par une sotte timidité.

— J'ai un petit coffret dans l'autre chambre, dit Mariette; savez-vous où il est, Gérard?

— Je vais vous le chercher, dit-il.

Il entra dans la chambre à coucher, prit le coffret et le donna à Mariette; mais leurs mains s'étaient touchées: ils tombèrent dans les bras l'un de l'autre sans dire un mot, et seraient restés ainsi longtemps, oubliant ciel et terre.

— Et ma sœur qui est là, dit Mariette; attends-moi à cinq heures, mon Gérard.

— Vrai? s'écria Gérard.

— Oui; ne dis rien devant Antoinette.

Mariette sortit, laissant Gérard en extase, rajeuni de dix ans. Il s'habilla en moins d'un clin d'œil en grande toilette, et sortit dans les rues, léger comme une plume. Il lui prenait des envies de s'envoler; rien ne lui semblait impossible.

La joie lui sortait par tous les pores ; il regardait les passants en souriant, comme pour leur annoncer la bonne nouvelle : tous les hommes lui semblaient bons et beaux, les femmes aussi, le ciel, la rue, les boutiques. Il courut d'un trait jusqu'au quai Malaquais, et ce n'était qu'en raisonnant un peu qu'il se gênait pour ne pas crier à tout Paris : « Je suis aimé ! »

A cinq heures, Mariette arriva et son arrivée fut un long baiser sans fin ; mais bientôt elle se débarrassa des étreintes de Gérard et se détourna pour pleurer.

— Qu'as-tu, mon amie ?

— Je t'ai trompé, dit-elle en sanglotant.

— Je t'en prie, Mariette, ne pleure pas.

— Comme tu as été méchant, dit-elle ; regarde ! Tu as arraché ma boucle d'oreille.

— Oh ! laisse-moi baiser ta jolie oreille meurtrie.

— Et Antoinette qui ne t'avait rien fait, tu l'as battue indignement !

— Est-ce possible ? dit Gérard ; je ne me rappelle rien.

— Je crois que tu nous aurais tuées toutes deux, si Ernest n'avait pris notre défense.

— C'est donc Ernest ? demanda Gérard ; je ne le savais pas... Quand je le reverrai !...

— Non, dit Mariette ; je veux que tu me jures que tout est fini.

— On ne reçoit pas, dit Gérard, un coup si furieux, qui vous fait perdre connaissance, sans chercher à se venger.

— Oublie Ernest comme je l'oublie, dit Mariette, et je vais t'en donner une preuve. Prends ta plume et écris.

Gérard obéit.

« Ernest, dicta Mariette, je vous prie de ne plus « chercher à me voir, je suis avec Gérard... » — Maintenant, dit-elle, tu mettras toi-même la lettre à la poste pour être sûr que je ne te trompe pas.

Mariette expliqua à Gérard qu'elle lui avait demandé quelques meubles afin de loger Antoinette dans un petit cabinet, non loin de sa mère.

— Tu as eu là une bonne idée, car, mon amie, le malheur est entré ici sur les talons de ta sœur.

— Mais je désire que, quand vous vous rencontrerez, vous ne vous fassiez pas mauvaise mine, dit Mariette.

— J'aime Antoinette, maintenant ; j'aime tout le monde.

XVIII

UNE SOIRÉE AU BAL

Huit jours se passèrent ainsi, pleins de bonheur ; cependant, le soir du huitième jour, Mariette ayant eu une petite querelle avec Gérard, fut prise de violentes attaques de nerfs ; elle étouffait, se trouvait mal, demandait de l'air.

Gérard courut chercher un médecin : ayant frappé inutilement à la porte des plus proches du quartier, il finit par en trouver un et rentra ; mais, à sa grande surprise, Mariette n'y était plus. Le médecin arriva et sourit en entendant parler d'une femme tout à l'heure à la mort, qui avait pris la fuite aussitôt qu'on était allé chercher du secours.

Cette nuit fut des plus pénibles pour Gérard, qui ne trouvait aucun motif à la disparition de Mariette. Cent fois de légères altercations avaient eu lieu, qui s'étaient apaisées comme elles étaient venues. Le lendemain il reçut un billet qui contenait ces mots :

« Gérard, je suis obligée de ne plus demeurer avec toi ; mais, si tu veux venir, tu me feras plaisir. Demande madame Roux, rue des Marais-Saint-Germain, n° 14. »

Gérard courut à la rue des Marais, ne s'expliquant pas un changement de nom et d'adresse si subit. Mariette vint ouvrir elle-même, habillée d'un élégant peignoir blanc.

— C'est toi madame Roux ? dit-il.

— Tu peux toujours m'appeler Mariette.

— Pourquoi t'es-tu sauvée tout à coup ?

— Mon ami, je n'aurais pas osé te le dire, tu te serais fâché ; je te crains maintenant.

— Oh ! dit Gérard.

— Mon oreille est seulement guérie depuis deux jours. M. de Labouglise...

— Encore ce vieillard ! s'écria Gérard.

— M. de Labouglise dit que tu as des yeux perfides ; il n'aime pas à te rencontrer.

— Vieux maniaque qui racle les antiques !

— Il n'est pas fou pour moi, dit Mariette, puisqu'il me fait vivre. Quand je me suis brouillée avec toi, à la suite de l'aventure d'Asnières, j'ai été lui porter ma nouvelle adresse ; mais, chez ma mère, il ne pouvait pas travailler. Il est riche, rien ne lui coûte pour satisfaire ses fantaisies ; il m'a proposé de me meubler un appartement.

— Il t'entretient ? s'écria Gérard.

— Lui ! M. de Labouglise ! Il se soucie bien des femmes, il n'aime que ses bronzes. Il me retient cinquante francs par mois sur mes trois cents francs pour

20.

les avances qu'il m'a faites en achetant les meubles, et il va continuer sa sculpture. Il ne voulait plus venir chez toi ; tu vois donc qu'un autre appartement était nécessaire.

Gérard secouait la tête.

— Rien ne l'empêchera de me voir. J'irai chez toi tous les jours passer une heure ou deux.

— Une heure ou deux ! s'écria Gérard ; nous ne vivrons plus ensemble !

— Mon ami, cela ne se peut pas.

— Je m'en vais, dit Gérard.

— Que tu es singulier ! Ma mère exige que j'aille dîner avec elle ; ma sœur est paresseuse. Il faut que je veille à tout, que je fasse aller la maison ; mais je te promets que j'irai dîner avec toi le plus souvent possible.

Gérard se laissa persuader, quoiqu'il eût la tête troublée de tous les événements qui s'étaient passés en si peu de temps.

— Surtout, dit Mariette, viens plutôt le matin, quand tu voudras me voir. M. de Labouglise arrive à peu près à cette heure tous les jours ; il n'est pas nécessaire que vous vous rencontriez.

— Mariette ! Mariette ! s'écria Gérard d'un ton plein de reproches.

— Encore ?

— Nos beaux jours sont passés.... Je t'aime, mais je ne reviendrai plus.

— Et moi je n'irai plus chez toi, s'il en est ainsi.

— Chez moi, Mariette, dans notre ancien logement,

nous serons heureux en nous retrouvant ensemble ; mais ici, ces meubles neufs, ce grand escalier, les toilettes, tout me rappelle trop notre passé si modeste. Tu m'aimerais ici de toutes les forces, mieux que tu ne m'as jamais aimé, que je ne te croirais pas ; chez moi, au contraire, aime-moi aussi peu que tu voudras, et je serai content. Adieu ! dit-il.

Autant Gérard était heureux la veille, autant il sortit malheureux. Il eut honte de son habit qui était lustré sous les bras ; il s'aperçut que ses souliers ne brillaient pas, qu'il portait le même chapeau depuis six mois. Cette visite lui avait enlevé tout courage, et il marchait sans savoir où il allait.

— Que tu as l'air funèbre ! dit Thomas qu'il rencontra près de l'école des Beaux-Arts. Sont-ce les envois de Rome qui te rendent si triste ?

— Je me soucie bien des envois de Rome.

— Et moi donc, dit Thomas, mais je m'en vais chaque année contempler l'abrutissement de ces pauvres jeunes gens qu'on dresse à cet horrible métier de peintres de Rome. Est-ce que tu n'écris rien là-dessus ?

— A quoi bon perdre son temps à se moquer de pareilles médiocrités ? Les changerais-je en hommes supérieurs ? Non. Alors c'est de la besogne inutile.

— Cependant, dit Thomas, on peut attaquer l'Académie, qui fait des momies de jeunes gens peut-être distingués.

— L'Académie ne corrompt rien, dit Gérard. L'Académie aime la médiocrité, le convenu, la tradition ;

toutes les médiocrités vont à elle et ne demandent qu'à être guidées dans cette voie.

— Cependant, dit Thomas, on a vu des peintres de talent qui étaient partis de Paris après avoir exposé de bons tableaux, et qui s'en revenaient classiquement ennuyeux. C'est donc la faute de l'enseignement de l'Académie.

— Bah! dit Gérard, rien n'arrête le développement d'un homme de talent : ni la misère, ni la maladie, ni les faux conseils, ni les mauvais enseignements. Nous sommes environnés d'ennuyeux, d'imbéciles, de traîtres, de lâches; si nous sommes forts, nous devons nous débarrasser de tous ces ennemis. Si nous n'avons pas de courage, c'est-à-dire une conviction profonde de l'art, nous succombons, tant pis. Nous ne sommes pas des victimes ; nous n'étions pas dignes de faire de l'art, et nous sommes entrés par erreur dans le rude chemin qui mène à la popularité. On est doué, ou on ne l'est pas; ceux qui ne sont pas doués réussissent, en apparence, dans le moment plus que ceux qui sont doués : ils ont la fortune, les honneurs, la réputation plus vite que les autres. Étant des médiocrités, ils ne blessent personne, sont aimables, polis à la surface, et n'offrent pas de ces angles vifs dont sont accentués ceux qui sont doués ; mais le temps fait bonne et prompte justice des médiocrités. Au contraire, ceux qui sont doués passent à travers les jalousies, les haines et les diffamations, comme Murat passait au milieu d'un régiment qui tirait sur lui, sans être atteint. Ils supportent faim, misère, envie, railleries, sans en être touchés; ils ont la foi en eux-mêmes. Avec cette croyance on vit vieux, plein de santé, et, à cinquante ans, on a les cheveux noirs.

— Cependant, dit Thomas, j'ai connu plus d'un artiste que la misère a paralysé complétement, et qui, avec un peu d'aide, eût produit de belles œuvres. Pourtant il tombait dans les mains des marchands, et se livrait à de honteuses productions.

— C'est qu'il était né pour faire de pareilles choses.

— Mais, dit Thomas, il pleure d'être obligé de faire du commerce.

— Il fait semblant de pleurer.

— Je ne saurais croire à une telle hypocrisie, dit Thomas.

— Alors il se trompe sur lui-même : puisque cet être comprend l'art, pourquoi ne fait-il pas d'art?

— Parce qu'il gagne à peu près sa vie en faisant du commerce.

— On dirait que tu ne veux pas me comprendre. Comment faisais-tu quand tu étais compositeur d'imprimerie?

— Le soir, dit Thomas, et le matin en hiver, à partir de quatre heures, je faisais des études à la lampe pendant deux heures, jusqu'au moment où j'allais à l'atelier.

— Et tu ne vivais pas de la peinture?

— Je ne gagnais pas un sou.

— Bon! dit Gérard; tu vois que tu exerçais une profession en dehors de l'art, et cependant tu étudiais. Quand tu es sorti de l'imprimerie, comment as-tu vécu ?

— Je faisais de petites aquarelles, que je vendais, sous les arcades de l'Institut, six sous pièce.

— Et tu en vivais ; c'est encore du commerce. Tu vois donc que ni l'imprimerie, ni les petits dessins à six sous, ni la privation, ni la misère, ne t'ont empêché d'arriver.

— Je ne suis pas arrivé.

— Tu arriveras. Ainsi, comprends bien que tous ces gens qui pleurnichent, qui font sonner l'art si haut, qui se disent victimes de la société, et qui gagnent largement leur vie dans l'art industriel, sont des orgueilleux : ils donnent tout ce qu'ils peuvent donner. Nés pour être ouvriers, et lancés dans l'art par une manie trop commune aujourd'hui, ils sont restés ouvriers, c'est-à-dire de médiocres interprètes des créateurs ; ils ne sont pas même dignes de cela, et ils se plaignent encore ! Si tu veux d'autres exemples qui prouvent que la misère et les autres piéges tendus sous nos pas ne doivent rien arrêter, tu te rappelleras ce pauvre garçon dont vous admiriez les eaux-fortes, que vous mettiez aussi haut que celles de Rembrandt, et qui aurait été loin, disiez-vous, s'il n'avait tant souffert de la faim. Qu'a-t-il fait le jour où lui est tombé un petit héritage ?

— Il est vrai, dit Thomas embarrassé, qu'il a perdu tout son sentiment.

— Ce n'était pas cependant une de ces grosses fortunes qui tuent un homme, qui le rendent lourd, fier

et insolent : il avait juste de quoi vivre, six cents francs
de rentes, une fortune pour lui, qui vivait avec cinq
francs par mois. Il a continué à travailler ; mais ses
eaux-fortes n'étaient plus supportables ; tandis qu'avant
il vivait avec un morceau de pain et des légumes ;
alors il avait du talent. Ceci, Thomas, doit te prouver
que ni les mauvais enseignements, ni les influences,
ni la misère, ni la faim, ni la maladie, ne peuvent
corrompre une nature bien douée. Elle souffre ; mais
trouve-moi un grand artiste qui n'ait pas souffert. Il
n'y a pas un seul homme de génie heureux depuis
que l'humanité existe.

— J'ai envie, dit Thomas, de te faire cadeau d'une
jolie cravate.

— Pourquoi? dit Gérard.

— Parce que tu as bien parlé, quoique d'une façon
amère. Je sens que tu as raison, et je voudrais te corriger d'un fond de chagrin qui s'attache à chacune de
tes paroles : voilà pourquoi une jolie cravate, avec de
belles pivoines rouges et des feuilles d'un vert gai,
sur lesquelles se promèneront des perroquets, fera
que, quand tu te regarderas, tu seras plein de joie.
Nous ne savons pas assez profiter des couleurs, et les
sauvages et les paysans, qui s'habillent d'étoffes ba-
riolées, sont plus raisonnables que nous.

— Je n'oserais pas me présenter dans la société,
disait Gérard, avec ta fameuse cravate à perroquets.

— Bah ! avec beaucoup de courage, dit Thomas, on
s'impose.

Un soir, Gérard accompagna Mariette à Mabille ;

elle avait abandonné les bals d'été du quartier Latin en même temps qu'elle avait mis de côté pour toujours ses robes de toile. Elle était partie dans un élégant coupé de louage avec Gérard et M. Charles, le marchand de couleurs.

Mariette avait une toilette élégante, et pouvait rivaliser avec les lorettes les plus en renom de la rue Bréda. On la regardait beaucoup, on venait instamment la prier à danser et à valser. Gérard était heureux du succès de son amie; cependant, quand elle le quittait pour répondre à ces invitations, il lui semblait que son bonheur s'envolait, et il fronçait les sourcils en voyant les mille coquetteries que Mariette dépensait pour son cavalier.

— Pourquoi ne veux-tu pas danser? dit Mariette.

— Je suis trop triste.

— Ah! quand tu m'aimais, lui dit-elle, au Prado, tu ne parlais pas ainsi... Rappelle-toi tes cheveux coupés au Prado.

— Au Prado, dit Gérard, chacun danse à sa fantaisie; ici, tous ces messieurs me font l'effet de commis de magasin et de maîtres de danse.

— Je gage que Charles sera plus aimable, dit Mariette. Charles, voulez-vous me faire valser?

— Avec plaisir, dit celui-ci, qui prit Mariette par la taille et l'entraîna rapidement dans le tourbillon des valseurs, pendant que Gérard restait seul.

Cette dernière circonstance accrut encore sa mauvaise humeur; il bouda Mariette quand elle revint, et se promit de lui dire en chemin qu'il ne reviendrait plus au bal Mabille, parce qu'il se sentait jaloux des moindres paroles qu'on lui adressait. Mais Charles ne quitta pas Mariette à la sortie du bal, comme l'avait espéré Gérard, et sa mauvaise humeur s'en accrut. Il resta tout le long du chemin morne et la tête baissée, préparant un orage de raisons pour le moment où Mariette rentrerait chez elle.

On arriva au quais Malaquais, que Charles devait suivre pour s'en retourner dans le quartier de l'Hôtel-de-Ville; Gérard fut vivement étonné de voir le marchand de couleurs prendre le chemin de la rue des Marais.

Son espoir fut que Charles, aussitôt qu'on serait arrivé à la porte, s'éloignerait par discrétion et les laisserait ensemble quelques minutes; mais Charles continua à causer avec Mariette jusqu'à ce que la porte fût ouverte, et Gérard, que la présence d'un tiers gênait, s'en alla, pour la première fois, sans avoir embrassé son amie. Il dit brusquement bonsoir au marchand de couleurs et lui tourna le dos, car son chemin était de descendre la rue; mais à peine avait-il fait quelques pas, que Gérard tourna la tête par un mouvement instinctif dont il ne se rendit pas compte, et quoique la rue des Marais fût mal éclairée, il put s'apercevoir que Charles s'était arrêté également. Gérard fit encore quelques pas et s'embusqua dans une porte cochère; il y resta tapi cinq minutes et sortit tout à coup, mais il lui sembla que Charles avait fait le même manége de son côté.

— Il paraît qu'on m'espionne, dit Gérard en s'en retournant chez lui triste et découragé.

Le lendemain matin, il était chez Mariette, et lui demandait compte de la conduite de Charles.

— Pourquoi semblait-il attendre que je fusse parti?

— Tu te trompes, dit Mariette, tu auras pris quelqu'un pour lui.

— J'en suis sûr, dit Gérard. Est-ce que je gêne M. Charles?

— Tu vois des mystères là où il n'y a rien. Pourquoi Charles serait-il gêné par toi?

— Eh bien! dit Gérard, il me gêne, moi; il me semble qu'il aurait pu suivre son chemin, ne pas venir jusqu'à ta porte et m'empêcher de te parler.

— C'est-à-dire que tu étais sombre et que tu n'avais rien à dire que des paroles désagréables; comme je m'en doutais, j'ai prié Charles de m'accompagner jusqu'à ma porte.

— Et moi, dit Gérard, il ne me plaît plus de t'accompagner à Mabille.

— Qui est-ce qui t'y force?

Gérard rugissait et n'osait montrer sa colère; il sentait que sa liaison avec Mariette ne tenait qu'à un fil, et il craignait de voir ce fil se briser.

— Où est le temps, dit Gérard, où nous n'avions jamais de querelles, où nous vivions seuls, sans amis? Vois-tu, Mariette, que ce sont les amis qui nous séparent? C'est Ernest, c'est le baroque vieillard.

— Tu pourrais bien le nommer M. de Labouglise, dit Mariette en appuyant sur le titre.

— Aimerais-tu la noblesse, maintenant, toi qui me

disais combien tu étais heureuse de tourmenter, dans le temps, le comte Marie avec tes artistes?

— J'aime les gens comme il faut, dit Mariette.

— Et c'est pour cela que tu ne vois plus ton ami Thomas.

— Thomas, dit Mariette, est un paresseux : je lui commande de la peinture, et il ne travaille pas. J'ai besoin de tableaux dans mon salon, Thomas ne fait rien. Un jour, il est venu nous déranger pendant la séance avec M. de Labouglise, et il ne s'est pas gêné, il a fumé tout le temps. M. de Labouglise n'aime pas l'odeur du tabac.

— Hélas! Mariette, bientôt tu feindras de ne plus me reconnaître dans la rue.

— Au contraire, mais je voudrais te voir dans une toilette convenable : tes habits sont mal brossés. Si tu voulais te soigner, je t'aurais fait trouver avec M. de Labouglise.

— Dans quel but?

— Il a une galerie; il sait que tu aimes les arts, et il ne serait pas fâché de te la montrer. Veux-tu dîner avec moi aujourd'hui, ici? Viens à cinq heures, tu le rencontreras.

Pour échapper à une nouvelle discussion, Gérard promit de faire toilette, espérant plaire à Mariette. Il fut très-surpris de voir trois couverts sur la table; Mariette était seule, mais elle prévint Gérard que M. de Labouglise était allé commander le repas chez un pâtissier voisin.

— Comment, nous dînons tous les trois? s'écria Gérard.

— Ne te l'avais-je pas dit?

— Tu m'avais prévenu que je rencontrerais ici le vieillard...

— Encore! dit Mariette.

— Adieu, dit Gérard.

— Si tu t'en vas, Gérard, ce sera la dernière fois que nous nous rencontrerons.

Gérard resta; mais pendant le repas il ne quittait pas des yeux le vieillard, cherchant à saisir dans sa physionomie l'hallucination qui le poussait à gratter sans cesse des figurines antiques dans le dessein de les rendre parfaites. M. de Labouglise semblait intimidé de la présence de Gérard et absorbé par la conversation de Mariette. Au milieu du repas, Gérard, qui portait son verre à ses lèvres, devint pâle tout d'un coup en remarquant que le vieillard avait passé son bras autour de la taille de Mariette. Gérard lança un juron d'une voix pleine de rage, et frappa son verre plein avec une telle force sur la table, que les morceaux de verre éclatèrent; le vin coula sur la nappe, le vieillard s'affaissa sur sa chaise en dégageant son bras. Mariette se leva, et Gérard prit la fuite après avoir lancé un regard plein d'éclairs... Il renversa un fauteuil dans le salon et disparut, laissant Mariette pâle d'émotion.

— La malheureuse! s'écria-t-il dans l'escalier. Pourquoi n'ai-je pas jeté mon verre à la tête de ce vieillard? C'est lui qui aurait dû sortir.

Gérard grinçait des dents et se serait volontiers brisé la tête contre les murs.

— Et c'est pour assister à un tel spectacle qu'elle me fait appeler! se disait-il. Combien j'ai été lâche! C'est fini, je ne la reverrai plus jamais...

Le pauvre Gérard errait par les rues, aussi triste qu'un chien qui a perdu son maître. Machinalement il se dirigea vers l'atelier de Thomas, dans l'espoir de décharger son cœur; mais il se demanda s'il était bon de mettre à nu ses rages et ses blessures. Dans l'escalier, il chercha à se composer un masque calme, et il entra d'un air presque riant.

— Tu arrives à propos, dit Thomas, j'allais au bal.

— Je t'accompagne, dit Gérard, qui espérait oublier la scène qui venait de se passer.

— Je suis triste! s'écria Thomas.

— Moi aussi.

— Je ne vends pas ma peinture; j'ai fait un petit tableau très-réussi... Mariette l'aime beaucoup.

— Cependant elle se plaint de toi.

— C'est moi qui devrais me plaindre. Et que dit-elle?

— Que tu es paresseux.

— Je ne reconnais plus Mariette! la fortune la rend égoïste. Crois-tu qu'elle m'a offert de me faire faire un habit pour mon tableau?

— Comment, un habit?

— Oui, par un tailleur qu'elle connaît: je devrai lui donner le tableau que je viens de terminer, et, de plus, faire le portrait du tailleur.

— Quel commerce! s'écria Gérard.

— Je lui ai dit que je n'avais pas besoin d'habit. Elle prétend que je suis mal habillé et que cela m'empêche de vendre ma peinture. A cela j'ai répondu que j'avais absolument besoin de payer mon terme, et qu'on me mettra à la porte si je ne paye pas dans un mois; je désire tirer de l'argent de ce tableau : n'est-ce pas naturel? Malgré tout, le tailleur est venu chez moi; il voulait me prendre mesure de force, je l'ai mis à la porte.

— Je comprends maintenant, dit Gérard.

— C'est qu'elle voulait aussi un pendant à ce tableau, qu'elle m'aurait payé plus tard. Je ne connais pas de *plus tard*. Elle dit qu'elle est riche ; si elle veut de la peinture, qu'elle l'achète. Je lui en ai déjà assez donné... C'est une femme perdue par l'argent.

— Tu crois? dit Gérard.

— Oui, il n'y a plus de cœur...

Cette conversation faisait le plus grand mal à Gérard, qui aurait voulu entendre défendre Mariette, et qui se garda de raconter l'événement du dîner, craignant que Thomas n'en tirât des conclusions trop sévères.

— Je la regarde maintenant, dit Thomas, comme une femme qui n'aime plus que l'argent. Tiens, continua-t-il, vois cette créature qui danse d'une façon excentrique et que tout le monde admire ; voilà une femme qui est bien le type de ce monde-là. Elle danse et n'a pas même foi en la danse ; elle se donne beaucoup de mal, mais c'est un travail qu'elle accomplit actuellement, parce qu'elle sait qu'on la regarde et que la danse lui fera vendre sa nuit plus cher. Il me prend des envies de marcher sur ces créatures-là. Je leur pardonnerais si elles avaient le diable au corps, si elles apportaient quelque caprice dans leur danse, si elles ne jouaient pas un rôle en public ; mais à celles que tous ces jeunes gens admirent avec leur sottise et leurs mots appris, je préfère la dernière fille des rues : encore peut-on espérer de découvrir un coin naïf qui ait échappé à la corruption.

— Ah ! mon ami, Mariette n'en est pas encore là.

— Elle y arrivera, dit Thomas, qui enfonçait à chaque parole un poignard de plus dans le cœur de Gérard.

— Sortons d'ici ! s'écria Gérard. D'habitude le bal m'égaye, aujourd'hui il me semble que j'ai la jaunisse : le gaz ne brille pas, les femmes sont affreuses, les étudiants bêtes, et la musique joue faux.

Ils se promenèrent silencieusement sur le boulevard Montparnasse, dont le calme et l'obscurité convenaient à l'état d'esprit de Gérard. Après un assez long silence :

— Penses-tu quelquefois à la mort ? dit Gérard.

— Quand je suis heureux ; jamais quand je souffre.

— S'il n'y avait que le dernier moment, dit Gérard, qu'importe ! Mais c'est la fin qui est triste et déplaisante : penser que tous les gens qui vous regrettent vous auront oublié dès le lendemain ! S'en aller en se voyant fumer comme la mèche d'une chandelle, petit à petit, et avec plus de douleur qu'une chandelle !

— Est-ce l'inconnu qui te fait peur ? dit Thomas.

— Oh! l'inconnu, je ne m'en inquiète guère... je crois à un néant absolu. Nous servons à fumer les terres : voilà ce qu'il y a plus clair pour moi. Peut-être la mort ne fait-elle que nous agrandir! qui sait? J'ai toujours plaint les malheureux qui restent cloués six mois sur leur lit, parce qu'ils ont le temps de trop souffrir du corps et de l'esprit ; car leurs meilleurs amis s'habituent à leur mal, viennent souvent dans les commencements, puis moins souvent, enfin disparaissent tout d'un coup, et ne pensent plus à eux qu'en recevant un billet de faire part.

— Le malade s'en inquiète-t-il beaucoup? dit Thomas. Crois-tu que son mal ne l'occupe pas assez pour l'empêcher de faire des réflexions sur l'ingratitude?

— Ah! dit Gérard, le malade tient à la vie et aux habitudes de la société jusqu'au dernier moment. J'ai connu une femme charmante, distinguée, bonne et spirituelle, qui mourut jeune : ce sont toujours celles-là qui s'en vont les premières. Elle n'aimait plus son amant et son amant ne l'aimait plus ; elle ne devait donc pas craindre de lui laisser une mauvaise opinion d'elle. C'était une femme jeune encore et qui disait avoir vingt-huit ans. Cinq minutes avant de mourir, elle appela sa mère. J'étais là et je me retirai ; je croyais à des révélations au dernier moment, à des regrets, à un langage qui tient déjà de la parole du monde inconnu. Eh bien, son dernier mot fut de faire jurer à sa mère qu'on n'accuserait sur les billets de mort que vingt-huit ans. Elle en avait trente.

— Quelle coquetterie! dit Thomas.

— Je n'ose pas appeler cela de la coquetterie, car la femme n'était pas coquette pendant sa vie.

— Alors à quoi servait-il de mentir à son extrait de naissance?

— Je n'en sais rien, dit Gérard, et j'y ai pensé longuement sans pouvoir me rendre compte d'une telle fantaisie de mourante.

— C'est de la coquetterie, reprit Thomas.

— A qui voulait-elle plaire? Elle savait qu'elle allait mourir.

— Elle le disait et ne le croyait pas.

— Je te répète que je ne l'avais jamais connue coquette de son vivant.

— Alors la mort la rendait coquette. Il faudrait, dit Thomas, avoir longtemps étudié la mort dans les hôpitaux : comme on a beaucoup d'individus à observer, on recueillerait de précieuses observations sur les derniers moments des mourants... J'ai vu expirer un de mes meilleurs amis qui avait souffert longtemps, que la maladie avait aigri, et qui ne nous reconnaissait que pour se plaindre de nous. A sa dernière minute il dit : « Des femmes! des fleurs! » et il mourut. Peut-être entrevoyait-il comme un paradis; ainsi la mort faisait disparaître les amertumes de la vie, et il semblait entrer dans un chemin de roses. Pauvre garçon qui aurait eu beaucoup de talent s'il avait vécu.

— *S'il avait vécu!* dit Gérard. Les hommes de génie qui meurent jeunes ont presque toujours beaucoup produit; ils ont autant et plus travaillé en dix ans que d'autres en cinquante, et je suis persuadé que tout ce qu'ils avaient en eux d'intelligence, ils l'ont donné entièrement.

— J'aime mieux un fait, dit Thomas, que tes généralités. Par exemple, Hoffmann, que tu aimes tant, ne serais-tu pas heureux qu'il eût eu le temps de terminer les contes dont il ne reste que des plans?

— Certainement, dit Gérard, je serais heureux qu'Hoffmann eût vécu plus longtemps; mais, le fait existant, sa mort prématurée, je dis qu'il a donné tout ce qu'il pouvait donner. Il y a une loi mystérieuse, fatalité ou Providence, qui règle le sort des hommes: ils doivent mourir tel jour et rien ne les empêchera de mourir à l'heure fixée. S'ils doivent mourir tel jour, c'est qu'ils ont accompli leur mission sur la terre.

— Est-ce parce qu'ils sont usés, dit Thomas, qu'ils s'en vont?

— Je le crois.

— Mais pourquoi tant de vieillards, qui ne voient, ni n'entendent, ni ne pensent, restent-ils cloués sur leur fauteuil avec autant de vie qu'une momie?

— Ah! je n'en sais rien, dit Gérard, que la moindre objection dans la discussion renversait.

— Tu parlais de mission sur la terre; qu'est-ce qu'y viennent faire les voleurs, les assassins, les forçats et les gens irritants, dont le nombre est grand et qui séjournent trop longtemps dans la vie?

— Je n'aime pas à discuter, dit Gérard.

— C'est bientôt dit; mais je ne te conseille pas d'aborder ainsi une thèse si grave, pour la laisser en l'air, car il se trouvera un homme de bon sens qui se moquera de toi et fera rire le monde à tes dépens.

Cette conversation à bâtons rompus avait chassé momentanément l'image de Mariette de l'esprit de Gérard ; mais, quand il se retrouva seul dans sa chambre, il se rappela les cruelles réflexions de Thomas et le jugement brutal qu'il portait sur l'avenir de Mariette.

— Elle n'est pas ainsi, se dit-il ; ou Thomas ne la connaît pas, ou il est toujours animé contre elle d'un certain dépit qui la lui montre sous un jour défavorable. Non, Mariette n'est pas de ces créatures froides qui ne s'émeuvent qu'au son de l'argent. Thomas a peut-être été froissé dans son amour-propre de ce qu'elle ne lui a pas offert la valeur de ses tableaux ; mais c'est déjà bien à Mariette de s'occuper de peinture, quand tant de femmes ne songent qu'à leur toilette.

A force de raisonnements, il se rendit compte de la conduite de M. de Labouglise, et il se blâmait d'avoir fait une scène si violente sans preuves ; maintenant il n'oserait plus reparaître devant Mariette après un tel scandale. Gérard s'endormit avec la pensée que Mariette reviendrait le lendemain matin ; mais le lendemain Mariette ne vint pas, ni le surlendemain, ni le jour d'après. « Elle est fâchée, » se dit Gérard. Et quoiqu'il se donnât tort, il avait assez de fierté pour ne pas retourner à la rue des Marais.

Le quatrième jour, il reçut une lettre de sa mère malade, qui laissait entrevoir qu'elle attendait la mort avec résignation. Après avoir lu cette lettre, Gérard courut chez Mariette. Il trouva la sœur en train de mettre le couvert.

— Où est Mariette? demanda-t-il d'un tel son de voix qu'Antoinette en tressaillit.

— Dans sa chambre, dit sa sœur.

Gérard ouvrit la porte. Mariette était occupée à faire sa toilette.

— Ah! mon amie, s'écria-t-il, si tu savais!

Une telle émotion causée par la nouvelle de la maladie de sa mère était peinte sur les traits de Gérard, que Mariette crut que sa pâleur venait uniquement de leur séparation. Gérard lut la lettre de sa mère en pleurant, et Mariette essuyait avec ses lèvres les larmes de Gérard.

— Je vais partir ce soir, dit-il. Qui sait si nous nous reverrons?

— Oh! oui, nous nous reverrons... console-toi, mon ami! Tu vas dîner avec moi; ensuite j'irai te conduire à la diligence.

— Que tu es bonne! dit Gérard, qui oubliait en une heure tout ce qui s'était passé depuis un mois.

En chemin, Mariette dit à Gérard :

— As-tu de l'argent pour partir?

— Oui, dit-il, assez pour faire la route.

— Et comment feras-tu pour revenir?

— Je n'en sais rien.

— Si tu étais embarrassé, n'hésite pas à m'écrire, dit Mariette.

— Oh! s'écria Gérard, tu es trop bonne, Mariette.

— Si tu ne trouvais pas d'argent? si tu ne revenais pas?

— Je reviendrai bien vite, va.

— Je ne veux pas qu'un peu d'argent retarde là-bas mon petit homme.

— Tu m'aimes donc encore?

— Plus que tu ne mérites... Ah! tu m'en as fait avoir des scènes!

— Pourquoi?

— Il demande pourquoi! Il se fâche parce que M. de Labouglise m'a pris la taille.

— Il ne doit pas te prendre la taille, dit Gérard.

— Peux-tu être jaloux d'un homme qui serait mon père, et m'embrasse sur le front quand il arrive? Tu es bien méchant, et je ne sais ce qui me fait aimer un homme comme toi.

Les deux amants étaient arrivés dans la cour des messageries.

— Voici des gens de mon pays, dit Gérard; ils diront qu'ils m'ont rencontré avec une femme.

— Je me sauve alors, dit Mariette.

— Reste, mon amie; qu'ils disent ce qu'ils voudront : je t'aime et je ne connais plus rien au monde.

— Adieu donc, à bientôt, dit Mariette en embrassant Gérard, et surtout ne manque pas de m'écrire aussitôt que tu seras arrivé.

Gérard rêva en voiture aux événements qui venaient de se passer. Mariette était à ses yeux toujours la même. La fortune ne l'avait pas changée, elle n'avait changé que ses robes; Thomas était un esprit soupçonneux qui ne voyait que l'envers du bien. Gérard eût voulu que le peintre assistât à la scène d'adieu des Messageries, ou plutôt à la scène de réconciliation. Comme Mariette était entrée dans le chagrin de son ami! Comme elle avait oublié la scène désagréable qui s'était passée entre Gérard et le vieillard maniaque!

Jamais Gérard ne retrouverait de femme pareille : c'était ce qui faisait la force de son attachement. Des femmes, il n'en manque point; mais avoir trouvé une maîtresse jeune et belle, pleine de sentiments délicats, qui avait traversé la vie difficile de Paris en gardant une sorte de naïveté, voilà ce qui rendait Gérard plus heureux que d'avoir déterré un trésor.

XIX

AMOURS ÉTEINTES

La mère de Gérard était en convalescence quand il arriva : il ne resta que quatre jours, trouvant le temps long, la ville triste, et les habitants plus maussades que jamais. Ne sachant comment occuper ces longues journées de province, il mit en ordre quelques notes en mémoire du chat, dont le souvenir ne le quittait pas.

« 15 *juin* 184... — Moi qu'on dit rêveur, observateur et paresseux, jamais je n'atteindrai aux rêves, à l'observation et à la paresse du petit chat. Il s'intéresse extraordinairement aux suites de la fumée de tabac. « Où va-t-elle ? » se dit-il en interrogeant le plafond qui la dévore. Et son nez rose et velouté se dresse, fouillant les tourbillons nuageux qui sortent en flocons de la pipe.

« Ses observations commencèrent à l'âge de cinq

mois ; il était trop jeune, quand Thomas l'enleva à l'épicier brutal, pour se mêler des choses de la vie pratique. Avait-il enfin découvert, à force de réflexions, où va la fumée ? Je ne sais. Les chats ne communiquent pas facilement leurs impressions. Quelle supériorité les sépare du chien, cet animal tapageur qui ne sait pas garder le fruit de ses observations pour s'en récréer silencieusement !

« *2 juillet* 184... — Le chat me coûte cher, autant qu'une blanchisseuse de fin. Je ne parle pas de sa nourriture, car à tout être vivant il faut un *minimum*. Une jatte de lait le matin, du mou pour la journée, ne sont pas la ruine d'une maison, et je ne me plains pas de la cherté du foie qu'on lui sert aux jours de fêtes carillonnées ; mais le petit chat jouit d'un organe exquis qui a ses désagréments. Quand il entend des sonneries extraordinaires au vieux clocher de Saint-Germain-des-Prés, il croit que c'est jour de fête et rien ne l'en ferait démordre.

« Pour un mariage ou un enterrement de première classe, les sonneurs mettent tout en branle. Le petit chat ne comprend pas ou fait semblant de ne pas comprendre que les joies et les douleurs particulières ne me regardent pas : on a carillonné, il faut du foie.

« *10 février* 184... — Nous avons passé une bonne soirée avec un ami qui partage mes idées en art. Il est si rare de rencontrer un tempérament parallèle au sien, qu'il ne faut jamais s'en séparer. Mon ami a étudié longuement les chats ; il les arrête dans la rue, entre dans les boutiques où les chats méditent accroupis sur le comptoir, les caresse et les magnétise de son regard.

« Il faisait froid ce soir-là ; le petit chat sommeillait sur l'épaule de Mariette ; de temps à autre il clignait des yeux pour regarder le charbon de terre enflammé. Depuis quelques minutes nous ne parlions pas. « Si le chat meurt un jour, dit mon ami, il ne « faudra pas l'empailler. »

« Ce mot me fit frémir. Le chat lui-même, si calme, jeta un regard de travers sur le sinistre pronostiqueur, qui, ne s'inquiétant guère de la prédiction : « Voulez-vous, dit-il, écouter ce sonnet sur les chats :

« Les amoureux fervents et les savants austères
« Aiment également, dans leur mûre saison,
« Les chats puissants et doux, orgueil de la maison,
« Qui comme eux sont frileux, et comme eux sédentaires.

« Amis de la science et de la volupté,
« Ils cherchent le silence et l'horreur des ténèbres ;
« L'Érèbe les eût pris pour des coursiers funèbres,
« S'ils pouvaient au servage incliner leur fierté.

« Ils prennent en songeant les nobles attitudes
« Des grands sphinx allongés au fond des solitudes,
« Qui semblent s'endormir dans un rêve sans fin.

« Leurs reins féconds sont pleins d'étincelles magiques ;
« Et des parcelles d'or, ainsi qu'un sable fin,
« Étoilent vaguement leurs prunelles mystiques.

« Le petit chat avait écouté le sonnet avec une attention soutenue ; il quitta le dos de sa maîtresse et daigna complimenter l'auteur en sautant sur ses genoux.

« 10 *mars* 184... — Je n'ai jamais eu d'excessives sympathies pour l'homme si bien vu des professeurs de littérature, M. de Buffon ; sa phrase pompeuse, calculée, harmonieuse, qui a du nombre, ne me plaît pas. Je lisais ce qu'il avait écrit sur la race féline. Le petit chat s'est assis, pendant que je feuilletais le volume, sur le coin de mon bureau, avec une mine refrognée, faisant semblant de dormir ; mais à travers ses longs cils brillait l'émeraude de ses yeux : le sournois se doutait des accusations répandues dans le livre contre sa race.

« Sous prétexte de grimper sur la fenêtre, il sauta dans l'encrier et éclaboussa de la façon la plus noire les œuvres de M. de Buffon ; preuve de perfidie calculée, car jamais le petit chat ne fut maladroit de sa vie. On frappe à la porte, je cours ouvrir. Pendant ce temps, le petit chat souillait le Buffon de telle sorte que la plume se révolte à rendre compte de cette polissonnerie. Cependant le petit chat est bien élevé, de mœurs convenables. Quelle intelligence et quel raffinement de vengeance !

« 20 *avril* 184... — Les Parisiens, qui ne reculent devant aucun crime pour satisfaire leurs jouissances, emploient à l'égard des chats le procédé suivi en Espagne pour les porcs, en Italie pour les chanteurs, au Mans pour les poulets ; procédé barbare, qui conserve la voix aux hommes et donne la tranquillité aux animaux, mais qui tranche brutalement la racine des passions.

« Cette coutume atteint les chats quelques mois après leur naissance; elle n'est que faiblement justifiée par la petitesse des appartements, l'absence de greniers et de caves. On veut un chat pour soi, un chat domestique, calme et sérieux. Mais pour lui, plus de gouttières!

« La portière, un jour, me dit :

« — Prenez garde à l'âge de votre chat, monsieur, il n'est que temps.

« Ces quelques mots me reportèrent à mes années d'enfance dans ma petite ville, un soir que je lisais dans ma chambre. Des cris perçants se firent entendre; la porte était ouverte : trois ombres, noires et longues, filent rapides comme l'éclair, sautent après les rideaux du lit, retombent sur la cheminée, grimpent sur la pendule et disparaissent aussi vite qu'elles sont entrées! Ces trois longues ombres noires, passant comme le vent, étaient trois chats que le délire de l'amour emportait. Ils laissaient après eux une insupportable traînée d'odeurs malfaisantes. Combien sont sérieuses les amours de ces animaux! Souvent un couple entrelacé tombe d'une gouttière et roule de toits en toits jusqu'à ce que mort s'ensuive. Une belle mort! Mais cela se passe dans de raisonnables provinces qui ne condamnent pas les chattes au triste sort d'Héloïse.

« Les mots de la portière avaient porté fruit; en

passant sur le pont Neuf, j'étudiai les boutiques de décrotteurs, et surtout la petite peinture qui orne leurs boîtes, où sont représentés, pleins de curiosité l'un pour l'autre, un caniche tondu et un chat d'une tonsure secrète. Et à chaque traversée du pont Neuf mon cœur disait : « Non ! »

« Le chat avait atteint ses six mois, époque fatale ; au milieu d'oscillations et de balancements sans nombre, la nature me criait : « Laisse croître en paix le « chat ; laisse-le parler d'amour à ses sœurs. Ne fais « pas aux autres... »

« La nature avait raison ; je pensais que deux petites flûtes qui jouent l'ouverture de *Robert le Diable* contrarieraient Meyerbeer, et que rien ne m'était plus désagréable que les sapins du château de Versailles taillés en pains de sucre. Mais je craignais les odeurs pestilentielles que le chat apporterait dans la chambre aussitôt qu'il se sentirait nubile.

« Mariette prétendait que les femmes du pont Neuf étaient très-adroites : en un clin d'œil tout était fait ; le poëte des chats rêvait de le voir assis sur la cheminée avec la mine grave d'un bailli qui complimente. Enfin, un mercredi, la femme du pont Neuf fut commandée. Le petit chat était sur le lit ; en attendant l'heure du déjeuner, il étudiait avec un intérêt marqué une hirondelle qui avait établi son nid dans un mur en face de la fenêtre.

« L'hirondelle est libre ; elle a su inspirer du respect aux chasseurs. L'hirondelle échappe aux opérations du pont Neuf.

« La femme prit le chat dans ses bras ; je l'embrassai le cœur tiré à quatre chevaux. Les chats, qu'on accuse d'être rusés, sont pleins de naïveté ; l'animal, confiant dans mes bons procédés, marchait au supplice avec autant de joie que s'il eût vu une paire de souris. Je fermai les portes, espérant échapper aux douleurs de l'opération. Je souffrais mille morts ; j'étais comme ces gens nerveux à une clinique, qui ressentent toutes les douleurs de l'opéré. Je sentais le fer froid des ciseaux, je frissonnais.

« La femme entra.

« — Et le chat ? m'écriai-je.

« — Il n'a pas soufflé mot.

« En même temps le chat entrait en courant ; il sauta d'un bond sur le lit ; il n'avait pas conscience du trésor dont on l'avait dépouillé. On m'a expliqué depuis qu'on mettait l'animal la tête dans un sac, afin qu'il ne vît pas les apprêts du supplice. Cela, je le comprends. Mais on ne m'a pas expliqué pourquoi mon chat, qui devait devenir sérieux, grave, et prendre les attitudes contemplatives, était devenu plus fou que jamais.

« *13 septembre* 184... — Depuis quinze jours, le petit chat tournait en langueur. Il y a deux mots qui m'ont toujours ému. *Pauvre Yorick !* Chaque lettre est une larme douce. Ces deux mots sont forgés d'une douleur mystérieuse. Le petit chat est maintenant gravé dans mon cœur en caractères plus mélancoliques que

Pauvre Yorick! Il a tant souffert! je l'avais connu si gai, si spirituel! Il était tout à la fois méchant et doux comme Henri Heine, et il devait être plus fort en philosophie.

« Quel martyre! Il s'est allongé huit jours, sans bouger. Le lit était trop doux, le chat s'est traîné sur le carreau ; son corps devait brûler au dedans, et pas une plainte! Quand je parlais, le pauvre animal essayait encore de me répondre avec son ronron éteint. Il traîna son ventre dans l'eau. Implacables douleurs! Il y resta toute la nuit. Je l'ai caressé sur la tête, il aimait à être gratté près des oreilles, et il n'a pas répondu!

« Je rentre un soir dans la maison qui fut si gaie avec le petit chat ; il a tourné vers moi ses grands yeux verts affaiblis, qui cherchent encore à me caresser le cœur comme autrefois il me caressait les jambes à mon arrivée. Le lendemain matin, je suis réveillé par deux cris, deux notes de flûte qui s'échapperaient d'un crêpe noir! »

Gérard partit après avoir écrit à Mariette qu'il la priait de l'attendre chez lui à onze heures du soir, qu'il voulait la voir en arrivant ; mais il fut très-surpris de ne pas trouver la clef de sa chambre chez le concierge. Mariette était venue la veille et l'avait emportée. Gérard se rendit à la rue des Marais, pensant que Mariette désirait le voir arriver chez elle.

Il sonna plusieurs fois sans réponse ; cependant un pas lent lui annonça que quelqu'un avait entendu de l'intérieur. C'était la mère de Mariette, qui demanda :

Qui est là ? A quoi Gérard, étonné, répondit : *C'est moi !* ne comprenant pas pourquoi la mère infirme demeurait maintenant avec sa fille. La porte ne s'ouvrit qu'après que Gérard eut crié son nom, et il se précipita dans la chambre en demandant où était Mariette.

— Je ne sais, dit la mère.

— Je voudrais voir clair, dit Gérard, qui avait été reçu sans lumière par la mère aveugle.

Celle-ci grommela et indiqua des allumettes dans la cuisine. Gérard alluma une bougie, pendant que la mère de Mariette continuait à gronder sourdement.

— Pourquoi Mariette a-t-elle emporté ma clef ? dit Gérard à la mère, cherchant ainsi à lui expliquer sa présence.

Mais elle ne répondit pas.

Une demi-heure après, Mariette rentra, belle et parée, avec d'énormes bouquets de fleurs dans les bras.

— Ah ! te voilà, dit-elle froidement.

— C'est ainsi que tu me reçois ? s'écria Gérard.

— Je ne t'attendais pas aujourd'hui.

— Je te l'ai écrit.

— Je l'avais oublié, ainsi que ta clef.

— Quels beaux bouquets tu as là !

— N'est-ce pas ? Oh ! j'ai eu un succès fou à Mabille ; j'aurais pu rapporter une voiture de bouquets... On voulait me porter en triomphe... Tiens, regarde mes jolis souliers !

— Est-ce la mode de mettre des talons rouges ?

— Il n'y a que moi, dit Mariette ; tout le monde me regardait ; j'ai presque failli être enlevée. Sans Ernest...

— Ernest! s'écria Gérard.

— Je l'ai rencontré au bal, et il m'a servi de cavalier.

— Ah !... vraiment?...

— Qu'est-ce qui te prend? dit Mariette.

— Rien, dit Gérard.

— Je vais mettre mes fleurs dans l'eau, dit Mariette en passant dans sa chambre à coucher.

Gérard la suivit.

— Tu ne m'embrasses pas? dit-il.

— Ne vois-tu pas que j'ai les mains embarrassées.

— Tu aurais pu poser tes fleurs depuis que tu es entrée.

— D'ailleurs, dit-elle, c'est à toi à m'embrasser. Quand on arrive de voyage...

— Tu me reçois si froidement que je suis tout interdit et que je ne sais si mon arrivée te fait plaisir.

— Voilà encore tes lubies qui te reprennent! Est-ce que les gens de ton pays sont comme toi?

Gérard était assis sur une chaise, triste et pensif.

— Il est tard, dit Mariette, je vais me déshabiller.

D'habitude Mariette faisait sa toilette de nuit sans l'annoncer. Gérard soupçonna un avertissement dans cette phrase.

— Voilà ta clef, dit-elle ; si j'avais prévu ton arrivée aujourd'hui, je l'aurais laissée.

— Et je ne t'aurais pas vue ! s'écria Gérard ; est-ce ainsi que tu fais attention à ce que je t'écris ?

— Puisque j'avais ta clef, je savais bien que je te verrais, dit Mariette. Ah ! que j'ai envie de dormir !

— Tu me renvoies ?

— Comment ! dit-elle, tu penses à rester ici ?

— Il est minuit et demi...

— Ton portier t'ouvrira !

— Je suis fatigué, dit Gérard.

— Tu n'as qu'une rue à traverser.

— Je ne m'attendais guère à une pareille réception ! Moi qui me dépêche de revenir !

— Tu dois comprendre, Gérard, que ma mère loge avec moi, et qu'il n'est pas convenable...

— Il y a deux chambres qui nous séparent.

— C'est égal, ma mère ne sait rien... Tiens, je l'entends se plaindre, je vais voir ce qu'elle veut.

Mariette revint un instant après.

— Je m'en vais, dit-elle, enlever un matelas de mon lit ; j'ai des draps blancs, tu coucheras dans la salle à manger.

— Je veux bien, dit Gérard.

— Mais, aide-moi !

L'action de faire le lit avait un peu réveillé Mariette, qui oublia que le lit de sa chambre était meilleur que le lit improvisé. Au petit jour seulement elle s'éveilla, et fit lever Gérard, qui croyait avoir assisté à un rêve en se retrouvant dans une chambre où il n'avait pas eu encore l'occasion de venir. Mariette prépara le déjeuner en toute hâte, et demanda à Gérard de la conduire respirer l'air du matin. En passant sur le quai, Gérard sentit Mariette tressaillir. Il se retourna pour voir ce qui avait pu causer sa frayeur : un jeune homme s'éloignait rapidement en sens contraire.

— Mais c'est Ernest! dit Gérard... Par quel hasard se trouve-t-il si matin sur le quai ?

— Je n'en sais rien, dit Mariette; mais j'ai eu peur. Je crois qu'il me suit...

— Il s'en va d'un autre côté.

— Oui, parce que tu es avec moi; mais il me guette, car je le rencontre partout sur mon passage.

— Je n'ai pas vu ta sœur? dit Gérard.

— Elle est partie pour Lyon.

— Ah! s'écria d'un ton joyeux Gérard.

— C'est à cause de son départ que j'ai pris ma mère avec moi.

— Je m'en vais te quitter, dit Gérard; je ne peux traverser les ponts, il faut que j'aille mettre un peu d'ordre dans mon logement. Quand te reverrai-je maintenant?

— Demain, à deux heures, dit Mariette, chez moi.

Gérard revint à son logement le cœur gai : chaque rencontre avec Mariette lui rendait l'esprit joyeux pour une journée ; d'ailleurs l'annonce du départ d'Antoinette eût suffi à le mettre en fête. En amour, Gérard était jaloux même de l'amitié d'une femme; il ne comprenait pas que les mille petits secrets de sa maîtresse pussent être confiés à un autre qu'à lui. Indépendamment des rapports intimes qui existent naturellement entre sœurs, Gérard avait toujours regardé Antoinette comme une ennemie, celle qui avait porté le premier coup de pioche dans les fondements de son bonheur, et jamais il ne put revenir de cette prévention.

Antoinette était coquette, quoique sans charmes ; elle jalousait les toilettes de sa sœur et la poussait en même temps à un luxe sur lequel elle savait prélever sa part. Ce n'était pas la mère de Mariette qui pouvait accroître singulièrement les dépenses : ses habits étaient toujours les mêmes. Elle quittait rarement sa chaise ; avec un peu de tabac à priser on satisfaisait ses désirs.

Débarrassée de sa sœur et de ses mauvais conseils, Mariette reviendrait à la vie simple et douce qui rendait si heureux Gérard dans la rue Saint-Benoît. Les beaux meubles de la rue des Marais auraient bien vite fatigué Mariette ; le goût des toilettes ne durerait pas plus longtemps que l'été.

Une fois que Mabille aurait eu connaissance des cinq ou six robes neuves, des châles de Mariette, Mabille perdrait son charme à ses yeux. Mariette ne voudrait plus de ses nouveaux appartements, trop grands pour elle ; la vie séparée lui coûterait.

Mariette reviendrait elle-même rue Saint-Benoît ; le logement était petit, mais il serait facile de trouver une habitation un peu plus grande, dans laquelle la mère aveugle aurait une chambre écartée ! Alors reviendraient les longues soirées d'hiver, les conversations avec Thomas. On élèverait cette fois avec plus de prudence un nouveau chat à qui on donnerait moins de viande à manger, car c'était peut-être la viande qui l'avait tué.

Gérard ne vécut que de semblables rêveries jusqu'au lendemain, jour de son rendez-vous avec Mariette. Exact à deux heures de l'après-midi, il allait sonner, ne trouvant pas la clef à la porte, lorsque la mère de Mariette l'ouvrit tout à coup.

Gérard entra sans lui parler et frappa à la porte de la chambre à coucher de Mariette, fort étonné de ne trouver de clef à aucune serrure. Gérard devint pâle en se voyant reçu par Ernest. L'avocat était seul, étendu sur un divan et crotté comme un homme qui revient de la chasse. Son carnier était sur une chaise.

— Est-ce que Mariette n'est pas ici? demanda Gérard après quelques minutes d'hésitation, car un moment il crut que sa langue était paralysée.

— Pardonnez, monsieur, elle va venir.

Gérard restait debout, pétrifié, n'ayant pas eu le temps de réfléchir, tant il avait été bouleversé en entrant. Il ne voyait pas, n'entendait pas, ne raisonnait pas, lorsque Mariette entra sans paraître déconcertée.

— Vous voilà, Gérard? dit-elle.

Gérard tomba plutôt qu'il ne s'assit sur une chaise. Il y a des moments où l'émotion est si grande, qu'on est incapable de sentir le malheur qui vous arrive, de l'analyser, et même de s'en souvenir. On sait qu'un grand malheur est arrivé, et on ne se rappelle pas les impressions du moment. Gérard était dans cet état de torpeur et d'affaissement. Sa figure pouvait exprimer la colère, le désespoir, la haine, la vengeance ; il ne le savait pas, et ne cherchait pas à se rendre maître de ses traits. Il entendait qu'on lui parlait, et n'avait pas la force de répondre ; il distinguait encore une voix d'homme et de femme, mais il était incapable d'y prêter attention. Dans cet état, Gérard aurait appris la nouvelle de la mort de sa mère, qu'il serait resté indifférent.

Il était pris d'un abattement sourd, analogue à ce qui se passe à l'abattoir dans le crâne d'un bœuf, quand il a reçu les premiers coups de massue. Cependant l'état de Gérard n'était pas pénible, il ne souffrait pas ; l'intelligence avait disparu et laissait les sens inertes et sans action.

Quand il revint à lui, Gérard, honteux de son absence, releva la tête et aperçut Mariette, assise dans son fauteuil, un bras sur l'oreiller du divan, autour de la tête d'Ernest.

— Êtes-vous souffrant ? demanda Mariette... Avez-vous besoin de quelque chose ?

— Non, dit Gérard, je rêvais...

Et, sans réfléchir à ses paroles, parlant comme pour s'assurer qu'il le pouvait encore, il dit mille choses d'une extravagance froide : entre autres, qu'il se disposait à entrer dans un séminaire de province, que les arts le fatiguaient, et qu'il allait se mortifier par la retraite. Après quoi, il sortit, laissant Mariette et Ernest se demander s'il n'avait pas perdu la raison.

Ce n'étaient pas des larmes qu'il répandait en revenant chez lui ; la raison froide et cruelle s'empara de son esprit. Pendant deux jours il répéta : *Tout est fini !* d'une parole brève. Il ne mangea ni ne sortit pendant deux jours, ayant encore un reste d'espérance et désirant atténuer la perfidie de Mariette.

Gérard ne pouvait comprendre que Mariette lui eût donné rendez-vous et qu'il eût trouvé l'avocat. Mariette avait-elle voulu se donner le cruel plaisir de l'humilier en le faisant se trouver face à face avec un rival préféré, avec celui qui l'avait insulté grièvement à Asnières ?

Par cette rencontre, Mariette voulait-elle rompre brutalement avec Gérard ?

Tels étaient les motifs qui plaidaient contre Mariette. A sa décharge venaient les raisonnements suivants : Mariette trompait Gérard et revoyait Ernest. Elle n'avait pas échappé à ses poursuites actives, elle avait cédé. L'avocat était revenu comme à l'improviste de la chasse et avait forcé Mariette à rester chez elle, se doutant qu'on le trompait. L'absence des clefs sur les portes prouvait certainement que Gérard ne devait pas être reçu, et qu'une maladresse de la mère lui avait seule permis d'arriver jusqu'à la chambre de Mariette.

Mais ces plaidoyers pour et contre n'amenaient pas la lumière dans l'esprit de Gérard, qui n'avait pas le courage de se séparer de Mariette sans avoir avec elle une dernière entrevue. Ne la voyant pas revenir, au bout de deux jours, lui apporter quelques explications qu'il ne demandait pas mieux que de croire sincères,

Gérard réfléchit s'il retournerait à la rue des Marais, s'il guetterait Mariette à la sortie, ou s'il lui écrirait.

Retourner chez Mariette, c'était s'exposer à rencontrer de nouveau Ernest ou M. de Labouglise. Gérard ne craignait pas le danger ; il ne craignait que ses violences, dont il n'était plus maître dans la colère. Attendre Mariette au coin de sa porte était un sot métier.

C'est dans les heures d'attente, au froid, au soleil, à la pluie, au vent, que l'homme devient méchant et irritable et qu'il est impossible de raisonner avec une femme. Gérard prit le parti d'écrire un billet par lequel il priait Mariette de venir le voir une fois encore, étant fort malade.

Mariette vint le lendemain, et trouva Gérard fatigué et pâli par les mauvaises nuits qu'il passait depuis cette dernière rupture. En voyant la femme qu'il avait tant aimée, Gérard sentit le froid pénétrer dans son cœur, car la figure de Mariette était glaciale et ses yeux muets. Cependant, il tenta de souffler sur le dernier tison de son amour.

— Mon cher, dit Mariette, c'est bien fini.

— Ah ! dit Gérard. Et tu crois qu'il me suffit de t'entendre parler avec une voix froide ; tu crois que je vis avec toi depuis deux ans pour être brisé tout d'un coup, sans pitié, et tu oses me le dire en face !... Moi, je t'aime encore, je te veux sans partage ; tu me dirais aujourd'hui, comme tu me l'as dit : « J'aime Ernest et je t'aime aussi, » cela ne me conviendrait plus. Ceux qui habituent leur conscience à ne pas être souillée d'aimer une femme entretenue, ceux-là se voient tous les jours ; ils ont rencontré la femme ainsi protégée par un être répulsif, un vieillard, et ils s'arrangent à donner leur cœur tandis que l'autre donne son argent. Toi, Mariette, tu es venue à moi, seule ; je ne t'ai pas demandé compte de ton passé, pourvu que l'avenir fût bon, et, depuis trois mois, tu me permets encore de grappiller, comme les pauvres qu'on laisse aller à la vigne après que les vignerons ont fait la vendange. Je t'aime encore, mais c'est infâme et j'en rougis. Tu es perdue, corrompue, et je t'aime, je t'aimerai toujours. Eh bien, je ne veux plus que tu sois à un autre qu'à moi... »

En parlant ainsi, en criant des mots sans suite, Gérard courut après Mariette, qui venait de se sauver dans la chambre du fond, prévoyant le danger qui la menaçait.

— Grâce! dit-elle en s'agenouillant près du lit ; grâce! Gérard, mon ami!

Mais Gérard n'écoutait plus les supplications.

— Je te tuerai ! s'écria-t-il.

Il ne se connaissait plus.

Heureusement, Mariette, dans un suprême effort, se releva, traversa la chambre à coucher, renversa une chaise qui lui permit de gagner l'escalier en poussant de tels cris que Gérard n'osa la poursuivre. Quelques minutes après, épouvanté de ce qui venait de se passer, Gérard descendit aussi pour rafraîchir sa tête brûlante à l'air, et il aperçut Mariette étendue sur le lit de la portière. Il entra et lui prit les mains.

— Mon amie, dit-il, je t'aime, pardonne-moi !

— Laissez-la, monsieur, dit la portière, elle est malade.

— Vous me faites horreur ! dit Mariette, je ne puis plus vous voir.

Gérard s'enfuit en maudissant l'heure où il avait rencontré Mariette pour la première fois. Tout en marchant à grands pas, il cherchait à se justifier en reconnaissant sa faute. « Lâcheté pour lâcheté, pensait-il, il vaut mieux avoir fini ainsi que de continuer ces affreuses relations que je ne pouvais briser. Maintenant, le charme est rompu ; elle ne reviendra plus, et je n'aurai plus la faiblesse de chercher à la revoir. »

XX

PAULINE REPARAIT

Pendant huit jours, Gérard resta plein de remords, cherchant à chasser le souvenir de Mariette et n'y pouvant réussir ; il avait rencontré Thomas et le fuyait, craignant que le peintre n'eût appris ce qui s'était passé. Il avait peur de se trouver avec un de ses anciens amis, et de s'entendre demander des nouvelles de Mariette. Gérard marchait plié en deux et semblait avoir vieilli de dix ans en un jour; il mettait ses habits sans les brosser, n'ayant plus de courage à rien.

Le temps, qui était très-beau à cette époque, lui paraissait plus sombre qu'en hiver par un ciel neigeux. Gérard ne rentrait dans sa chambre qu'avec rage et se levait de grand matin, afin d'échapper aux souvenirs qui l'emplissaient. La scène avait eu lieu dans la chambre à coucher, près du lit : il n'entra plus dans cette pièce et transporta sa couchette dans la pièce précédente.

Une après-midi, il revenait chez lui par les quais : l'image de Mariette se présenta à Gérard plus saisissante et plus douce que jamais. « Si elle avait oublié ma brutalité ! pensait-il ; si elle se disait que mon amour seul m'a conduit à un pareil acte de violence ! Elle est bien revenue après la scène d'Asnières, pourquoi ne reviendrait-elle pas aujourd'hui qu'elle a pu oublier ce qui s'est passé il y a huit jours ? »

De là, Gérard conclut que Mariette était peut-être entrée pendant ses absences et qu'elle avait défendu à la portière de le lui dire. D'ailleurs, après qu'il eut vu Mariette étendue défaillante sur le lit, il passa rapidement dès lors devant la loge, sans parler à la portière, craignant qu'un mot ne vînt faire allusion à l'aventure. Plein de l'idée que Mariette pouvait être revenue, Gérard se sentit renaître à la vie ; il marcha rapidement et arriva à la porte de la rue.

Mariette était dans le corridor ! Gérard tressaillit et n'osa parler le premier à la femme qu'il avait tant aimée. Ému de ce courant magnétique qui l'avait fait rentrer, il monta rapidement l'escalier et laissa sa porte ouverte, persuadé que Mariette, n'ayant osé s'expliquer sur le pas de la porte, allait monter. Cinq minutes s'écoulèrent, longues et sans fin, pendant lesquelles Gérard passa par tous les degrés d'une émotion inquiète.

Mariette ne venait pas !

Gérard ouvrit la porte doucement et regarda avec précaution par la cage de l'escalier en spirale, qui permettait de suivre, malgré un jour douteux, les démarches d'une personne qui monterait au premier étage ; mais il ne vit rien. Il descendit lentement un étage, avec la précaution d'un voleur, car il craignait, au cas où Mariette monterait, qu'elle ne s'aperçût combien il la cherchait ; et il fit encore quelques pas en se tenant dans l'obscurité.

Gérard avait un suprême orgueil, mélangé de timidité, qui l'empêchait dans n'importe quelle situation de faire les premières avances ; jamais il n'avait dit à une femme : « Je vous aime, » avant d'avoir la certitude de n'être pas repoussé. Dans les mille petites brouilles d'intérieur, il restait muet jusqu'à ce que Mariette se jetât à son cou en signe de réconciliation. Aussi, quoiqu'il eût ressenti une vive émotion en rencontrant Mariette sur le pas de la porte, n'avait-il pas osé lui parler le premier, dans la crainte de s'entendre dire avec l'accent méprisant des femmes outragées : *Que me voulez-vous, monsieur?*

D'autres sont trop heureux d'entendre une telle phrase, même plus dure, persuadés qu'une femme qui répond désire une explication ; mais Gérard, quoiqu'il comprît les fausses colères des femmes, leurs finesses, l'avantage qu'il y a de leur parler longuement, était atterré par un début de conversation hostile : sa langue semblait paralysée et il ne trouvait pas de réponse.

Il lui arrivait ordinairement en pareil cas de ne rien dire et de s'en aller la figure triste et l'esprit irrité ; car à peine avait-il passé le seuil de la porte qu'il songeait à ce qu'il aurait dû dire. Les idées abondaient dans la solitude ; il avait réponse à tout et raison sur tout, ce qui se traduisait par de longs monologues sur les trottoirs.

Au bout de quelques minutes d'attente dans l'escalier, Gérard remonta : « Elle ne viendra pas ! » dit-il en crispant les poings. Il regarda l'heure de l'horloge et résolut d'attendre Mariette pendant un quart d'heure. Un quart d'heure mortel !

Gérard ne tenait pas en place ; il arpentait l'appartement, revenait sur ses pas, écoutait, ouvrait la porte, la refermait, regardait l'aiguille qui ne marchait pas. Pour sortir de cette fausse situation, il prit son chapeau et descendit l'escalier, non sans jeter un long coup d'œil dans la loge du concierge. Mariette n'y était plus !

Dans la rue, Gérard s'insulta violemment avec nombre de gestes désespérés qui faisaient retourner les passants. « Pourquoi, s'écriait-il, n'ai-je pas pris la main de Mariette au lieu de passer froidement devant elle ? Elle revenait pour moi, ma pauvre amie, et voilà comme je la traite ! Elle daignait oublier ma méchanceté ; elle n'aura osé monter en me voyant une telle figure. »

Gérard se regarda sur la surface polie d'un daguerréotype pour se rendre compte de l'état de sa physionomie quand il avait rencontré Mariette. Ses lèvres étaient plus serrées que d'habitude, ses sourcils froncés, son visage plissé. Le chagrin, les insomnies contribuaient à lui rendre la figure amère, et il eut horreur de ses traits devant ce miroir improvisé. La timidité, la gêne de se trouver pour la première fois devant des personnes qu'il ne connaissait pas, donnaient à Gérard une physionomie sérieuse qui ne prévenait pas en sa faveur. Il fallait un extrême embarras pour amener une telle complication de grimaces qu'elles jetaient la curiosité sur sa personne. On ne le voyait rire en toute franchise qu'avec les personnes de son intimité. Gérard se rendait compte de ses défauts, mais il n'avait pas la force de se faire comédien pendant cinq minutes, et il laissait aller ses traits suivant les émotions intérieures qui l'agitaient.

A la suite de cette rencontre avec Mariette, Gérard devint plus mélancolique que jamais, car il s'accusait de n'avoir pas profité d'une occasion qui ne se représenterait peut-être plus. Il vivait seul en ruminant ses souvenirs. S'il avait osé confier ses chagrins à quelqu'un, il eût été soulagé ; mais la rigueur avec laquelle Thomas parlait de Mariette n'était pas propre à déterminer Gérard à s'en faire un confident.

Giraud ne vivait plus avec ses anciens amis ; il avait compris que la société où il avait été mêlé à ses débuts n'était pas propre à lui ouvrir de nouveaux horizons : cherchant le sentiment populaire, aimant la nature, enthousiaste de liberté, il ne pouvait que perdre au contact des poëtes blasés, ne parlant que de théâtre et de peinture, comme de Villers et sa bande.

Giraud s'aperçut à temps, par l'exemple de ses camarades, que l'éducation par les arts est la pire des éducations : il alla se jeter au milieu d'hommes sans instruction, pour se frotter de cette précieuse naïveté que la vie parisienne enlève si vite. Streich et ses amis de la rue des Canettes ne s'occupaient que de leurs maîtresses et y trouvaient la corruption sans naïveté.

Ces fréquentations ne pouvaient plus convenir à Gérard : il rêvait une femme à qui confier ses souffrances, tout son ancien bonheur, son avenir détruit. Comme Gérard avait vécu avec Mariette dans l'isolement, il manquait de relations ; ses seules connaissances étaient l'avocat et le fils du marchand de couleurs, qu'il aurait évités aujourd'hui d'une lieue.

Feugères seul n'avait eu aucun rapport désagréable avec lui ; mais le peintre, dont les œuvres archaïques étaient en contradiction avec l'amour que portait Gérard à la vie moderne, ne pouvait lui offrir une agréable intimité.

La rue Saint-Benoît lui était insupportable : depuis le départ de Mariette, elle semblait plus abandonnée qu'un cul-de-sac de province. L'appartement était encore plus chagrinant que la rue ; Gérard, pour échapper à ses funestes impressions, allait au café jusqu'à minuit, attendait ses amis, les reconduisait, et couchait chez eux sur un divan.

Il passa ainsi près de trois mois, traînant son corps sans âme dans les rues, prêt à se trouver mal lorsqu'il apercevait un châle jaune, car Mariette avait porté longtemps un châle de cette couleur. Cependant il fit connaissance d'amis nouveaux qui n'avaient jamais entendu le nom de Mariette, et il quitta la rue Saint-Benoît pour une maison du quai Malaquais.

Dans les étages supérieurs sont de grands corridors, semblables à ceux des couvents, habités par des peintres, des architectes et des étudiants. Les chambres donnent d'un côté sur le quai, de l'autre sur de grands jardins. Gérard se sentit soulagé d'un grand poids en abandonnant la rue Saint-Benoît pour venir habiter cette maison.

Il prit une grande pièce qui donne sur la Seine, et il avait la jouissance des chambres de ses nouveaux amis, où le soleil entre dès le matin, égayant les cimes des grands arbres verts, et où l'on est réveillé par les chansons des oiseaux. Il pensait quelquefois combien il avait été heureux avec Mariette dans la mansarde de la rue Saint-Benoît, et quelle joie s'il pouvait la revoir dans son nouveau logement; mais la chaîne était brisée à jamais. Gérard n'avait point laissé d'adresse en quittant son dernier domicile, et il ne savait pas si Mariette demeurait encore dans la rue des Marais, car il évitait d'y passer.

Déjà six mois s'étaient écoulés depuis la séparation, et le souvenir de Mariette ne s'envolait pas ; le chagrin était moins vif, mais il se faisait toujours sentir lourdement, et Gérard l'entendait travailler en dedans. C'était surtout le matin en s'éveillant qu'il se trouvait isolé, et, à défaut de confident, il repassait seul, dans son lit, tout son passé heureux.

Il pensa un jour qu'il avait eu tort de ne pas aller confier ses peines à Pauline ; elle avait aimé, elle avait souffert, elle devait le comprendre. Amie de Mariette, elle avait dû la revoir, entendre parler de la séparation. L'idée de Pauline entra comme un clou dans l'esprit de Gérard ; mais il n'osait lui rendre visite, craignant de rencontrer de Villers.

Un soir, en allant dîner à sa table-d'hôte, Gérard rencontra Pauline au moment où il y pensait ; elle parut heureuse de le revoir.

— Voulez-vous venir dîner chez moi ? lui dit-elle.

— J'accepte, à la condition que vous me permettrez de vous offrir à dîner.

Ils s'en allèrent ainsi jusqu'à la rue Monsieur-le-Prince, où demeurait Pauline.

— Je ne vous égayerai pas beaucoup, dit-elle : j'ai une migraine violente ; mais je suis si contente de vous voir que j'essayerai d'oublier mon mal de tête.

Elle alla commander le dîner dans un petit restaurant d'étudiants du rez-de-chaussée, fit un grand feu, dressa la table, alluma les bougies et tira les rideaux.

En ce moment on frappa à la porte. Pauline ouvrit à de Villers et lui fit un accueil froid. Il entra, parut surpris de voir Gérard au coin du feu, et s'assit à l'autre coin. Il en résulta un certain silence ; tous les trois paraissaient embarrassés. Pauline échappa à cette situation en rangeant et dérangeant la table ; quand elle s'interrompait dans sa fausse besogne pour parler à de Villers, c'étaient quelques phrases sans intérêt auxquelles il répondait sur le même ton. Aussi se leva-t-il avec l'air d'un homme comprenant qu'il gêne.

— Il n'est pas content, dit Pauline.

— Peut-être voulait-il dîner avec nous?

— Sans doute ; il sera formalisé que je ne l'aie pas invité, mais je ne l'aime plus.

— Vraiment! s'écria Gérard ; ah! que vous faites bien, Pauline!

— N'est-ce pas? tout le monde le dit ; mais parlons de vous. Comme il y a longtemps que nous ne nous sommes vus! dit-elle en prenant les mains de Gérard.

— Est-ce que vous vous êtes souvenue de moi, Pauline?

— J'ai demandé de vos nouvelles à tout le monde : on ne vous voyait plus.

— Je ne me croyais pas tant votre ami.

— Savez-vous que Mariette était jalouse de moi?

Gérard était près de Pauline.

— Mais la soupe va refroidir, dit-elle.

— Tant pis pour la soupe, dit Gérard.

En se mettant à table :

— Je ne m'attendais guère à ce qui arriverait aujourd'hui, dit Pauline ; cependant, je pensais à vous.

— Et moi également, s'écria Gérard.

— Est-ce bizarre! dit-elle. Voilà que j'ai rompu avec la poésie.

— Est-ce que je suis le premier en prose?

— Oui, parce que, à part les poëtes, les autres ne pensaient pas plus en prose qu'en vers. Cela devait arriver tôt ou tard ; mais que dira Mariette?

— Je ne vois plus Mariette, tu dois bien le savoir.

— On me l'a dit : c'est comme moi ; nous voilà donc veufs tous les deux.

— Mais nous avons marié notre veuvage ensemble.

Le lendemain, Gérard alla chercher à son logement quelque linge, des livres, du papier, et revint chez Pauline avec l'intention de travailler ; il ne sentait plus ses anciennes douleurs, oubliait le passé et se bâtissait un avenir plein de tranquillité.

Pauline sortait le matin et préparait à son ami tout ce qu'il lui fallait jusqu'au soir ; Gérard mangeait de la vie domestique comme un affamé de quatre jours qui tombe sur un morceau de pain. Il ne sortait pas, ne mettait pas le nez à la fenêtre, et passait son temps à lire et à écrire. Au bout de huit jours, il commença à parler de Mariette, non pas d'une façon chagrine, mais en manière de souvenir. Pauline lui parla de de Villers ; c'étaient des conversations sans fin, où les vices plutôt que les vertus des absents étaient en jeu.

— Comme elle te trompait ! disait Pauline. Jamais je n'ai vu de femme si aimable avec tant d'amants à la fois. Quand vous demeuriez rue des Canettes et qu'elle m'emmenait chez Feugères, elle était charmante avec lui ; elle rentrait, elle était aussi charmante avec toi.

Cette révélation rouvrit les blessures de Gérard.

— Comment ! dit-il, rue des Canettes ? au commencement...

— Oui, peu après votre fuite de la rue du Regard.

— Est-ce possible ?

— Puisque je te le dis.

— Mais Feugères ne venait pas chez moi?
— Qu'importe? tu ne le connaissais pas, mais Mariette le connaissait.

Gérard se tut, car il avait toujours des illusions. L'aventure d'Asnières pouvait lui donner la clef de la conduite de Mariette; mais son amour-propre se refusait à accepter les perfidies de Mariette avant le moment où elle avait pris les habitudes du luxe. Il avait combiné les événements de façon à ce que l'arrivée de la mère coïncidât avec les coquetteries de sa fille; mais son cœur saignait d'avoir vécu près d'un an dans l'aveuglement.

Jamais il ne s'était douté de la liaison de Mariette et de Feugères. Gérard se coucha, ce soir-là, de mauvaise humeur, se demandant s'il n'avait pas une ennemie à côté de lui ; car il traitait de mensonges les propos de Pauline. Les preuves manquaient ; il connaissait les méchancetés des femmes les unes contre les autres.

Mariette avait tant médit de Pauline! Pourquoi, à son tour, Pauline ne se vengerait-elle pas de Mariette, de peur que Gérard ne se réveillât un matin avec sa passion mal éteinte et rallumée? En accusant Mariette, en donnant de tels détails sur sa vie passée, elle pouvait faire naître le mépris dans le cœur de Gérard.

Quelles que fussent les idées de Pauline, elle se trompait en accusant Mariette, car Gérard se sentait alors tout prêt à prendre sa défense : il comprenait que Mariette avait pu le tromper, ne le croyait pas encore, et préférait croire à la malignité de Pauline.

Voulant s'assurer du motif qui poussait Pauline à rappeler à tout instant le passé de Mariette, Gérard, étant sorti dans la journée, rentra en disant :

— J'ai rencontré Mariette.

Ce qui n'était pas ; mais il cherchait si la jalousie n'entrait pas pour une forte part dans les propos de Pauline.

— Lui as-tu parlé? dit-elle assez indifféremment.

— Non, dit Gérard ; elle a beaucoup rougi et a pressé le pas.

— Tu l'aimes encore ! s'écria Pauline.

Gérard secoua la tête.

— Je t'assure que tu l'aimes ; tu ne fais qu'en parler.

— N'est-ce pas toi qui as toujours son nom à la bouche?

— Je ne t'en voudrais pas de l'aimer ; c'est une fille amusante, spirituelle.

— Tu fais son éloge?

— Je dis ce qui est ; seulement elle est froide, coquette, et n'aime personne.

— Tu es injuste ! dit Gérard ; Mariette m'a aimé, j'en suis sûr.

— Elle t'a aimé comme ceux qu'elle trompait en même temps que toi ; elle était aussi charmante pour eux que pour toi.

— Cela n'est pas ! dit Gérard.

— Vois combien tu l'aimes encore !

— Et toi, qui me parles perpétuellement de de Villers ! Alors je peux en conclure que tu l'adores.

— Je n'en dis que du mal.

— Tu en dis du mal parce qu'il t'a abandonnée pour faire la cour à une autre ; mais, s'il revenait un jour, tu en serais plus folle que jamais.

— Moi, dit Pauline, je ne me suis jamais laissée prendre à de fausses attaques de nerfs.

— Assez ! dit Gérard, d'un ton qui prouvait que cette conversation lui déplaisait.

Pauline avait contracté, dans ses liaisons avec les poëtes, des manies de vers qui se traduisaient en un gros album rempli de toutes sortes de sonnets et de quatrains d'un goût douteux. Les poëtes les plus médiocres étaient les plus féconds. Gérard avait remplacé dans les bonnes grâces de Pauline un petit rimeur qui ne se tenait pas pour battu ; tous les matins il envoyait chez la portière son bulletin de cœur.

— Je serais capable de devenir jaloux, dit Gérard, si ces belles phrases étaient en prose.

Et il continua à vivre tranquille, décidé à se réjouir du beau temps et à ne pas trop se fâcher contre les brouillards de l'amour.

Quelques jours après, Gérard, ne voyant pas rentrer Pauline à l'heure du dîner, eut une sorte de révélation. Il fit un paquet de ses livres et s'en alla en laissant à Pauline un mot par lequel il la prévenait qu'il ne reviendrait pas.

Gérard comprit alors qu'il avait toujours aimé Mariette. Il y pensait plus que jamais et n'osait se confier à personne ; il se sentait heureux rien qu'en prononçant son nom auprès de Pauline. Mais combien cet instant de bonheur fut payé par les révélations sur sa conduite ! Gérard ne pouvait s'imaginer que les caresses de Mariette fussent fausses ; et quelle fausseté si elle les avait prodiguées, les mêmes, une heure auparavant ! Ou Mariette préférait Feugères à Gérard ou Gérard à Feugères. L'un des deux devait être sacrifié ; mais garder les deux semblait à Gérard le renversement le plus complet de toute espèce d'amour : car tous deux étaient jeunes, tous deux dans une position de fortune médiocre qui ne pouvait attacher Mariette.

Gérard ne pouvait plus nier M. de Labouglise, vieillard riche, pouvant satisfaire les goûts luxueux de Mariette ; il se rendait compte avec dépit des assiduités de M. Charles ! Mais Feugères ! mais Ernest ! mais Gérard !

Comment trouver dans la nature de telles amours à trois, sinon dans ces ménages où un mari complaisant consent à vivre en bonne intelligence avec l'amant ? Gérard avait donc joué le rôle de mari complaisant sans le savoir. Plus il pensait à cette idée et plus elle le dévorait.

Par moments, une goutte d'eau fraîche lui tombait sur la tête : l'idée que Pauline s'était plu à le faire souffrir, en inventant la liaison de Mariette et de Feugères. Mais Gérard réfléchissait qu'il avait été sacrifié à Ernest, et que, de ce précédent, on pouvait conclure à la vérité des paroles de Pauline.

Seulement, en ce qui concernait sa liaison avec l'avocat, Gérard trouvait une excuse à la conduite de Mariette. C'était l'aventure d'Asnières qui légitimait sa

— Je n'en dis que du mal.

— Tu en dis du mal parce qu'il t'a abandonnée pour faire la cour à une autre ; mais, s'il revenait un jour, tu en serais plus folle que jamais.

— Moi, dit Pauline, je ne me suis jamais laissée prendre à de fausses attaques de nerfs.

— Assez ! dit Gérard, d'un ton qui prouvait que cette conversation lui déplaisait.

Pauline avait contracté, dans ses liaisons avec les poëtes, des manies de vers qui se traduisaient en un gros album rempli de toutes sortes de sonnets et de quatrains d'un goût douteux. Les poëtes les plus médiocres étaient les plus féconds. Gérard avait remplacé dans les bonnes grâces de Pauline un petit rimeur qui ne se tenait pas pour battu ; tous les matins il envoyait chez la portière son bulletin de cœur.

— Je serais capable de devenir jaloux, dit Gérard, si ces belles phrases étaient en prose.

Et il continua à vivre tranquille, décidé à se réjouir du beau temps et à ne pas trop se fâcher contre les brouillards de l'amour.

Quelques jours après, Gérard, ne voyant pas rentrer Pauline à l'heure du dîner, eut une sorte de révélation. Il fit un paquet de ses livres et s'en alla en laissant à Pauline un mot par lequel il la prévenait qu'il ne reviendrait pas.

Gérard comprit alors qu'il avait toujours aimé Mariette. Il y pensait plus que jamais et n'osait se confier à personne ; il se sentait heureux rien qu'en prononçant son nom auprès de Pauline. Mais combien cet instant de bonheur fut payé par les révélations sur sa conduite! Gérard ne pouvait s'imaginer que les caresses de Mariette fussent fausses; et quelle fausseté si elle les avait prodiguées, les mêmes, une heure auparavant! Ou Mariette préférait Feugères à Gérard ou Gérard à Feugères. L'un des deux devait être sacrifié; mais garder les deux semblait à Gérard le renversement le plus complet de toute espèce d'amour : car tous deux étaient jeunes, tous deux dans une position de fortune médiocre qui ne pouvait attacher Mariette.

Gérard ne pouvait plus nier M. de Labouglise, vieillard riche, pouvant satisfaire les goûts luxueux de Mariette; il se rendait compte avec dépit des assiduités de M. Charles! Mais Feugères! mais Ernest! mais Gérard!

Comment trouver dans la nature de telles amours à trois, sinon dans ces ménages où un mari complaisant consent à vivre en bonne intelligence avec l'amant? Gérard avait donc joué le rôle de mari complaisant sans le savoir. Plus il pensait à cette idée et plus elle le dévorait.

Par moments, une goutte d'eau fraîche lui tombait sur la tête : l'idée que Pauline s'était plu à le faire souffrir, en inventant la liaison de Mariette et de Feugères. Mais Gérard réfléchissait qu'il avait été sacrifié à Ernest, et que, de ce précédent, on pouvait conclure à la vérité des paroles de Pauline.

Seulement, en ce qui concernait sa liaison avec l'avocat, Gérard trouvait une excuse à la conduite de Mariette. C'était l'aventure d'Asnières qui légitimait sa fuite, les besoins qu'avait fait naître l'arrivée de sa mère et de sa sœur.

Un matin, Gérard fut tout étonné d'entendre dans le corridor une voix qui l'appelait et qu'il reconnut pour la voix de madame Pierre.

— Ah ! monsieur, je vous retrouve enfin ! dit-elle. Y a-t-il assez longtemps que mademoiselle Mariette vous fait chercher !

— Mariette ! répéta vivement Gérard.

Puis il reprit avec une feinte froideur :

— Que me veut-elle ?

— Monsieur, elle m'a commandé de faire votre chambre, parce qu'elle a su que vous étiez sans femme de ménage, et que ce n'est pas convenable.

Madame Pierre parlait ; Gérard l'écoutait comme une symphonie de Beethowen. Elle parlait de Mariette, et ce nom, avec le parler long et traînard de la vieille, semblait la plus douce note de hautbois. Mariette ne l'oubliait donc pas, puisqu'elle s'inquiétait encore de ses actions et qu'elle veillait sur son intérieur !

Quelque temps après la séparation définitive de la rue Saint-Benoît, Mariette prit madame Pierre pour faire ses commissions, et l'envoya chez Gérard pour avoir soin de lui ; mais Gérard étant parti sans laisser son adresse, madame Pierre perdit sa trace. Comme elle vivait dans le quartier latin et qu'elle tirait les cartes à toutes les grisettes, elle était perpétuellement en route ; et ainsi rencontra-t-elle Pauline, qui lui donna la nouvelle adresse de Gérard.

Gérard la garda trois heures à causer ; la vieille lui

rappelait le temps le plus heureux de sa vie, le jour où elle lui avait tiré les cartes à une soirée chez Mariette. Que de choses s'étaient passées depuis! Gérard apprit que Mariette demeurait alors dans les environs du Palais de Justice, où l'avocat allait tous les matins, et elle s'était encore séparée de sa mère. Madame Pierre faisait le ménage de la mère et les courses de Mariette.

Gérard fut heureux désormais de causer avec quelqu'un qui venait de voir Mariette. Il se plaisait au rabâchage de la vieille plus qu'à la parole la plus spirituelle, tant le nom de celle qu'il aimait reparaissait dans la conversation.

Madame Pierre disait que mademoiselle Mariette demandait souvent des nouvelles de M. Gérard, et les tourments de l'amoureux furent un peu apaisés par ce singulier trait d'union.

Pauline ayant reparu quelques jours après :

— Surtout ne parlez pas d'elle à Mariette, dit Gérard à la femme de ménage.

Mais celle-ci était trop fine pour trahir Gérard.

— Croyez-vous, lui demanda-t-il, que Mariette ait connu ma liaison d'un mois avec Pauline?

— Oui, monsieur.

— Qu'a-t-elle dit?

— Que vous aviez eu tort.

Gérard eût préféré que Mariette se fût fâchée. Cette froide parole lui prouvait que son souvenir était bien mort dans l'esprit de Mariette. Il aurait été heureux d'un cri de colère, car la colère est encore un reste d'amour. Mais, sans y penser, madame Pierre jetait quelquefois le cœur de Gérard contre des rochers pointus, lorsque, dans son bavardage, elle parlait des gens qu'elle rencontrait chez Mariette.

Quand il ne les connaissait pas, Gérard restait indifférent. Il n'avait aucune jalousie contre des étrangers; mais il craignait comme un coup de couteau d'entendre prononcer le nom de Feugères, de l'avocat, du marchand de couleurs, et cependant il recherchait cette amertume et se faisait donner tous les matins le signalement des personnes que madame Pierre avait vues chez Mariette.

Un jour, Gérard lui donna une cravate à porter chez le teinturier. Le lendemain, la vieille dit en entrant :

— Ah! monsieur, qu'est-ce que vous allez dire? Votre cravate...

Elle avait l'air si ému, que Gérard s'écria :

— Vous l'aurez perdue!

— Non, monsieur, mais vous ne la reverrez plus... Mademoiselle Mariette l'a gardée.

— Est-ce bien vrai? s'écria Gérard en sautant dans son lit.

— Oui, monsieur. Ce matin, je portais votre cravate dans mon cabas : Mariette l'a vue, s'en est emparée et n'a pas voulu me la rendre.

— Elle l'a donc reconnue? dit Gérard.

— Je le crois bien!

— Elle m'aime encore, pensa Gérard qui n'écoutait plus ce que disait madame Pierre. Moi aussi, je sentais que je l'aimais et que nous devions nous rencontrer. Qu'a dit Mariette?

— Elle m'a recommandé de ne pas vous en parler.

— Elle lutte, songea Gérard.

— Je devais dire que la cravate avait été changée chez le teinturier, et elle m'en a donné une autre à la place.

— Vite! donnez-la-moi!

— Mais, monsieur, j'ai laissé la cravate à la maison.

— Vieille folle, dit Gérard, vous n'en ferez jamais d'autres!

— Puisque j'étais censée avoir porté hier votre cravate chez le teinturier, je ne devais pas avoir l'air d'en rapporter une autre aujourd'hui! Je vous dis la tromperie, je ne devais pas vous en parler, et vous me malmenez encore!

— Courez chez vous tout de suite, s'écria Gérard, et apportez-moi cette cravate.

La vieille sortit, et Gérard fit les plus doux rêves pendant son absence. Il n'était donc pas indifférent à Mariette : elle avait gardé son souvenir. Elle n'était pas revenue par amour-propre, mais elle l'aimait toujours, ce que d'ailleurs Gérard trouvait naturel en se comparant à l'avocat poli, au langage insipide. Le peintre Feugères, qui jouait le poitrinaire, n'était pas de nature à égayer la rieuse Mariette, et la niaiserie du marchand de couleurs, dont l'esprit s'élevait tout au plus au niveau de celui des commis-voyageurs, ne pouvait entrer en comparaison avec les douces causeries de Gérard dans l'intimité.

Du moins il raisonnait ainsi et retrouvait la Mariette des premiers jours, lorsque madame Pierre entra. Elle tenait à la main un foulard blanc.

— Écoutez-moi, mère Pierre, et surtout n'en dites rien, car vous êtes une bavarde enragée, vous emporterez ce foulard. Puisque vous faites le lit de Mariette, vous cacherez le foulard sous son oreiller, et vous le laisserez ainsi huit jours.

— Que pensera mademoiselle Mariette?

— Que vous êtes naïve pour votre âge! Est-ce qu'elle le saura? Elle ne peut pas s'en douter, à moins que vous n'alliez lui en demander la permission.

— Laissez faire, monsieur ; je sais ce que c'est que les amours, j'y ai passé.

Quand la femme de ménage entrait dans le récit de ses amours, il n'y avait plus de fin. Gérard la laissait aller, prenant plaisir à ce bourdonnement de paroles ; car il avait la faculté de ne pas entendre les ennuyeux. Seulement, madame Pierre était devenue une habitude, et il ne se serait pas levé à moins d'entendre, pour la millième fois, comment l'amoureux de madame Pierre avait sauté par-dessus les arbres dans un transport de passion campagnarde.

Depuis que Gérard eut connaissance de l'histoire de son foulard, il était tout à la fois plus triste et plus joyeux, parce qu'il voyait revenir les premiers beaux jours de sa liaison avec Mariette. A son retour d'Auteuil, il avait oublié, en embrassant son amie, ses tristesses passées ; et aujourd'hui, qui était si loin d'il y a six mois, combien il se sentait heureux à l'avance d'entendre la jolie voix de cristal de Mariette se plaindre de lui, et de voir sa jolie bouche rieuse comme il ne l'avait retrouvée chez aucune femme!

De la joie, Gérard passait subitement à l'abattement, car il n'avait pas le courage d'aller chez Mariette sans y être appelé. Il sentait gronder au dedans de lui ces paroles : « Mariette, je t'aime et n'aimerai jamais que toi ; tu m'as trompé, et malgré ce que tu m'as fait souffrir, je t'aime encore. Je ne me serais pas vengé si je ne t'avais pas tant aimée ; pardonne-moi et oublions le passé. »

Mais ces paroles ne voulaient pas sortir ; elles étaient comme enfermées dans le tombeau de l'amour-propre, soulevaient la pierre de temps en temps, et la pierre retombait, les emprisonnant profondément.

Tous les matins, ce raisonnement prenait de nouvelles formes pour ramener Mariette, qui ne se doutait pas combien elle emplissait le cerveau de Gérard.

Pendant cette longue brouille, Gérard n'avait pas absolument perdu son temps ; il trouva encore assez de force en lui pour se condamner au travail. Ayant essayé de fréquentations nouvelles, il oubliait Mariette tant qu'il était en compagnie ; mais la solitude n'en était que plus cruelle. Alors il inventa des travaux tels que de copier des chapitres de la Bible, et de s'en pénétrer profondément.

En même temps il écrivit une féerie, cherchant à s'éloigner des inventions des faiseurs qui, ne se souciant aucunement de l'idée, laissent les décorateurs et les machinistes mettre leur habileté à la place de l'imagination. Gérard travailla deux mois entiers à sa féerie, avec confiance : le souvenir de Mariette était au bout.

Décidé à tout braver pour faire autour de son nom le bruit qu'aiment les femmes, au lieu de chercher désormais à revoir Mariette, il se disait qu'un grand succès amènerait une réconciliation durable.

Quoique timide, il fit auprès des directeurs de théâtre nombre de démarches qu'il n'eût jamais tentées s'il n'avait été soutenu par son amour.

La féerie fut lue et acceptée sur un théâtre du boulevard, et Gérard poussa un cri de joie. Il s'en allait courant sur les trottoirs comme s'il avait commis un vol; il se parlait de son grand succès, de Mariette, de l'effet que produirait son nom proclamé dans la salle, au bruit d'applaudissements.

Quelle femme pourrait résister à un pareil triomphe? Gérard ne demandait que la présence de Mariette. Il courrait à sa loge lui dire : « Je t'aime encore... » Ces beaux rêves dansaient dans sa tête et menaçaient de la faire tourner, car il n'y avait pas la plus petite case de son cerveau qui fût vide du nom de Mariette.

XXI

SOUFFRANCES DE THÉATRE

Un jour, Gérard rencontra Giraud qu'il n'avait pas vu depuis longtemps.

— Je ne savais pas, dit Giraud, que tu étais fâché avec Mariette.

Et il raconta que le hasard l'avait fait rencontrer avec M. de Labouglise. En entendant ce nom, Gérard frissonna.

— A-t-il été question de moi?

— Oui; j'ai été obligé de prendre ta défense, sans savoir si j'avais raison. Ce vieillard prétendait que tu es brouillé depuis longtemps avec Mariette, qu'il l'a rencontré chez elle, mais que tu y allais en simple connaissance; Mariette te souffrait, te supportait, parce que tu avais voulu te suicider depuis qu'elle t'avait quitté, mais il n'existait depuis un an aucun amour entre vous.

— Affreuse femme! s'écria Gérard.

— Tu l'aimes encore?

— Non, dit Gérard. Comment, elle a eu le front de dire que je n'étais que son ami ! Elle a donc besoin de tromper M. de Labouglise ?

— Ne sais-tu pas qu'il l'entretient?

— Il l'entretient ! dit Gérard, c'est-à-dire qu'il s'en sert pour corriger des bronzes !

— C'est sa maîtresse.

— Non ! s'écria Gérard; Mariette m'a juré que non.

— Pauvre Gérard !

— Ainsi, elle me trompait encore de ce côté, pensa Gérard. Elle était la maîtresse de M. de Labouglise, un homme âgé, et elle avait cet avocat, ce marchand de couleurs, et moi... Oh ! c'est indigne !... Je ne la reverrai jamais. Je veux obtenir un grand succès, lui montrer que je vaux mieux que tous ces êtres qu'elle trompe. Elle viendra à la première représentation, je ne la saluerai pas; je veux l'humilier... Quelle odieuse créature !

Gérard ne dormait plus, poursuivi par ces souvenirs amers. En même temps un obstacle se dressait du côté du théâtre. Gérard avait tracé, dans sa féerie, un rôle important qui tenait toute la pièce, sans se rendre compte qu'aucun acteur parisien ne pouvait jouer ce rôle, mélangé de clownerie et de pantomime. Il fallait un acteur d'une rare intelligence, qui pût se rompre les os avec agilité : n'ayant pas d'acteur semblable, le directeur du théâtre déclarait la pièce impossible. Les comédiens sont pleins de vanité, et le plus médiocre cabotin se serait cru déshonoré, après une scène mimée, de faire des tours d'agilité.

C'était un rôle de lutin, jeune et beau, de la famille d'Ariel. En un moment, Gérard vit tous ses rêves envolés. Adieu le succès, adieu la vengeance, adieu le triomphe! Les perfidies de Mariette, le refus de la pièce, l'avaient mis dans un tel état nerveux, qu'il ne pouvait plus tenir en place.

Il courait Paris, cherchant dans des marches sans fin un remède et une distraction à ses chagrins, lorsqu'un jour, à Montmartre, il rencontra une bande de saltimbanques qui venaient d'étaler dans la boue un pauvre tapis troué. C'était une troupe composée de deux enfants, d'une femme brune et grêlée, et d'un jeune garçon de seize ans qui paraissait le chef de la bande.

Jamais on ne vit d'acrobates en plus piteux état. Les deux enfants avaient une mauvaise blouse; leurs jambes grêles, couvertes d'un maillot sale, faisaient froid à regarder. Le garçon de seize ans s'enveloppait dans un morceau de tapis comme dans une mantille, et se drapait plus fier qu'un Espagnol déguenillé fumant à la porte d'une église.

Ses grands yeux noirs brillaient et lançaient des flammes. Quand les deux enfants, avec leurs bottines crottées, couvraient ses flancs de boue, il ne paraissait y prêter nulle attention, et apportait à ses exercices le contentement d'un homme fier de prouver la beauté de son art.

— Que voilà des gens heureux! se dit Gérard. Ils

peuvent se casser les reins pour quelques sous, n'ont pas d'autres habits que leurs maillots, ne craignent ni la pluie, ni la boue, ni la neige, et sont pleins de joie et de force.

Le jeune saltimbanque demanda que le public voulût bien ne pas oublier la troupe, d'un tel air et avec tant de confiance, que les gros sous tombèrent sans hésitation sur le tapis. En l'entendant parler, Gérard se sentit remué ; le sang lui monta à la tête comme à un avare qui a trouvé un trésor. « Voilà mon homme ! » se dit-il. Il attendit avec impatience la fin des exercices, s'approcha des saltimbanques, et leur proposa de venir se reposer un peu dans un cabaret.

— J'ai votre fortune, leur dit-il ; je me fais fort de vous faire engager dans un théâtre des boulevards.

Le frère aîné et sa sœur se récrièrent en disant que sans Coquinet ils ne pourraient plus gagner leur vie.

— Et si votre frère, reprit-il, gagne à lui seul dix fois ce que vous gagnez à vous tous ?

— Dame ! ça le regarde ! dit la Nina, qui parut belle à Gérard dans sa tristesse de se séparer de Coquinet.

Le saltimbanque reçut ces offres fièrement, comme un hommage qui lui était dû. Gérard convint que le lendemain, à trois heures de l'après-midi, la troupe donnerait une représentation de ses exercices sur la place de la Bastille. Tout étant entendu, Gérard alla chez le directeur du théâtre qui avait reçu la féerie avec l'idée d'un immense succès, et qui était aussi chagrin que l'auteur de ne pouvoir donner suite à l'entreprise.

— J'ai trouvé un moyen de sauver ma féerie, s'écria-t-il.

— Lequel?

— Avez-vous une heure à me donner?

— Certainement, dit le directeur.

Gérard le prit par le bras et l'emmena du côté de la place de la Bastille.

— Tenez, dit Gérard en arrivant à un groupe qui s'était formé autour des saltimbanques, regardez ce gaillard-là! Est-il assez beau?

— Je n'ai jamais vu un pareil amoureux, dit le directeur.

— Eh bien, il est aussi souple qu'il est beau, aussi fier qu'il est souple, aussi intelligent qu'il est fier. C'est un trésor que j'ai découvert, je vous en demande la moitié : la moitié pour ma féerie, la moitié pour votre caisse.

— A-t-il déjà joué la comédie?

— Je n'en sais rien, dit Gérard, mais il la jouera.

— Vous parlez comme un homme qui a perdu la tête de joie, dit le directeur ; il jouera la féerie, mais le drame?

— A quoi bon le drame? demanda Gérard.

— Votre féerie ne se jouera pas toute la vie.

— Elle a cinquante ans dans le ventre, dit Gérard.

— Je crois à votre féerie, reprit le directeur, et la preuve que j'y crois, c'est que je vous ai fait avancer quelque argent ; mais si elle tient quatre mois, c'est énorme... J'engage votre saltimbanque pour quatre mois.

— Cela vous regarde, dit Gérard ; mais ne serait-il pas possible, après le succès de Paris, d'envoyer votre queue de troupe avec le clown donner des représentations en province? Je réponds de l'avenir dramatique de ce garçon; si vous ne l'engagez que pour quatre mois, un autre directeur est capable de vous l'enlever.

— Laissez-moi faire, dit le directeur, je vais causer avec vos saltimbanques ; venez ce soir au théâtre, je vous dirai ce que nous aurons résolu.

Le lendemain, l'engagement était signé pour un an. Les répétitions de la féerie allaient commencer, et Gérard était aussi heureux que quelques jours auparavant il avait souffert. Tout contribuait à son bonheur. Madame Pierre lui avait dit que, le samedi suivant, Mariette devait aller à un bal masqué de l'Odéon, et Gérard n'eut pas de peine à se persuader que la vieille le prévenait d'après les ordres de Mariette. C'était un rendez-vous sans les apparences.

De son côté, Gérard jouait la même comédie. Tous les matins il entretenait tellement sa femme de ménage de son futur succès, qu'il était impossible qu'elle n'en eût pas parlé à Mariette. Peut-être était-ce l'annonce de la féerie qui avait décidé Mariette à se rencontrer comme par hasard au bal avec Gérard. Il hésita longuement, se demandant s'il irait masqué, car il avait peur que son émotion ne le trahît en plein bal ; il balançait encore, lorsque Thomas vint l'inviter à un souper qui devait se donner ce soir-là dans son atelier, avant le bal.

— Est-ce que tu y vas? demanda Gérard.

— Oui; Mariette m'a fait prévenir de n'y pas manquer. Comme je n'ai pas l'habitude de ces sortes de plaisirs, je pense qu'on est plus gai en bande que solitaire.

La mode, à cette époque, était aux déguisements bizarres. Les gens blasés avaient imaginé de s'habiller avec des loques.

Gérard entra dans les guenilles et se sentit pris de folie comme un nègre ivre de tafia. Ses chagrins, ses inquiétudes, le poussaient à s'abandonner à des plaisirs grossiers et à s'oublier, pendant une nuit, dans des excès qui semblaient bizarres chez un homme d'apparence réservée. Au souper, il but à lui seul plus que tous les convives, pour arriver à cet état de convulsionnaire extatique qui ne redoute aucun péril.

En entrant dans le bal de l'Odéon, il commença par sauter dans la salle du haut de la galerie. Il y avait mille chances de se casser les jambes; mais Gérard était comme les Arabes du désert, qui, après des danses sans fin et par des croyances particulières, peuvent avaler du poison et marcher sur des charbons ardents sans en ressentir les atteintes. Tout le bal dès lors s'inquiéta de cet être en délire qui ne semblait plus un homme, inventait des danses inconnues et parlait une langue étrange.

Gérard n'avait plus conscience de lui-même : il ne sentait plus ses mouvements, et il lui semblait qu'il agissait par des fils invisibles. Tout d'un coup au milieu d'une danse, il s'arrêta dans ses folies et parut changé en marbre. Il avait aperçu Mariette donnant le bras à Feugères. Il prit une orange dont sa danseuse enlevait l'écorce et l'avala d'une bouchée. Gérard n'avait plus de salive, et crut qu'il allait tomber.

Sans attendre la fin du quadrille, il courut au foyer et s'y promena d'un air hagard. Ce n'était plus le même homme; son feu était éteint. Il ne se croyait plus au bal, mais à l'enterrement. Il eut honte des guenilles qu'il avait sur le corps, et se leva comme pour s'en aller. Il descendait la première marche du grand escalier.

— Gérard! dit une voix douce qui le fit retourner subitement.

— Ah! c'est vous, Mariette!

— Est-ce que tu es malade?

— Je suis triste, dit-il.

— Que tu étais drôle à voir danser!

— Tu trouves? dit-il d'une voix amère.

— Est-ce moi qui te fais sauver? dit-elle en lui serrant les mains. Moi qui aimais tant à te revoir, méchant!

Gérard ne répondait pas.

— Pourquoi es-tu venue à ce bal, Mariette?

— Feugères le voulait.

— Et tu lui obéis?

— J'étais certaine de te rencontrer. Je voudrais bien pouvoir causer longtemps avec toi; j'ai peur que Feugères ne me cherche. Veux-tu, dans une heure, te trouver dans ma loge? J'essayerai de rester un moment libre.

— Oui, s'écria Gérard.

— Vite, descends l'escalier, dit-elle ; je vois Feugères là-bas.

Gérard descendit vivement l'escalier et remonta dans le bal par un autre côté. Il grinçait des dents et criait : « Feugères ! Feugères ! Encore lui ! »

Il alla seul dans un café de la place de l'Odéon, et resta longuement la tête dans les mains, sans s'inquiéter si on le regardait. Il se sentait devenir plus amoureux que jamais de Mariette, et comptait les minutes de l'horloge.

Gérard rentra dans le bal, et son entrée fut le signal d'une vive curiosité, car chacun s'attendait à voir répéter à l'étrange masque ses folies dégingandées ; mais il traversa la salle sans répondre à la foule qui le suivait et tirait les pans de son habit, pour l'exciter à la gaieté. Mariette n'était pas dans la salle ; Gérard en fit le tour, regardant en même temps dans les loges ; il alla au foyer et grimpa l'escalier qui mène aux dernières galeries. De là il espérait planer sur la foule masquée et découvrir son amie ; n'apercevant pas Mariette, il se décida alors à inspecter chaque loge l'une après l'autre.

Il dérangeait de temps en temps des couples mystérieux qui se parlaient à voix basse. Une seule loge restait vide, et le pauvre amoureux regardait par le petit œil qui donne sur le couloir, lorsqu'il entendit une voix de femme : « Voilà Gérard ! » Ce n'était pas la voix de Mariette ; mais la curiosité le poussa à entrer. Pendant ses recherches, il s'était dit que Mariette avait été emmenée par Feugères, ou bien qu'elle se reposait, comme lui, dans un des restaurants du quartier; mais, blessé de ne pas la trouver exacte à son rendez-vous, Gérard saisit cette occasion de causer avec une femme qui semblait le connaître, afin d'être rencontré avec elle quand Mariette reviendrait.

La femme qui appelait Gérard ne l'avait jamais vu; elle entendit prononcer son nom dans le bal, le vit s'abandonner à de folles danses, et elle paraissait vouloir faire des avances à celui qui attirait les regards de tout le bal.

Gérard dit à l'inconnue qu'il n'avait regardé qu'elle dans la soirée, et la pria de vouloir bien se promener avec lui. Il lui serra la main pour l'aider à sortir de la loge, et l'embrassa tout à coup; mais au fond il était triste et ne portait que le masque de la galanterie. Il fut pris d'un serrement de cœur en retrouvant tout d'un coup Pauline masquée, qu'il reconnut donnant le bras à son amant. Cette rencontre lui rappela encore plus directement Mariette.

De rage, Gérard se mit à danser d'une façon frénétique, en tenant les discours les plus amoureux à sa danseuse, qu'il essayait de prendre pour Mariette. Ayant retrouvé Thomas, qui s'amusait d'une façon plus calme, tous ensemble allèrent déjeuner en face de l'Odéon.

Sans qu'il eût rien dit, sa nouvelle conquête le suivit, et ils arrivèrent au logement de Gérard : là ses forces l'abandonnèrent, ainsi que sa gaieté factice.

— Ma chère, dit-il à la femme qu'il avait amenée,

je suis triste à mourir. Vous auriez cette nuit un mauvais compagnon ; je ne peux vous aimer, et je serais capable de vous chasser demain si je vous retrouvais ici. Ne m'en veuillez pas si je vous prie de me laisser à mes mélancolies.

La femme pensa que son compagnon avait le vin désagréable, peut-être méchant ; comme elle en connaissait les effets par ses fréquentations avec les étudiants, elle trouva ces paroles fort naturelles et laissa son adresse sur la cheminée, au cas où le lendemain Gérard se repentirait d'avoir laissé perdre une conquête facile.

Cette aventure de mardi-gras aurait recouvert d'un nouveau crêpe le cœur de Gérard, s'il n'eût été occupé désormais par sa féerie : c'étaient des répétitions sans fin, des conseils à Coquinet, qu'il voulait dresser lui-même et montrer comme le type le plus accompli du clown.

Rien n'est plus irritant que de monter une pièce : il faut être doublé de fer pour pouvoir lutter tous les jours avec les cent ennemis qui se dressent devant vous sous la forme de directeur, d'acteurs, d'actrices, de costumiers, de dessinateurs, de machinistes et de régisseur.

A ce contact, Gérard se sentait devenir irritable à l'excès ; il était brisé après trois heures de répétition, non pas comme ceux qui commencent à faire des armes, mais brisé du cerveau. Il y avait des jours où il se sentait prêt à crier : « Rendez-moi ma féerie, vous me faites trop souffrir ! » Mais il était soutenu par le souvenir de Mariette, et il s'en retournait plié en deux, courbé sous son amour.

Mariette lui avait fait dire combien elle était fâchée de n'avoir pu l'attendre au bal de l'Odéon, et cette simple parole entra dans l'esprit de Gérard comme un rayon du soleil de printemps. Il continuait à entretenir madame Pierre de son prochain succès au théâtre, et faisait entrevoir à la brave femme, pour la première représentation, des places de *paradis* qui l'éblouissaient tellement qu'elle ne parlait plus que de la féerie, avec un enthousiasme puisé dans son ignorance des spectacles parisiens.

Ces propos avaient eu pour effet de déterminer chez Mariette une vive curiosité. Elle fit demander une loge pour la solennité qui se préparait.

XXII

LA FÉERIE

En sortant de l'avant-dernière répétition, Gérard aperçut Thomas qui suivait avec enthousiasme une musique militaire. Gérard pensa qu'il avait mal agi en évitant son ami depuis deux mois ; mais à tout prix il ne voulait plus entendre parler de Mariette. Chaque fois que quelqu'un prononçait son nom devant lui, il souffrait autant que si chacune des lettres qui le formaient eût été une aiguille rougie qu'on lui enfonçait dans le cœur. Autant, jadis, le nom de *Mariette* lui semblait gai, clair et cristallin, autant, depuis sa séparation, il le trouvait sec, aigu, semblable à cette invention chirurgicale qui ouvre la peau par dix petites lames tranchantes.

Maintenant, au contraire, l'espoir adoucissait son chagrin, et les teintes grises et âpres se doraient des rayons d'un avenir heureux. Plus le jour de la représentation approchait, plus les fatigues et les inquiétudes s'emparaient de l'esprit de Gérard ; mais en même temps il était pris d'une agitation fiévreuse qui lui aurait permis de soulever une montagne. Il se redressait autant qu'il le pouvait contre l'énervement de l'esprit, et ses yeux lançaient par moments des éclairs.

— Comme tu es changé ! lui dit Thomas après lui avoir serré la main. Je t'aurais à peine reconnu.

— Ces comédiens me donnent un mal ! dit Gérard ; mais je suis content.

Gérard avait été pris un moment par la maladie du doute. Bien peu échappent à cette maladie terrible qui paralyse tout, sèche l'encre dans l'encrier, fait cracher le bec des plumes, sème le papier blanc de mille petits filaments aussi irritants que les herbes d'une rivière pour un nageur, arrête le bras, alourdit la tête, hébète l'esprit, met des tons terreux à la figure, remplit les veines de fiel, fait que le soleil ne brille plus et que la vie est amère.

— Le doute est loin de moi maintenant, dit-il à Thomas, mais je vois encore sa terrible figure qui dansait sur mon lit la nuit. J'entendais une voix qui me criait : « Écris, écris toujours ; ne te relis pas ; laisse aller ta « plume sans t'inquiéter des misères qu'elle trace sur « ton papier. » Mais le fantôme était le plus fort ; il m'avait lié les bras et les mains sans que je pusse voir les liens, et je passais mes journées ainsi tristement enchaîné. Aujourd'hui je me réveille gai ; je cours à ma table, les phrases coulent de ma plume, je relis, et je suis souvent étonné de mes propres pensées. Le doute est envolé, je l'ai consigné à la porte de mon esprit, et j'espère bien ne plus subir ses méchantes taquineries.

Après qu'ils eurent parlé de la féerie :

— J'ai vu dernièrement Mariette, dit Thomas.

— Ah! s'écria Gérard en s'efforçant de donner à sa voix un son dégagé et indifférent. Elle se porte bien?

— Trop bien, dit Thomas; elle a peut-être plus changé que toi. Pauvre fille, pauvre Mariette, elle est finie!...

— Qu'y a-t-il de nouveau? demanda Gérard.

— Tout est neuf : ses habits, ses meubles, son cœur... Je ne sais quelles gens Mariette voit maintenant : ils l'ont corrompue... J'ai dîné chez elle avec Ernest...

Gérard se mordit les lèvres avec une telle rage en entendant ce nom, qu'il porta son mouchoir à sa bouche, car il s'était coupé la lèvre avec les dents.

— Tu saignes? lui dit Thomas sans remarquer l'irritation de son ami.

— Ce n'est rien, dit Gérard !

— Mais l'avocat est bien bas, je le sens, le vieux Labouglise aussi ; ils n'étaient pas assez riches pour elle... Elle les reçoit avec pitié maintenant. Je ne l'aurais pas deviné, si elle ne m'avait fait quelques confidences avant le dîner, pendant que nous étions seuls... J'ai vu chez Mariette, à ce dîner, un homme froid et glacial qu'elle m'a dit être un député; je ne sais si je dois la croire, elle ment tellement... Le provincial n'a pas dit trois mots pendant le repas ; on a parlé peinture, littérature, musique, et je crois qu'il entendait ces mots pour la première fois de sa vie... Cet homme aurait fait un livre intitulé : *Des intérêts matériels en Europe*, que je n'en serai pas surpris... Mariette doit être formée par lui ; tu ne te douterais pas de ce qu'elle m'a fait ?

— Dis, s'écria Gérard !

— Je rencontre Mariette dans la rue de Seine ; elle me prie de l'accompagner jusque chez elle, où elle avait quelque chose de curieux à me faire voir... J'ai cru que c'était une peinture ; elle ne voulut pas me le dire, afin de me laisser le plaisir de la surprise. Nous arrivons ; elle me fait passer par la cuisine, par la salle à manger, par le salon, pour me faire admirer son intérieur. Pauvre fille !

— Ensuite...

— J'étais froid devant ces rideaux, ces tentures, ces damas : il y en a de plus riches dans les tableaux de Véronèse ! Nous entrons dans le boudoir, où se trouvait une petite étagère près du lit ; on ne met pas ordinairement d'étagères près d'un lit... Mariette me montre un coffret en acier luisant qui était sur cette étagère. « Eh bien ? » lui dis-je. Sans me répondre, la voilà qui saute sur le coffret, qui le secoue ; il était plein d'or.

— De l'or ! s'écria Gérard.

— Oui, de l'or ; elle a ouvert le coffret, s'est assise par terre, et a renversé sur sa robe une quantité prodigieuse de louis.

— C'est affreux ! dit Gérard.

— N'est-ce pas ? Je suis resté morne, sans dire un mot... Ce n'était pas l'or qui me blessait, mais la joie de Mariette qui maniait toutes ces pièces comme un avare ; j'ai cru voir ces femmes sauvages qui trouvent un collier de pierres fausses... Me faire venir pour me montrer de l'or !

— Je me serais sauvé, dit Gérard.

— J'ai voulu rester jusqu'au bout, dit Thomas. Il me semblait que j'entendais un médecin qui me disait : « Si vous ne buvez qu'un peu de cette drogue, l'effet « sera nul ; il faut boire la tasse pleine. » Je suis resté pour me guérir tout à fait de Mariette. Certainement la nuit elle se lève pour étaler son or sur le lit.

— Je ne le croirais pas, si un autre me le disait ! s'écria Gérard.

— Et c'est toi qui est presque la cause de ce qui arrive.

— Moi ? dit Gérard.

— Tu l'as trop aimée ; tu ne la menais pas assez durement.

— Durement ! s'écria Gérard ; je ne te comprends pas... Crois-tu que je sois homme à imiter de Villers, qui enfermait quelquefois Pauline une journée sans lui donner à manger ? Et elle l'aimait parce qu'il la faisait souffrir... Je comprends la façon de mener une femme ; j'aime mieux la laisser obéir à ses instincts. Il y a des femmes ainsi bâties, qui aiment parce qu'on les fait souffrir... Je saurais que je me ferais longtemps aimer d'une femme en la traitant de la sorte, que je préférerais la quitter. Depuis que le monde est monde, il y a toujours eu une victime entre deux gens qui s'aiment : tant pis si je suis la victime ! Je me laisse aller au courant, et je ne ferai rien pour changer mon rôle.

— Tu ne crois pas alors, demanda Thomas, qu'on doive jouer la comédie avec les femmes ?

— On n'est pas de force, dit Gérard ; tu ressemblerais à ces malheureux acteurs de province qui s'essayent à jouer un rôle d'empereur en compagnie d'une grande tragédienne. Moi, je ne ruse pas avec les femmes ; je ne les comprends pas, et je m'égare dans leurs caprices, aussi compliqués que les pièces espagnoles ; je crois qu'il faut agir sincèrement avec elles, et que c'est le meilleur moyen de les étonner.

— Ce n'est guère que de les étonner, dit Thomas.

— Beaucoup, au contraire ; mais qu'il est difficile de les étonner toujours !

En quittant son ami, Gérard se sentit faiblir tout d'un coup, comme les cordes d'un violon détendues par l'humidité. La conversation de Thomas l'avait abattu ; si le peintre y eût pris garde, il eût remarqué la différence sensible qui s'était opérée chez Gérard, la tête courbée sous l'émotion.

— De l'or ! s'écria-t-il en rentrant chez lui ; de l'or ! Je n'en aurai jamais assez pour Mariette.

Accoudé la tête dans les mains, devant son papier, enfonçant une plume de fer dans le bois de la table, Gérard entassait des additions, des multiplications, comptant combien pouvait rapporter sa pièce chaque soir, et la somme que lui procureraient cent représentations.

Mais le doute s'emparait de lui. La féerie aurait-elle cent représentations ? Ferait-elle des salles combles ? Au maximum, Gérard se trouvait, au bout de trois mois peut-être, à la tête d'une dizaine de mille francs, et il avait assez longtemps vécu dans la gêne pour connaître la valeur de dix mille francs, avec une femme aimant le luxe.

Cependant ces calculs avaient détourné le cours des nouvelles amertumes qu'il venait de boire ; il en vint à raisonner la conversation de Thomas. Et le peintre se trouva avoir tort, quoique ayant rapporté des faits.

— L'or n'est rien à côté de la gloire, se dit Gérard… Il y a des gens qui en donneraient une tonne pleine pour se trouver dans ma situation au moment où on acclamera mon nom devant une salle comble. Mariette y sera : une femme ne résiste pas à une telle gloriole… D'ailleurs, elle se souvient encore de moi, elle y pense ; la cravate qu'elle a prise à madame Pierre le prouve assez…

Une nouvelle réflexion passa dans la tête de Gérard.

— Comment se fait-il que Thomas ne m'ait pas dit si Mariette lui avait parlé de moi ? Thomas est encore jaloux de moi… Il aime toujours Mariette.

Peu à peu, l'espérance revint dans le cœur de Gérard, qui regarda l'histoire de l'or comme un affreux cauchemar, qu'on oublie d'autant plus vite qu'il a été plus cruel.

Enfin le grand jour arriva. Ce fut réellement une vive curiosité dans le petit Paris composé d'un millier d'individus qui courent après la primeur des œuvres dramatiques. Gérard avait perdu la tête au milieu des demandes sans nombre de places qui auraient pu remplir deux salles de spectacle. Il voulut que ses anciens amis fussent les mieux partagés. Toute la bande de la rue des Canettes vint s'asseoir aux places habituellement réservées à l'aristocratie de la finance. Thomas et Gérard, Rose et Streich, Pauline et son nouvel amant, emplissaient deux loges en vue.

L'avant-scène de droite, que des banquiers auraient enviée, avait été réservée à Mariette. Elle entra après la petite pièce de lever de rideau, et fit honneur à l'avant-scène. Elle était enveloppée dans un grand burnous de cachemire blanc, dont le capuchon couvrait sa jolie tête rieuse. Quand elle se fut débarrassée de ce vêtement, tous les regards de l'orchestre se portèrent sur cette belle fille, coiffée à rendre jalouses les femmes à la mode. Ses épais cheveux noirs étaient tordus avec une feinte négligence, et semblaient s'échapper à tout moment, comme des vagues, de la digue du peigne.

Il entre dans l'art du coiffeur des tournures de convention, des choses apprises, des façons académiques, qui sentent l'école. Mariette avait dans les cheveux le charme de l'imprévu. Sa robe était plus décolletée d'un côté que de l'autre, et appelait une vive curiosité vers le sein gauche, qu'on devinait et qui paraissait vouloir se soustraire aux exigences du corset.

On entendit dans la salle, à la vue de Mariette, un murmure d'admiration plus flatteur que des applaudissements. Gérard était en face, caché derrière le treillage d'une petite avant-scène. Il sentit un mouvement dans sa poitrine, comme si son cœur s'était envolé près de Mariette. Divers hommes entrèrent dans la loge de Mariette. Gérard fut heureux ; il ne les connaissait pas. Il se serait traîné aux genoux de Mariette pour la remercier de la délicatesse qu'elle montrait en n'amenant pas ses anciens rivaux.

Mais combien Gérard souffrit pendant le long entr'acte, qui amenait des battements de pieds au parterre, des sifflets aigus dans le haut !

— Si la pièce ne réussissait pas, pensa Gérard, si on dirigeait contre moi ces terribles sifflets, Mariette me mépriserait !... Je n'oserais plus la revoir.

Alors il sortait de sa loge et montait sur les planches, croyant que le retard indisposait le public et que sa présence donnerait un peu d'activité au personnel du théâtre.

Tout était en révolution dans les coulisses : l'appareil des décors et des changements à vue exige un certain nombre d'ouvriers. Le foyer des acteurs était encore plus en rumeur que le foyer des actrices. On discutait sur le débutant Coquinet, dont la direction avait fait sonner le talent à grand renfort de réclames dans les journaux. Le clown inspirait de vives jalousies aux comédiens, qui ne lui pardonnaient pas ses tours d'agilité et qui attendaient sa chute avec impatience.

Gérard avait bien d'autres préoccupations que de discuter sur le mérite du clown. Le grand moment arrivé, il craignait autant pour le débutant que pour la pièce ; car Coquinet, aux répétitions générales, n'avait pas montré le génie dramatique que Gérard lui supposait. Il alla à la loge du clown, qui se faisait habiller par sa sœur.

— Coquinet, dit Gérard, on va commencer. Rappelle-toi ce que je t'ai dit ; surtout prends garde à ta scène d'amour, tu la dis froidement. Pense, mon garçon, à ta fortune : c'est ce soir qu'elle se décide.

— Il a bien travaillé depuis hier, dit la sœur de Coquinet ; j'ai aussi peur que lui, mais il réussira.

— Donnez-moi la main, monsieur Gérard, dit Coquinet et comptez sur moi.

On entendit en ce moment le cri : *Place au théâtre !* du régisseur, et Gérard se sauva dans sa petite loge, où il avait voulu demeurer seul et invisible. Après l'ouverture la toile se leva sur un ballet. Le premier acte fut écouté avec l'attention que demande une exposition.

Gérard avait essayé entre le monde fantastique et le monde réel une alliance qui se nouait au prologue, et le danger était là presque tout entier. Si le public n'entrait pas dans la pensée du poëte dès le commencement, la pièce pouvait être tuée ; au contraire, d'unanimes applaudissements prouvèrent que l'idée était comprise de tous.

Coquinet ne parut qu'au milieu du second acte. Il était si beau dans son costume de jeune sylphe, couvert de paillettes d'argent comme de la rosée des fleurs, qu'il se fit un grand silence. La scène n'était pas terminée que le saltimbanque annonçait une idole de plus dans le cœur des habitués des théâtres du boulevard.

Le clown disait d'une façon particulière, à la fois simple et distinguée ; ses mouvements souples étaient au diapason de sa parole. Le rideau était à peine baissé sur le second acte, que Coquinet fut rappelé et salué trois fois par les bravos de toute la salle.

Gérard ne respirait plus. Il doutait de sa réussite, il doutait de sa création, il doutait de lui. Il applaudissait Coquinet comme s'il ne l'avait jamais vu, et riait à sa propre pièce comme si elle eût été d'un autre. Entre le quatrième et le cinquième acte, le directeur se fit ouvrir la porte de la loge de Gérard.

— Mon cher, dit-il en lui prenant la main, passez chez moi demain signer un traité pour une prochaine féerie... C'est le plus grand succès de l'année !

— Est-ce possible? dit Gérard, qui n'avait plus la tête à lui.

— Oui, vos amis vous cherchent au foyer ; tout le monde veut vous voir, vous complimenter. Vous pouvez maintenant gagner vingt mille francs par an sans vous gêner.

— Je vous en prie, dit Gérard, laissez-moi ici seul.

— Je n'ai pas encore vu d'auteurs dramatiques comme vous.

— J'aime ! dit Gérard.

— Et vous regardez jouer votre pièce dans les

yeux de celle que vous aimez... Vous aime-t-on, au moins?

— Je ne sais, dit Gérard.

— On n'a pourtant rien à vous refuser après ce grand succès.

— Vous croyez? dit Gérard.

— Demandez à la Paquita, qui est tellement enchantée de son rôle qu'elle veut vous emmener souper... Ah! mon cher, à votre place, j'en profiterais! Paquita est une fille pleine de caprices; demain il ne sera peut-être plus temps. Pensez qu'elle vous sacrifie son Russe, qui l'attend ce soir comme d'habitude.

— Dites à mademoiselle Paquita combien je lui suis obligé; mais il m'est impossible d'accepter son invitation.

— Allons, dit le directeur, vous êtes jeune encore, je vois que vous gagnerez difficilement vos vingt mille francs par an : vous aimez sans doute quelque bourgeoise?

— Tenez, dit Gérard en montrant Mariette, regardez celle que vous appelez bourgeoise.

— Une belle créature! s'écria le directeur. Je l'avais déjà remarquée; toute la salle se demande quelle est cette princesse qui fait si bonne mine à l'avant-scène. Vous n'avez pas mauvais goût, et la Paquita en sera jalouse. Je vous quitte, mon cher Gérard. Bonne nuit donc.

Gérard soupira, et continua à regarder Mariette, qui avait reçu, pendant l'entr'acte, Thomas dans sa loge, et qui semblait chercher quelqu'un dans la salle. Un moment Gérard eut l'idée de baisser la grille de sa loge ; mais il craignit de faire montre d'amour-propre en s'exposant trop directement aux regards des curieux.

Le cinquième acte commença. Il y eut un moment d'hésitation dans le public ; une scène longue et inutile faisait oublier les applaudissements du commencement. Le public est un tyran qu'il faut toujours amuser ! Gérard sentait une sueur froide sur tout son corps ; il ne respirait plus et entendait comme un murmure d'ennui parcourir l'assemblée. Ses amis, qu'il avait placés à l'orchestre, étaient froids ; Mariette passait la main sur sa figure, semblant comprimer un bâillement.

Heureusement, cette scène, jouée par deux acteurs médiocres, fut coupée brusquement par Coquinet, qui changea en un clin d'œil les dispositions du public. Depuis son entrée jusqu'à la fin, la féerie marcha joyeusement.

L'acteur, rappelé par deux mille voix, vint prononcer avec émotion le nom de Gérard, qui, à ce moment, disparut de sa loge grillée dans un état fiévreux, tel qu'il n'en avait jamais éprouvé de pareils. Il avait besoin d'air !

Il courut sur le boulevard. A peine eut-il franchi le seuil du théâtre, qu'il se trouva entouré de ses amis et d'une foule de gens inconnus qui se disaient ses intimes, l'appelaient par son petit nom, et lui serraient les mains.

Les vingt personnes qui entouraient Gérard formèrent bientôt un groupe considérable, car les spectateurs qui sortaient du théâtre s'arrêtaient. On n'entendait dans l'air que d'énormes flatteries, qui mettaient Gérard mal à l'aise. Il parvint, non sans peine, à sortir du groupe. Mariette était là ! Gérard l'avait devinée.

— Ah ! mon ami, lui dit-elle, quel plaisir tu m'as fait !

Et elle lui prenait la main, la pressant doucement à plusieurs reprises. Gérard aurait voulu mourir sur la place, tant il était heureux ! Il pouvait à peine répondre à son amie.

— Mariette, dit tout à coup un élégant jeune homme qui la suivait, la voiture vous attend.

Gérard fut brisé en deux par ce mot.

— Adieu ! lui dit Mariette, tandis que de sa petite main gantée elle lui disait : « Au revoir ! »

A partir de ce moment, le boulevard, si animé à cette heure, parut à Gérard un affreux désert, froid et noir. Il se sauva dans la direction de la Bastille, pour cacher sa mélancolie dans l'obscurité.

C'en était fait de Mariette pour la vie. Après un an de travaux, de peines, de chagrin, il arrivait à un succès, et Mariette ne récompensait pas ce succès. Lui qui aurait donné toutes les femmes de la terre pour dire à Mariette combien il l'aimait encore, voilà quelle était sa récompense ! Son nom avait été salué par la foule, et Mariette n'était pas venue se jeter à ses pieds !

A partir de cette soirée, il devenait un nouvel homme, plein de santé et de joie, pouvant vivre d'une vie facile, et Mariette était restée à l'écart !

— Que faut-il donc aux femmes ? se disait Gérard.

Une voix lui répondait :

— Tu t'es perdu par ton amour-propre. Mariette t'aime encore ; mais tu devais aller à elle, la mettre de moitié dans ton triomphe : si elle aime l'argent, tu pouvais maintenant satisfaire ses fantaisies. Pourquoi es-tu resté dans ta loge, solitaire ?

Alors les plans les plus beaux se dessinaient dans l'esprit de Gérard. C'était une voiture qu'il fallait à la porte du théâtre ; profiter du succès de la pièce, dès le début, pour faire sa paix avec Mariette, ne pas la quitter d'un moment, l'inviter à sortir pendant un entr'acte, l'enlever et l'emmener dans une petite maison meublée avec luxe, où Mariette aurait logé désormais.

Et l'argent pour ces beaux plans !

Gérard avait vécu, depuis un an, des avances faites sur sa féerie ; quoique menant une vie simple, les trois mille francs prêtés, joints à quelques mille francs de dettes que nécessite tout début dans les arts, n'étaient pas loin d'engloutir ce que rapporterait la féerie, malgré son grand succès.

Il n'y en a point de moins productif que le premier grand succès au théâtre : il ne sert qu'à éponger le passé. Gérard était dans la position des gens sans fortune, qui dépensent dix ans de leur vie à crever de faim, à se nourrir d'illusions, et qui font leur chemin, au bout de cette dure étape d'épreuves, si l'estomac a résisté.

Ainsi les rêves d'argent étaient de simples rêves : il ne restait que de la gloire à offrir à Mariette. En ce moment, Gérard se souvint de la Paquita et des confidences du directeur du théâtre : pourquoi avait-il refusé l'invitation de cette créature qui, peut-être, lui aurait fait oublier Mariette ?

Alors il pensa qu'il n'avait pas vu les acteurs, que l'usage était de les remercier après la représentation ; et Gérard courut à toutes jambes dans la direction du théâtre, avec l'espoir de rencontrer encore la Paquita. Il arriva tout effaré chez le concierge, qui lui apprit que l'actrice venait à l'instant de partir en voiture.

Gérard s'en alla sombre.

— Je remercierai les acteurs demain, se dit-il. Aujourd'hui, je suis de trop mauvaise humeur, et je me sens capable de leur dire qu'ils sont réellement exécrables.

Pendant les huit premières représentations de la féerie, Gérard, qui allait presque tous les soirs faire un tour au théâtre, aperçut Mariette, qui ne manquait pas une représentation. Elle applaudissait comme si elle avait été de moitié dans le succès, et Gérard sentait l'espoir renaître dans son cœur ; malgré tout, il n'osait aller la trouver dans sa loge, car elle amenait sans cesse des figures nouvelles. Gérard se disait que Mariette, fière du succès de la féerie, était heureuse de prouver qu'elle avait été aimée par l'auteur.

Chaque représentation apportait un nouveau triomphe à Coquinet, qui, maître de lui, se surpassait chaque soir. C'était au clown maintenant que s'adressaient les bouquets réservés habituellement aux actrices ; Gérard s'amusa plus d'une fois, dans la loge de l'acteur, à lire les billets de femmes cachés dans les fleurs adressées à Coquinet.

Rien n'est plus facile aux acteurs que de se laisser embarquer dans toutes sortes d'aventures galantes devant lesquelles ne reculent ni les riches bourgeoises ni les grandes dames.

Coquinet, tout en riant des amours faciles qu'allumait son œil noir, n'eut pas la force d'y résister. Il passa bientôt du boulevard du Temple au boulevard des Italiens, pour le plus intrépide séducteur des théâtres. On parlait de ses bonnes fortunes et de sa beauté plus encore que de son talent.

Gérard seul occupait autant de place dans les coulisses que Coquinet ; car le directeur avait parlé de sa passion pour la femme de l'avant-scène. Tout le personnel du théâtre, depuis le souffleur jusqu'à la dernière figurante, remarqua que Mariette n'avait pas manqué une des huit premières représentations de la féerie. Chacun disait à Gérard son mot sur la passion profonde qu'il inspirait à la jolie fille ; et Gérard soupirait, sentant combien Mariette l'aimait encore. Mais combien la réconciliation serait difficile !

Un matin, madame Pierre prévint Gérard de ne pas

manquer d'aller le soir au théâtre. Mariette l'avait
bien recommandé ; elle l'attendrait seule dans la
petite avant-scène grillée du rez-de-chaussée. Gérard
poussa un cri.

Enfin Mariette revenait la première !

Quelle joie ! Gérard courait par sa chambre, remuait
tout, ne trouvait rien pour s'habiller. A dix heures
du matin, il avait une toilette comme s'il était invité
à la cour. Il courut chez ses amis avec la mine
épanouie d'un homme qui n'a jamais souffert.

Mariette l'attendait, *seule !*

Ce jour-là Gérard dînait en ville ; il ne tenait pas
sur chaise, regardait la pendule à toute minute, et
se plaignait de la lenteur du repas. Enfin il se sauva
au dessert, ne voulant rien entendre.

Il arriva au théâtre longtemps avant l'ouverture,
et adressa au directeur des reproches sur le retard
que subissait le public qui faisait queue à la porte.
Le directeur, ne comprenant pas cette extravagance,
laissa Gérard sur la scène, l'œil collé au judas de la
toile.

Le premier acte était à peine commencé que Mariette baissa elle-même la grille de sa loge, afin que
Gérard, s'il était dans la salle, pût la remarquer. En
une seconde il fut près d'elle.

— Que tu es aimable, Gérard, d'être venu ! dit-elle
en lui prenant les mains.

— Tu as quelque chose à me dire ?

Mariette ne répondit pas et regarda Gérard, qui
baissait les yeux.

— Sais-tu que tu es mieux depuis ton succès ? tu as meilleure mine.

— J'ai pourtant bien souffert ! dit Gérard.

— Je t'ai beaucoup aimé, dit Mariette, et je ne m'en repens pas ; à la première représentation, les applaudissements m'allaient au cœur... Tu as eu du bonheur d'avoir rencontré un pareil acteur.

— N'est-ce pas ? dit Gérard. C'est un garçon qui ira loin.

— Est-il bien à la ville ? demanda Mariette.

— Charmant.

Mariette passa brusquement à un autre ordre de questions, se fit raconter en détail la mort du petit chat, et pendant une heure le passé se déroula doré aux yeux de Gérard.

Comme Gérard parlait à voix basse à Mariette, il était obligé de s'approcher d'elle ; quelquefois les cheveux de Mariette lui touchaient la figure, et il frissonnait comme si une femme aimée lui eût accordé ses faveurs. La voix de Mariette enivrait Gérard. Il ne se savait plus au spectacle, mais dans un septième ciel. Cependant le tumulte du public, qui sortait pendant un entr'acte, le rappela à la réalité. Il demanda à Mariette pourquoi elle l'avait fait appeler.

— J'ai quelque chose à te demander.

— Vraiment ! dit-il en lui pressant la main.

— Mais je n'ose...

— Puis-je te refuser quelque chose ?

— Eh bien ! dit-elle en se penchant à son oreille,

de sorte que ses cheveux brûlaient les joues de Gérard, me promets-tu de me rendre le service que je te demande ?

— Je te le jure !

— Mon cher, dit Mariette, je voudrais souper avec Coquinet.

FIN

TABLE

Avertissement. I
Préface de la première édition. III
A miss G—E. XI

    I. Le bal d'étudiants. 1
   II. Deux soirées bien employées 19
  III. De l'amitié dans ses rapports avec l'amour. 29
  IV. De la sincérité chez la femme. 37
   V. Intérieur de journal. 47
  VI. Amours méconnues. 65
 VII. Clarisse Harlowe au rabais. 73
VIII. Le cabaret nocturne. 90
  IX. Mariette a des attaques de nerfs. 98
   X. La vie de province. 107
  XI. Convalescence. 118
 XII. Causeries au coin du feu. 129

XIII. Paysages. 145
XIV. Départ de mademoiselle Mariette. 157
XV. La famille. 181
XVI. Profil de vieillard. 195
XVII. Une partie de campagne. 210
XVIII. Une soirée au bal. 232
XIX. Amours éteintes. 255
XX. Pauline reparaît. 274
XXI. Souffrances de théâtre. 295
XXII. La féerie. 307

PARIS. — IMP. SIMON RAÇON ET COMP., RUE D'ERFURTH, 1.

BIBLIOTHÈQUE-CHARPENTIER, à 3 fr. 50 le volume

LITTÉRATURE CONTEMPORAINE
POÉSIES — ROMANS — VOYAGES — BEAUX-ARTS

	vol.
Assollant (Alf.). Vie des États-Unis	1
— Marcomir. Histoire d'un étudiant	1
Barthélemy. Philosophe en voyage	1
Biart (Lucien). Laborde et Cie	1
Bouchor (Maur.). Les Chansons joyeuses	1
Champfleury. Amoureux de Ste Périne	1
— Madame Eugenio	1
Clarctie. Peintres et Sculpteurs	
Cotte (N.). Le Maroc contemporain	1
Daudet (Alph.). Les Amoureuses	
Daudet (Ernest). Le Missionnaire	1
— Le Roman d'une jeune fille	1
— Fleur de péché	
— Un Mariage tragique	1
Debrit (Marc). Laura	1
Delécluze (E.-J.). Les Beaux-Arts	1
Delord (Taxile). Les Matinées littér.	1
Diguet. La Vierge aux cheveux d'or	1
Ferry. Vie sauvage au Mexique	1
Flaubert (Gustave). Madame Bovary	1
Frémy (Arnould). La Cousine Julie	1
Gautier (Théoph.). Premières poésies	1
— Mademoiselle de Maupin	1
— Le Capitaine Fracasse	2
— Le Roman de la Momie	1
— Spirite, nouvelle fantastique	1
— Voyage en Russie	2
— Voyage en Espagne (Tras los montes)	1
— Romans et Contes	1
— Nouvelles	
— Tableaux de siège. Paris, 1870-1871	1
— Émaux et Camées	1
— Théâtre. (Mystère, Comédies, Ballets)	1
— Les Jeunes-France	1
— Histoire du Romantisme	
Gérard de Nerval. Voyage en Orient	2
Goncourt (E. et J. de). Renée Mauperin	1
— Germinie Lacerteux	1
Hervilly (E. d'). Contes pour les gr. pers.	1
Jonveaux (E.). L'Amérique actuelle	1
Kirke. Les Noirs et les Petits Blancs	1
Laboulaye (Ed.). Paris en Amérique	1
— Le Prince-Caniche	
— Abdallah	1
— Souvenirs d'un voyageur	1
— Contes bleus	1
Lagardie (H. de). Causeries parisiennes	2
La Madelène (H. de). Contes comtadins	
La Madelène (Jules de). Brigitte	1
Ménard (Louis). Poëmes	1

	vol.
Mérimée (Prosper). Charles IX	1
— Colomba	1
— Théâtre de Clara Gazul	1
Mistral. Mirèio	1
Musset (Alfred de). Premières poésies	1
— Poésies nouvelles	1
— Comédies et proverbes	2
— Nouvelles	1
— Contes	1
— La Confession d'un enfant du siècle	1
— Mélanges de littérature	1
— Œuvres posthumes	1
Musset (Paul de). Lui et elle	1
— Voyage en Italie et en Sicile	1
— Nouvelles italiennes et siciliennes	1
— Le Nouvel Aladin	1
— Originaux du XVIIe siècle	1
— Extravagants XVIIe siècle	1
— Les Femmes de la Régence	1
— Mémoires de Charles Gozzi	1
— Lauzun	1
Nodier (Ch.). Souvenirs de jeunesse	1
— Contes de la veillée	1
— Contes fantastiques	1
— Nouvelles	1
— Romans	1
Regnault (Henri). Correspondance	1
Sainte-Beuve. Poésies complètes	1
— Tableau de la Poésie française	1
— Volupté	1
Sandeau (Jules). Madeleine	1
— Mademoiselle de la Seiglière	1
— Marianna	1
— Le docteur Herbeau	1
— Fernand	1
— Valcreuse	1
— Madame de Sommerville	1
Sarcey. Le Nouveau seigneur	1
Selden (Camille). Daniel Vlady	1
— L'Esprit des femmes de notre temps	1
Simonin (L.). Le Grand-Ouest	1
Theuriet (André). Mlle Guignon	1
Thomas-Anquetil. Avent. et chasses	1
Tourguéneff (Ivan). Pères et enfants	1
Valmore (Mme Desbordes-). Poésies	1
Yriarte (Charles). Le Puritain	1
Zola (Emile). Les ROUGON-MACQUART. *Histoire naturelle et sociale d'une famille sous le second empire :*	
I. La Fortune des Rougon	1
II. La Curée	1
III. Le Ventre de Paris	1
— Contes à Ninon	1

www.ingramcontent.com/pod-product-compliance
Lightning Source LLC
Chambersburg PA
CBHW050757170426
43202CB00013B/2459